「世界哲學家叢書」總序

　　本叢書的出版計畫原先出於三民書局董事長劉振強先生多年來的構想，曾先向政通提出，並希望我們兩人共同負責主編工作。一九八四年二月底，偉勳應邀訪問香港中文大學哲學系，三月中旬順道來臺，即與政通拜訪劉先生，在三民書局二樓辦公室商談有關叢書出版的初步計畫。我們十分贊同劉先生的構想，認為此套叢書（預計百冊以上）如能順利完成，當是學術文化出版事業的一大創舉與突破，也就當場答應劉先生的誠懇邀請，共同擔任叢書主編。兩人私下也為叢書的計畫討論多次，擬定了「撰稿細則」，以求各書可循的統一規格，尤其在內容上特別要求各書必須包括（1）原哲學思想家的生平；（2）時代背景與社會環境；（3）思想傳承與改造；（4）思想特徵及其獨創性；（5）歷史地位；（6）對後世的影響（包括歷代對他的評價），以及（7）思想的現代意義。

　　作為叢書主編，我們都了解到，以目前極有限的財源、人力與時間，要去完成多達三、四百冊的大規模而齊全的叢書，根本是不可能的事。光就人力一點來說，少數教授學者由於個人的某些困難（如筆債太多之類），不克參加；因此我們曾對較有餘力的簽約作者，暗示過繼續邀請他們多撰一兩本書的可能性。遺憾的是，此刻在政治上整個中國仍然處於「一分為二」的艱苦狀態，加上馬列教

條的種種限制，我們不可能邀請大陸學者參與撰寫工作。不過到目前為止，我們已經獲得八十位以上海內外的學者精英全力支持，包括臺灣、香港、新加坡、澳洲、美國、西德與加拿大七個地區；難得的是，更包括了日本與大韓民國好多位名流學者加入叢書作者的陣容，增加不少叢書的國際光彩。韓國的國際退溪學會也在定期月刊《退溪學界消息》鄭重推薦叢書兩次，我們藉此機會表示謝意。

　　原則上，本叢書應該包括古今中外所有著名的哲學思想家，但是除了財源問題之外也有人才不足的實際困難。就西方哲學來說，一大半作者的專長與興趣都集中在現代哲學部門，反映著我們在近代哲學的專門人才不太充足。再就東方哲學而言，印度哲學部門很難找到適當的專家與作者；至於貫穿整個亞洲思想文化的佛教部門，在中、韓兩國的佛教思想家方面雖有十位左右的作者參加，日本佛教與印度佛教方面卻仍近乎空白。人才與作者最多的是在儒家思想家這個部門，包括中、韓、日三國的儒學發展在內，最能令人滿意。總之，我們尋找叢書作者所遭遇到的這些困難，對於我們有一學術研究的重要啟示（或不如說是警號）：我們在印度思想、日本佛教以及西方哲學方面至今仍無高度的研究成果，我們必須早日設法彌補這些方面的人才缺失，以便提高我們的學術水平。相比之下，鄰邦日本一百多年來已造就了東西方哲學幾乎每一部門的專家學者，足資借鏡，有待我們迎頭趕上。

　　以儒、道、佛三家為主的中國哲學，可以說是傳統中國思想與文化的本有根基，有待我們經過一番批判的繼承與創造的發展，重新提高它在世界哲學應有的地位。為了解決此一時代課題，我們實有必要重新比較中國哲學與（包括西方與日、韓、印等東方國家在內的）外國哲學的優劣長短，從中設法開闢一條合乎未來中國所需

求的哲學理路。我們衷心盼望，本叢書將有助於讀者對此時代課題的深切關注與反思，且有助於中外哲學之間更進一步的交流與會通。

最後，我們應該強調，中國目前雖仍處於「一分為二」的政治局面，但是海峽兩岸的每一知識分子都應具有「文化中國」的共識共認，為了祖國傳統思想與文化的繼往開來承擔一分責任，這也是我們主編「世界哲學家叢書」的一大旨趣。

傅偉勳　韋政通

一九八六年五月四日

自 序

我在八年前寫過一本《探究與真理》，專門研究普爾斯的探究理論。該書學術氣味較重，論述繁複細密，或許不適合一般閱讀。本書的目標不同，旨在概述普爾斯哲學體系的各個面相。部分內容難免與舊作重疊，但是論述角度不同，主從詳略亦有不同。此外，為了提供對普爾斯哲學較全面的認識，本書較少深入細節的討論，也盡量避免處理詮釋上的爭議。

普爾斯相信，整個宇宙的演化由混沌不明而發展至井然有序。同樣的情況也發生在後人對普爾斯的研究上。經過學者們多年的努力，哈佛大學普爾斯特藏室的亂紙堆變成一本本裝訂精美的文輯，晦澀破碎的思想體系也日漸清晰地浮現於世人眼前。本書若干章節，諸如記號學及形上學，在相當程度上即得益於其他學者的研究。值此相關研究成果層出不窮之際，本書卻未能通盤而深入地融和這些成就，確實遺憾。僅期望本書對有意研究普爾斯的同道，能做為起步的基礎，而有些許幫助。

普爾斯表現西方哲學家的一種獨特形態，他的學問與生活似乎斷裂成兩截。生命的全部精彩僅見於學問，而不及生活。他思想的精細高妙與生活的混亂粗劣，形成極為諷刺的對比。他研究思想的運作及意義的表達，卻不能與周遭的人群進行良好的溝通。他把整

個生命投入西方學術長流中，也算是某種意義的「以身殉道」。但是，無論如何留名青史，這樣的生命形態仍然稱不上圓滿，而此中的缺憾亦不能全然歸咎於命運際遇，多少也出於個人之抉擇。

　　撰寫此書過程中，不時感慨於普爾斯生命之富「學」與「思」，而少「人」與「文」。我之將心神投入此中，亦不免落入某種偏枯，而學問似乎也逐步遠離個人之生命基調。

　　書成之日，園裡茶花終於歷經數月含苞而綻放。莉菁在前院賞玩幾朵紅茶、白茶，無憂無慮的樣子。在日常生活中，自然而融入。想到最親近的父母妻兒皆能健康自在，處此宇宙之一角，當此互古之剎那，已是無邊幸福。學問路向終應回歸於生活之平常，回歸於生命之常道，才能貼切充實。凡此，皆不能不感念生命所從出，謹以此書獻給我的父母朱啟森先生及朱季蕙芬女士。

朱建民

民國八十八年元月於國立中央大學哲學研究所

凡 例

一、本書以普爾斯的哲學思想為研究主題，故而所憑藉的文獻乃以普爾斯本人的著作為主，而輔以其他學者之相關著作。本書參考的普爾斯文獻，以哈佛大學出版的八卷《普爾斯文輯》為主，而以印第安那大學尚未出齊的《普爾斯著作編年集》為輔。這兩套書籍的出版資料如下：

《普爾斯文輯》：*Collected Papers of Charles Sanders Peirce*, volumes 1–6 edited by C. Hartshorne and Paul Weiss, 1931–1935, volumes 7 and 8 edited by A. W. Burks, 1958. Cambridge, Mass.: Belknap Press.

《普爾斯著作編年集》：*Writings of Charles S. Peirce: a Chronological Edition*, volumes 1–5 edited by Max Fisch et al., 1982–1993. Bloomington: Indiana University Press.

二、為求簡便，有關上述二書之引文出處皆以括弧於行文中註明。引用《普爾斯文輯》時，均以"*CP*"簡稱之，並依學術界引用該書之慣例，引文出處概以卷數及段落數註明；如(*CP*, 5.427) 即指《普爾斯文輯》第五卷第四二七段。引用《普爾斯著作編年集》時，皆以"*W*"簡稱之，而引文出處則以卷數及頁數註明；如(*W*, 2:78) 即表示《普爾斯著作編年集》第二卷第七十八頁。（學術界對《普爾斯著

作編年集》在附註中之代號過去並無一致用法，Carl R. Hausman 簡稱之為"*WOP*"，C. J. Misak簡稱之為"*CE*"，筆者過去習用"*CW*"，Nathan Houser則簡稱之為"*W*"。由於 Houser 近年亦為本編年集編者之一，故從之；事實上，這種引用方式已逐漸成為標準用法。）

三、普爾斯的手稿全部保存於哈佛大學圖書館，並製作微縮捲片供人查閱：*The Charles S. Peirce Papers* , microfilm edition (Harvard University Library, Photographic Service, 1966).學者引用時概依下書之編號系統，並在號碼前加上" MS "字樣：Richard S. Robin, *Annotated Catalogue of the Papers of Charles S. Peirce* (Amherst: University of Massachusetts Press, 1967).本書用到此類資料時，皆係轉引自其他學者之出版品，引文後亦標明轉引之出處。

四、本書提到普爾斯著作的年代，凡已出版的著作自然係以出版年代為準，至於未出版之著作則以學者推定之寫作年代為準。

五、引用或參考其他學者的著作時，於附註中註明出處。較常引用之二手資料，其出處則以括弧於行文中註明；如 (Ayer, 4)即指參考書目中艾耶所著之書的第四頁。

普爾斯

目　次

第一章　生平及思想發展

　　實用主義(pragmatism)於十九世紀末葉興起於美國，其主要奠基者有三位：普爾斯(Charles Sanders Peirce, 1839–1914)、詹姆士(William James, 1842–1910)及杜威(John Dewey, 1859–1952)。杜威曾於民國八年到中國講學兩年，再加上他傑出弟子胡適、蔣夢麟等人的宣揚，故而最早為國人認識，也發揮過不小的影響❶。其後，詹姆士的幾本名著陸續翻譯出來❷，也成為國內學者熟悉的人物。唯有普爾斯，國人最感陌生，一直等到近些年才開始受到學術界重視❸。因此，我們有必要先介紹他的生平。

---

❶　有關杜威在中國講學的情況，可參見朱建民，《實用主義：科學與宗教的融會》(臺北：臺灣書店，八十六年六月)，頁二七至三一。

❷　民前七年(1905)十月，張東蓀、藍公武等人在日本東京出版《教育》雜誌創刊號，其中摘譯詹姆士的《心理學原理》，並介紹實用主義。抗戰前後，唐鉞譯出《心理學原理》部分篇章及《宗教經驗之種種》，大陸易幟後，《實用主義》及《徹底的經驗主義》先後譯出。

❸　普爾斯最初出現在中文文獻，乃是附帶地被提到。民國八年，胡適為了讓國人在杜威訪華前先對杜威思想有所了解，就寫了一篇長文介紹實用主義，刊於四月出版的《新青年》雜誌，標題是〈實驗主義〉(胡適，《問題與主義》，臺北：遠流文化公司，民國七十五年，頁六一至一一二)。其中介紹杜威的部分佔廿六頁，詹姆士佔十六頁，而普爾斯(胡適譯為皮耳士)僅佔三頁。此後，他的名字很少出現。專

一、普爾斯的生平

普爾斯於一八三九年九月十日出生於美國麻薩諸塞州劍橋。父親是著名的哈佛教授班傑明(Benjamin Peirce, 1809–1880)，母親莎拉(Sarah Hunt Mills Peirce)為參議員之女。當時的劍橋是個寧靜而富鄉村氣息的小鎮，僅有八千人口，鄰近的波士頓則是擁有八萬五千人口的小城市。劍橋是一個典型的大學城，美國高等學府中歷史最悠久的哈佛大學自一六三六年即於該鎮成立。不過，普爾斯出生時的哈佛僅具學院規模，尚未稱大學，建築寥寥數棟，學生僅三百名(Brent, 27–29)。

普爾斯的祖先於一六三七年由英格蘭移民至美國麻州水鎮，其後幾代有的做工匠、有的務農、有的經營商店。到了普爾斯的曾祖父傑洛米(Jeramiel Peirce, 1747–1831)，移居麻州賽倫，因參與東印度公司的船運事業而致富。普爾斯的祖父老班傑明(Benjamin Peirce, 1779–1831)於哈佛畢業後，除了幫助家裡的運輸事業，也曾出任過州議員。在當地的船運業由於競爭對手紐約港的崛起而日漸蕭條之後，他被迫轉任哈佛圖書館的管理工作，曾出版四卷的館

篇的文章亦不多見，民國七十三年，古添洪的《記號詩學》(臺北：東大圖書公司)，有一章是談普爾斯的記號學，標題為〈記號學先驅普爾斯的記號模式〉。專門研究普爾斯哲學的專書直到民國八十年才出現第一本，即本人寫的《探究與真理》(臺北：臺灣學生書局)。普爾斯思想長期受到忽視，中外皆然。有一段時間，不少美國學者連他的名字都不會讀，而國內也依錯誤讀音而譯為皮爾斯。按照正確的讀法，"Peirce"應該讀如"purse"，故筆者一向譯為「珀爾斯」，以求逼近原音，今則求其平易而改譯為普爾斯。

藏書籍目錄，並寫了一本哈佛學院史。

　　普爾斯的父親班傑明生於麻州賽倫，在私立賽倫文法學校就讀期間，結識一位同窗的父親、美國當時最傑出的數學家包狄池 (Nathaniel Bowditch, 1773–1838)。班傑明少年時極為崇拜包狄池，並以數學研究為終身志業，他成名後仍尊稱包狄池為美國幾何學之父。班傑明於一八二五年進入哈佛，一八二九年畢業後到高中任教。他於一八三一年回到哈佛教書，並在該校持續任職了四十九年。一八三三年，班傑明以廿四歲之齡就任哈佛的天文學及數學教授，並成為美國科學界在這兩方面的頂尖學者。繼包狄池之後，班傑明成為第二位入選為英國皇家學會會員的美國學者。

　　除了本身的學術成就之外，班傑明在當時的科學界相當活躍，對於政府推動科學發展的決策亦頗具影響力。他幫忙成立哈佛天文臺，也是推動哈佛於一八四七年增設勞倫斯理學院的幕後功臣之一，他在一八五三年至一八五四年間出任美國科學策進會的主席，一八六三年與幾位知名人士一同創設美國科學學會，並於一八六七年至一八七四年間主持美國海岸測量局（一八七八年更名為美國海岸大地測量局）。

　　班傑明的弟弟查理斯(Charles Henry Peirce)是一位醫生，後來成為勞倫斯理學院的化學教授，妹妹夏綠蒂(Charlotte Elizabeth Peirce)終身未婚，精通德國文學及法國文學。班傑明有五個子女，普爾斯排行第二。長子傑姆斯(James Mills Peirce, 1834–1906)於一八五三年自哈佛畢業，此後讀過一年法律、教過幾年數學，並於一八五九年由神學院畢業，任職牧師兩年；最後回到哈佛教數學而終於繼任他父親的教授席位。三子小班傑明(Benjamin Mills Peirce, 1844–1870)於一八六五年由哈佛畢業，其後讀過一年礦業

學校，並在勞倫斯理學院做過研究，最後成為一位礦冶工程師，而且在一八六八年發表有關冰島及格林蘭的資源報告；但是不幸於一八七〇年即英年早逝。四女海倫(Helen Huntington Peirce, 1845–1923)。五子赫伯特(Herbert Henry Davis Peirce, 1849–1916)先是從事室內設計等行業，不久轉入外交界，最初擔任聖彼得堡的使館秘書，後來出任助理國務卿以及美國駐挪威大使。赫伯特是四兄弟中唯一性格穩定並過著正常生活的人，只有他育有子女。

由於班傑明在學術界的地位，家中來往的賓客大多是當時學術界及藝文界的知名之士，而使他的子女生長在一個充滿知性的環境裡。他本人是週末俱樂部的成員，而愛默生(Ralph Waldo Emerson, 1803–1882)、郎菲羅(Henry W. Longfellow, 1807–1882)等藝文界人士也在這個俱樂部中。普爾斯一家人是波士頓劇院的常客，也經常邀請演員到他們家中做客；受此影響，普爾斯自幼即參加業餘的戲劇表演，直到成年仍不時應邀演出(W,1:xvii)。當然，對普爾斯日後發展更重要的是，他生長於劍橋的科學圈中。例如，著名的動物學家阿噶西(Louis Agassiz, 1807–1873)就住在附近，經常來訪；他與班傑明都是劍橋科學俱樂部的主要成員，兩人是最要好的朋友。此外，班傑明也是劍橋天文學俱樂部的首任主席，在一八五四年至一八五七年間，該會每週集會兩次。後來，班傑明又設立了數學俱樂部，每個星期三下午皆聚會一次，如此持續幾年。當時美國的學術活動大多是以這種俱樂部的形態出現在大學之外(Corrington, 3)。

班傑明非常注重子女在知性方面的教育，他以嚴格而新穎的方法對每一位子女分別施加訓練。例如，他為了訓練普爾斯保持專心，曾經從晚上十點一直到第二天清晨，與普爾斯玩雙人橋牌，並

尖銳地批評每一個錯誤。普爾斯自幼對謎語、數學遊戲、撲克牌戲法及暗號均表現濃厚的興趣，他在許多方面展露的聰明使他成為最得寵的孩子。相對的，普爾斯的父親也成為他心目中的偶像。不過，班傑明似乎並未教導普爾斯如何待人處事；這種教育上的兩極化，日後不僅使普爾斯不懂得如何維持良好的人際關係，亦使他非常缺乏處理實際事務的能力❹。此外，普爾斯自幼被視為天才，尤其是他父親對此深信不疑。這給他相當高的自我期許，但也帶來相當大的壓力。

班傑明有著虔誠的宗教信仰，他與波士頓地區大多數的知識分子一樣，信奉由清教徒喀爾文系統發展出來的唯一神教派(the Unitarian school)，否認三位一體及耶穌的神性。他相信只有一個上帝，這位「神聖幾何學家」的智慧已實際表現在自然界中，而科學就是掌握這種智慧的工具❺。在黑奴問題上，他反對當地大多數人主張廢奴的看法。班傑明相信種族的差異，他不僅認為黑人比較低劣、危險，還對愛爾蘭人及其餘的新移民抱持同樣的歧視。班傑明在宗教及種族方面的看法，對普爾斯皆有相當程度的影響。只不

---

❹ 普爾斯自己也承認他的父母非常縱容子女，造成他在現實生活中缺乏自我控制力，而在日後遭遇許多挫折(Anderson, 3)。有趣的是，「自我控制」這個概念卻在普爾斯的哲學思想中佔有重要的地位。

❺ 胡克威指出，以愛默生為首的超越主義者則攻擊這些唯一神教派不應該試圖結合理性與宗教，他們認為宗教真理要由靈魂來了解，靠的是感受而非理性。但是，在哈佛哲學家的支持下，超越主義的批評並未產生什麼影響。不過，這個哲學基礎終於受到達爾文演化論衝擊。如果自然的選擇反映的正是上帝工作的一般模式，則這是一種浪費、殘酷、而缺乏效率的方式。如果演化論可以用來解釋自然的法則及規律，則我們也很難看出這種規律代表了上帝的本性(Hookway, 5)。

過，普爾斯成年後改信奉主張三位一體說的聖公會。此外，經由詹姆士父親亨利‧詹姆士(Henry James Sr., 1811–1882)的引介，普爾斯父子二人皆受到瑞典宗教哲學家史維登堡(Emmanuel Sweden-borg, 1686–1772)的神秘主義學說的影響(Brent, 34)。

班傑明對普爾斯在哲學方面的影響，也值得一提。班傑明是位卓越的數學家，非常強調嚴密的推論過程。根據普爾斯的說法，他的父親每次都能由既有的前提推出正確的結論，並首度將數學定義為「推出必然結論的一門學問」(Murphey, 229)。當普爾斯十幾歲開始研讀康德(Immanuel Kant)、斯賓諾莎(Benedictus de Spinoza)及黑格爾(George Wilhelm Friedrich Hegel)時，班傑明都會要普爾斯將這些哲學家的論證告訴他，接著班傑明就以兩三句話指出這些論證的空洞之處。對於霍布斯(Thomas Hobbes)、休姆(David Hume)及穆勒(John Stuart Mill)等人的哲學，班傑明的評價更差。普爾斯認為，他父親這種對於大哲學家的批判態度（雖然班傑明也很崇拜康德），使他得以在相當程度上擺脫這些偉大心靈對他所造成的不良思考習慣。在這種嚴格的訓練下，普爾斯追求思想的清晰、確定、嚴密、完美，使他很早就主張「步步為營主義」(pedestrianism)而堅持每一步思想推論的嚴謹(Brent, 59)，也使他對一般學者的平庸表現更缺乏體諒與耐心。

由於家庭環境的配合，普爾斯很早即開始鑽研學問。根據他自己的說法，他自八歲就開始研究化學，而在三年後寫了一本化學史（但是這本書從未被發現）。普爾斯之接觸化學，頗有其獨特的機緣。一八四七年，普爾斯八歲，這時哈佛的勞倫斯理學院剛成立，並準備設立美國第一間分析化學實驗室。普爾斯的叔父查理斯原本是執業醫生，這時成為籌建實驗室的助手，並著手與普爾斯的姑媽

夏綠蒂合作翻譯一本德文的化學教科書，於三年後出版。這段期間，普爾斯的叔父及姑媽幫他在家裡依同樣的理念設立一間小實驗室。叔父於一八五五年去世，普爾斯承接了他的化學實驗室及醫學實驗室。這一年，普爾斯進入哈佛，他的化學老師用的教科書正是他叔父及姑媽翻譯的那一本。

　　普爾斯與邏輯的接觸也很早。一八五二年秋季，他十三歲那年，比他大五歲的哥哥剛進哈佛，而帶回家的教科書中有一本就是魏特里(Whately)的《邏輯原理》。普爾斯看到這本書，立刻產生濃厚的興趣，並一口氣把它讀完。自此之後，他在邏輯的研究上幾乎投注了一生的心力；他甚至認為，任何事都與邏輯有關，都可視為邏輯的表現。他在一八六七年入選為美國文藝及科學學會的會員後，在該會提出的幾篇報告都是邏輯方面的。甚至當他於一八七七年入選為美國科學學會的會員之前，該會要他提交幾篇科學方面的文章，而他提出的卻都是邏輯方面的文章。當他入選之後，他還特地寫信給該會的秘書，指出他的入選正表示該會已經肯把邏輯當成一門科學了。此外，自一八七八年至一九一一年，普爾斯提交美國科學學會的三十四篇文章中，將近三分之一是邏輯方面的，其他才是關於數學、物理學、測地學、光譜學、實驗心理學等方面的文章。而他一生之中擔任過唯一的一次正式教職，即是瓊斯霍浦金斯大學的邏輯講師。

　　由上述可知，普爾斯自幼生長在學術氣氛濃厚的家庭，父親亦非常注重他在知性方面的發展，尤其是數學方面的訓練，他的表現使他的父親確認他為天才。此外，他對化學及邏輯的自修很早即開始。但是，普爾斯早期在學校的表現並不好。他於一八四九年進入劍橋中學就讀，在中學期間，除了參加演辯社而顯露辯論的才能之

外，一般課業成績不佳，曾多次留級，到一八五四年才畢業。為了加強實力以便進入哈佛，他的父親送他去狄克威爾學校接受一學期的密集課程。

自一八五五年至一八五九年，普爾斯在哈佛大學接受數學及自然科學方面的正規訓練。他當時的成績並不好，四年總成績在九十一位畢業生中名列第七十一。不僅如此，他也被視為少數不守規矩的同學之一。他曾因上課時破壞教室的椅子而被罰款一美元，提出檢舉的是他的化學老師艾略特(Charles William Eliot)。艾略特是班傑明的學生，十多年後成為哈佛的校長，並一再拒絕普爾斯成為哈佛的教師。在這時期，普爾斯與潘恩(Horatio Paine)成為密友，兩人不僅一起經由德文原典苦讀席勒(Johann C. Friedrich Schiller)及康德，也一起流連於酒肆之中買醉。普爾斯似乎在這時染上了酗酒的習慣，也為他日後的事業發展及人際交往加上負面的影響(Corrington, 4)。無論如何，普爾斯至少與大多數的哈佛同學一樣精通希臘文及拉丁文，他的法文及德文也學得不錯，更熟讀了莎士比亞的作品。

在大學四年級時，普爾斯深受顏面神經痛所苦，這種難以忍受的病痛日後不時折磨著他，愈到老年愈是嚴重，這或許可以解釋他為何有時會莫名其妙地暴怒。普爾斯一生在生理上有兩大困擾，一是臉部的三叉神經痛，一是左撇子。普爾斯堅決相信左撇子影響他的思考方式及語文表達方法，他在晚年還說：「我是左撇子；我時常以為這使我運用大腦的方式與一般大眾不同，而我的思考方式亦透露出這種奇特性。因此，我總是不幸地被貼上思想具有『原創性』的標籤。」(Brent, 43)普爾斯的父親也經常為三叉神經痛所苦，這種疾病今日已能用外科手術治癒，但是當時卻無法根治，班

傑明只好用醚或鴉片藥酒來減低痛苦，普爾斯則在這些容易成癮的
藥物之外，又加上了嗎啡及古柯鹼。使用這些藥物在當時是合法
的，只不過，普爾斯一直到晚年都得依靠它們止痛。

　　整體看來，學校課程對普爾斯的吸引力顯然遠遠比不上他父親
那種非正式卻嚴格的教育，普爾斯對學校師長也遠不如對自己父親
那樣尊敬；事實上，父子兩人在這方面的態度相當一致，也因此，
班傑明並不在意普爾斯在學校的課業表現。普爾斯修過的哲學課程
及邏輯課程並不多，也不喜歡在課堂上接觸到的那些英國哲學，尤
其是蘇格蘭常識學派。但是，他從剛入大學之初，即私下專心閱讀
德哲席勒的《美學書簡》，接著研讀康德的《純粹理性批判》，並醉
心於其中的先驗分析部。不過，他及他的家人都傾向他往化學方面
發展，並擬以此為其終身事業。因此，大學畢業之後，下一步很自
然就是進入勞倫斯理學院。但是，他覺得自己需要有點謀生的經
驗，而且大四時的一場大病也使他覺得在繼續研究之前應該到戶外
進行科學的實際應用。於是經由他父親朋友的幫忙，而於一八五九
年的秋冬二季及次年的春季為海岸測量局在緬因州及路易斯安那州
工作。一八六〇年春末，普爾斯回到劍橋隨阿噶西學習分類法，但
成效不佳。在這段時間，達爾文(Charles Robert Darwin)的《物種
源始》及阿噶西的《分類論》相繼出版。依當時學者看來，化學是
一門實驗科學，也是一門分類科學；而生物學則是另一門主要的分
類科學。達爾文及阿噶西的支持者之間的相互爭論使得這兩門科學
之間的異同成為注意的焦點。阿噶西不認為一個科學家可以同時主
張達爾文主義，且同時維持其宗教信仰。在哲學思想上，普爾斯深
受達爾文演化論的影響，雖然他不贊成以天擇做為心靈演化或掌控
人類社會的唯一因素。

一八六〇年秋天，普爾斯應聘哈佛擔任宿舍的代班管理員。一八六一年春天，普爾斯進入勞倫斯理學院學習化學。但是在他就讀勞倫斯理學院的第一個學期時，南北戰爭爆發，他的父親辭去海岸測量局的計算工作，普爾斯隨即要求繼任該職，而在父執的協助之下，於一八六一年六月正式受聘於美國海岸測量局。由於這是個政府機構，他在此處的服務使他免於被徵召入伍。普爾斯與這個單位的關係前後維持了三十年半，在一開始，他只是幫忙做一些計算的工作，接著做天文的觀察，最後才有他個人的實驗研究。這項輕鬆的工作不僅提供普爾斯穩定的收入與相當自由的時間，也使他由化學走進天文學、測地學、測量學、光譜學等領域。

一八六二年十月，在正式交往一年多後，普爾斯與出身新英格蘭世家的海麗特・費伊(Harriet Melusina Fay)結婚。新郎二十三歲，新娘二十六歲，雙方的父親是哈佛的同窗好友。費伊雖不貌美，家境亦不富裕，但相當博學，性格堅定優雅，是位虔誠的聖公會教徒。費伊的父親是聖公會的教士，她的外祖父是弗蒙特州第一任聖公會主教。普爾斯原本生長在信奉唯一神教派的家庭裡，不過，在結婚的前幾個月，費伊的外祖父為他主持入會禮。自此，他一生皆主張三位一體說而為聖公會的教徒。費伊對基督教的三位一體說有其獨特的體悟，她認為「聖父、聖子、聖靈」其實指的是「聖父、聖子、聖母」；換言之，女性在三位一體中佔有極重要的地位，這點看法在她日後推動婦女運動時亦頗具影響。她不僅是普爾斯的情感支柱，亦深受公婆喜愛；普爾斯的父母期盼這樣一位品德端莊的媳婦能夠使普爾斯革除諸多不良習性而變得比較穩重正經。不過，因為性格及生活習性差異太大，費伊於一八七六年離開普爾斯，二人於一八八三年離婚。

　　由於收入菲薄，普爾斯夫妻婚後仍與班傑明同住，直到一八六四年才搬出，而一直到一八七〇年還是回父母家用餐。這段期間，普爾斯在父親批判的眼光下認真研讀哲學與邏輯，諸如：康德、漢密爾頓(William Hamilton)、穆勒、狄摩根(Augustus De Morgan)、布爾(George Boole)以及中世紀的士林哲學家歐坎(William of Ockham)及史各都(John Duns Scotus)。在邏輯的研讀上，普爾斯有一位大他九歲的益友：數學家賴特(Chauncey Wright, 1830–1875)。普爾斯把賴特視為人格上及思想方法上的模範，二人自一八五七年即相互論學。賴特經由研讀達爾文、穆勒及貝恩(Alexander Bain)而對科學方法的本質感到興趣，並尊崇牛頓為科學家的典範。

　　在新婚那年，普爾斯結識詹姆士，並在哈佛取得文學碩士學位。一八六三年，普爾斯又在勞倫斯理學院以最高榮譽(summa cum laude)取得美國在化學方面的第一個理學士學位。或許因為這項榮譽，他日後經常自稱為化學家。此後四年中，普爾斯繼續留在哈佛當研究生，並且開始講學。一八六五年三月開始，他受邀在哈佛發表十一場有關科學方法的演講；不過，當時到場的聽眾很少。這些講詞經過修改後，於一八六六年二月以「科學邏輯及歸納法」為題發表於波士頓的勞威爾講座(the Lowell Institute Lectures)。對一位二十五歲的青年來說，這是很高的榮譽，也令他的父親備感榮耀。

　　一八六七年元月，由黑格爾主義者哈里斯(William Torrey Harris, 1835–1909)主編的《思辨哲學雜誌》(*Journal of Speculative Philosophy*)，在聖路易出版創刊號。這份季刊是英語世界中的第一本哲學雜誌，普爾斯一開始即經由書商訂閱這份刊物。同年

元月三十日，普爾斯當選為美國文藝及科學學會的會員，而在這一年陸續提出五篇討論邏輯的文章，其中前三篇的抽印本在十一月先行印出，而包括全部五篇文章的《學報》則要等到次年才能出版。普爾斯在十二月初接到前三篇的抽印本，就迫不及待地寄給哈里斯，而哈里斯也在月中即回信表示對其中第三篇文章感到興趣；這篇文章即是著名的〈論新範疇表〉，而普爾斯在一九〇五年仍然稱此為他對哲學的一大貢獻。普爾斯視之為一生中最重要的著作，更宣稱其中的範疇論是他帶給人類唯一的禮品。

一八六八年，普爾斯陸續在《思辨哲學雜誌》發表五篇文字。其中兩篇是給編者的信，另外三篇文章，〈關於某些被宣稱是人的能力的問題〉、〈四種無能的結果〉與〈邏輯法則有效性的根據〉，則是回應哈里斯的質難，試圖表示根據他的唯名論的原則如何可能說明邏輯法則的有效性。當時哈里斯以自己及黑格爾為實在論者，而給普爾斯加上唯名論者的封號。普爾斯在當時雖然並未對此稱號表示任何異議，不過，他很快即開始轉而以唯名論做為他畢生攻擊的目標。上述的最後一篇文章很重要，普爾斯在其中承認科學法則的實在性，並進一步發展他的記號學。

一八六七年二月，普爾斯的父親接任海岸測量局的第三任監督官，而於七月將他聘為正式助手。任職於海岸測量局，並非普爾斯的本意，也不是他父親所期望的。普爾斯一直不願離開劍橋，其實是想要成為哈佛的哲學教授，不過，這個心願一直沒有實現。哈里斯曾於一八六八年邀請普爾斯到聖路易擔任華盛頓大學的講師，但是普爾斯表示自己期望教授的職位，而未接受。

一八六七年，哈佛的天文臺擁有它的第一架望遠鏡，普爾斯也在這年加入其間，協助觀察天文的工作。一八六九年十月，為了更

有機會留在哈佛，他受聘為該臺的助理，在職位上僅次於主任。普爾斯的中學教師艾略特亦在此時剛出任哈佛校長，不過，他們二人的關係並未獲得任何改善，日後反而因為這個職務發生多次衝突。測量局及天文臺的工作並不需要佔據普爾斯全部的時間，他也把這些工作視為次要的。普爾斯執著地以邏輯研究為首務，並把上述的工作視為方法論上的演練。一八六九年及一八七〇年，他兩度在哈佛的大學講座(the University Lectures)發表有關邏輯方面的十五篇講演。然而，普爾斯對邏輯研究的狂熱並沒有能夠為他帶來聲名或教職。班傑明曾於一八七〇年就此與他懇談，並警告他說，專注於邏輯研究可能會犧牲所有成功的機會，因為人們不會因為他在此的努力而看重他。但是，在表示充分理解此一情況之後，普爾斯仍然表明自己無法違背衷心對邏輯的熱愛。

一八六九年八月，普爾斯在肯塔基觀察日全蝕。一八七〇年六月，普爾斯與他大哥傑姆斯前往歐洲勘查年底觀察日蝕的適當地點，一路上遊歷了十多個城市。六月在倫敦時，普爾斯拜會邏輯學家狄摩根並送上剛寫出來的文章：〈藉由擴展布爾邏輯運算的概念來描述何謂關係邏輯〉，這篇論述關係邏輯的文章在現代邏輯發展史上非常重要，也給當時英國的邏輯學家留下深刻的印象。

一八七〇年十二月，普爾斯兄弟陪同他們的父親在西西里觀察日全蝕。由於普爾斯出國，哈佛校長艾略特決定暫停他天文臺的薪水，這個事件開啟兩人之間長達一年的衝突，普爾斯認為這是沖著他個人來的決定。一八七一年三月，普爾斯自歐返美。同年，哈佛天文臺獲得一座天文光度儀，由普爾斯負責使用。這時班傑明雖然是測量局的主管，但是他大部分的時間仍留在哈佛教書，華盛頓的辦公室則交由一位資深助理負責。一八七二年四月，這位資深助理

到歐洲公幹，班傑明不考慮其他幾位資深的助理，反而讓普爾斯以執行助理的名義代理主管。一八七二年十二月，普爾斯又被他的父親正式晉升為助理並負責重力測定的研究案。助理一職僅次於監督官，不必受其他人管束。班傑明不但讓他在自己的研究案件中享有充分的自主權，還給予不少優惠。不過，為了執行重力測定的研究，這時他必須辭去哈佛天文臺的助理一職，並與妻子遷居華盛頓。從此到一八九一年十二月卅一日離開海岸大地測量局為止，這是他唯一的專任職位。普爾斯雖然向天文臺辭職，不過他與臺長正式協議把相關的研究做完後才離開。一八七五年六月臺長驟逝，普爾斯繼續留到年底把研究結束。但是由於哈佛校長艾略特未被知會，二人因而再度發生衝突；再加上其他的相關事務，彼此的惡劣關係持續了六年(Brent, 106–111)。

　　普爾斯在一八七一年自歐返美後，仿效倫敦兩年前剛成立的形上學學會，隨即成立了形上學俱樂部(the Metaphysical Club)；直到一八七四年，他都是其中的核心分子。參與這個非正式組織的青年學者包括詹姆士、賴特、日後成為最高法官的霍姆斯(Oliver Wendell Holmes, Jr.)、律師格林(Nicholas St. John Green)、哲學家亞保特(Francis Ellingwood Abbot)、演化論者費斯克(John Fiske)及哈佛哲學教授鮑文(Henry Bowen)等人。這個組織雖然以實用主義的發源地而聞名於世，但是並無出版刊物，也未保留任何正式的記錄。不過，普爾斯曾以「科學邏輯之說明」為題，在該俱樂部宣讀，並於一八七七年至一八七八年間發表於《通俗科學月刊》(*Popular Science Monthly*)。其中包括一八七七年的〈信念之固定〉，一八七八年的〈如何使我們的觀念清楚〉、〈機緣說〉、〈歸納之或然性〉、〈自然的秩序〉及〈演繹、歸納與假設〉。這一系列的

六篇文章成為他最被廣泛閱讀的著作，而實用主義的說法首度出現其中。

自一八七二年十二月開始，普爾斯主要的工作是在為重力測定實驗做準備，這項原創性的實驗研究是利用鐘擺的幅度來測定某地的重力，這些數據能夠提高大地測量的精確度(Brent, 92)。其餘的時間，除了個人的邏輯研究之外，就是為哈佛天文臺進行另一項實驗研究，企圖對光度的測定訂出新的標準。後一實驗的成果於一八七八年出版，名為《光度測定研究》(*Photometric Researches*)，這也是普爾斯本人在生前唯一正式出版的專書。這些研究工作促使普爾斯反省測量理論，尤其是或然的誤差所佔的地位；這些影響可見於他討論歸納法及或然性的著作中。由此，普爾斯進一步思考邏輯方面的問題。一八七三年八月，普爾斯開始在麻州山區進行重力測定實驗。不過，由於經驗不足及美國當時工藝技術不夠精確，這項實驗耗費普爾斯很多心力，也讓他吃足了苦頭。在歷經一年多的嘗試之後，並沒有任何成果。

一八七四年春季，班傑明辭去測量局監督官一職而改任高級顧問，不過他仍然是幕後的決策者，新任主管佩特森(Carlile P. Patterson)在他支持下獲聘，凡事皆請示班傑明。一八七四年年底，班傑明及佩特森決定派普爾斯赴歐洲，至少花一年的時間學習歐洲比較先進的測地學並採購更精密的儀器。一八七五年四月，普爾斯偕妻子乘船前往利物浦，並在歐洲停留了將近一年半。在船上，他遇見艾波頓(William H. Appleton)，並受邀為《通俗科學月刊》撰文，因而促成上述一系列文章的發表。抵達英國後，他前往劍橋大學，參觀麥斯威爾(Maxwell)新成立的實驗室。五月應邀參加英國皇家學會的會議，並與英國著名數學家兼邏輯學家克里福特

(William Kingdon Clifford)及哲學家斯賓塞(Herbert Spencer)會面。克里福特後來說，普爾斯是亞里斯多德以來最偉大的兩位邏輯學家中的一位，而另一位則是布爾。離開英國後，普爾斯夫婦先赴漢堡，再到柏林。九月於巴黎出席國際大地測量協會，當時很少有美國學者直接參加國際科學會議。

不過，在歐洲的這幾個月，普爾斯並沒有認真執行他此行的任務，反而揮霍無度，使得公款及個人財務都出現大量赤字。受不了普爾斯的任性放縱及不負責任，費伊在九月獨自返美。儘管單獨一人、財務不佳、工作沒有進展，但是普爾斯仍然不肯回美國，也不告訴主管連絡地址。在諸事不順遂而身心俱疲的情況下，一八七六年五月，普爾斯在英國突然暫時性的全身癱瘓，這是一種身心官能症，通常為了逃避強大的心理壓力而導致生理失常。在調養恢復之後，七月又發病一次。次一年及次三年各有一次發病。費伊在他患病時趕到英國陪伴，並相偕於一八七六年八月回到波士頓休養。儘管造成嚴重的超支，並且僅完成部分研究，普爾斯本人、他的父親與測量局的主管仍然對這次任務表示滿意；至少使美國的重力測定研究打進國際學術界，引起世界級的學者注意，因而提升美國海岸測量局的聲譽(Brent, 106)。

一八七六年十月，普爾斯為了在紐澤西籌設一個鐘擺研究站而住到紐約，這次費伊沒有陪他同行，並宣告正式分居。此後的幾個月中，費伊住在原來的房子，接著就到紐約經營供膳宿舍。除此之外，她亦為雜誌撰文增加收入。費伊仍舊熱心於婦女運動，不過，健康及經濟狀況都不好，愈到晚年愈差。一九二三年，在獨居中去世。普爾斯對這位妻子相當依賴，分居後異常消沉。不過，另一方面，普爾斯此時的事業還算順遂。一八七七年初，前一年新成立於

馬里蘭州巴爾底摩的瓊斯霍浦金斯大學因詹姆士推薦而邀請普爾斯任教；不過，普爾斯選擇繼續執行測量局的實驗。同年三月，紐澤西的鐘擺研究站成立，並進行重力研究。同年四月，入選為美國國家科學學會的會員。九月，代表美國測量局赴德國司徒加出席國際大地測量協會會議並宣讀有關重力測定的論文，受到與會學者高度讚揚，甚至有人認為這篇論文開啟了重力研究的新紀元。

　　普爾斯的父親在一八七七年寫信給瓊斯霍浦金斯大學的校長吉爾曼(Daniel Coit Gilman)，推薦普爾斯出任該校物理系主任。一八七八年三月，滿心以為能獲得教授職位的普爾斯接到瓊斯霍浦金斯大學的講師聘任通知，十分失望，也未接聘。這年年底，因患肺炎而回劍橋休養。一八七九年六月，在多次向測量局爭取加薪未果後，普爾斯接受瓊斯霍浦金斯大學的聘書，並於九月遷居巴爾底摩。此時他仍任職於測量局，為了便於同時進行重力實驗，他將一個鐘擺研究站搬到附近車程一小時的城鎮。這是普爾斯一生唯一的一次正式教職，他在該校擔任邏輯講師至一八八四年為止，開過的課程有基礎邏輯、高等邏輯、關係邏輯、哲學術語、中世哲學、或然率、偉人心理學等，並重新成立一個形上學俱樂部。選他課的學生並不多，但他似乎是一位頗受歡迎的教師，課程內容難懂卻豐富；被他教過的學生有大名鼎鼎的杜威。他積極地參與各項學術活動，校務方面則毫未涉入。這幾年對普爾斯來說，提供他相當難得的經驗；因為當時的瓊斯霍浦金斯大學聚集了一批年輕的傑出學者，他們在許多方面對彼此都有相互砥礪的作用。普爾斯當時更與一群學生合力撰寫有關科學邏輯的論文，並由普爾斯編輯成書：《邏輯研究》(*Studies in Logic by Members of the Johns Hopkins University*)，於一八八三年出版。遺憾的是，普爾斯的邏輯造詣在

當時美國學術界受到的認可還遠不如在歐洲。英國及歐陸的學者不僅肯定他在天文學及測地學的成就，同時也肯定他在幾何邏輯與科學邏輯方面的洞見(Brent, 138)。

一方面要準備課程，另一方面要帶領鐘擺實驗，到了一八七九年十二月，普爾斯終於因為工作過量而病倒，在紐約休養到次年一月才回巴爾底摩教書。不過，忙碌的生活又使他在二月下旬病倒。到了四月，身體恢復後，他又代表測量局前往歐洲參加會議。五月下旬，在英國患支氣管炎而臥病在床。七月得知父親病重，八月初返抵劍橋，九月班傑明病逝。父親去世，對普爾斯個人是一大打擊，對他的事業更有致命的影響。失去父親的期盼及鼓舞，普爾斯似乎失去了奮鬥的方向及意義。失去父親的翼護及安排，他本身完全沒有辦法應付接踵而至的橫逆。

一八八〇年十二月，或許由於父喪而心灰意冷，普爾斯寫信給瓊斯霍浦金斯大學校長吉爾曼，表示辭意並希望把他邏輯與哲學的藏書賣給學校。吉爾曼很快就回信應允，但是普爾斯接著又反悔了，於是在一八八一年二月寫信給吉爾曼表示希望獲得續聘。六月，他再度獲聘為邏輯講師。這年夏天，普爾斯父親提拔的測量局監督官佩特森去世，接任的主管非但不像佩特森那般維護普爾斯，反而相當厭惡他。一八八二年，由於國會急於看到耗時經年而經費龐大的鐘擺實驗的具體成果，測量局轉而責成普爾斯盡速結案。時間的壓力使得他奔波於各個鐘擺實驗站間，根本沒法兼顧教學，故而停開一八八二年秋季班的課程。

一八八三年，普爾斯受邀為《世紀辭典》撰寫條目。一八八三年四月廿四日，普爾斯與費伊正式離婚。他在兩年前結識一位來歷不明的法國女子芙洛西(Juliette Annette Froissy)之後，即開始以遭

到遺棄為由訴請與費伊離婚。他在獲准離婚後兩天，立刻與芙洛西結婚；這次婚變使他的事業前途及社會聲譽都受到難以平復的重創。一週後，他打著為測量局訂購鐘擺儀器的旗號，假公濟私到歐洲度了幾個月的蜜月。九月回國後，吉爾曼保證普爾斯會獲得長聘，於是普爾斯就在巴爾底摩購置了一棟華宅。但是，幾個月後，吉爾曼及學校董事會的態度改變了。或許是他們得知普爾斯在尚未離婚前，就已與芙洛西同居；他娶了情婦，這點是社會規範所不能容忍的(Brent, 151)。當然，普爾斯本人惡劣的人際關係也是原因之一。總之，一八八四年一月，瓊斯霍浦金斯大學通知普爾斯不續聘。由於原來的聘書是到九月，董事會甚至答應補償普爾斯買屋賣屋的差價損失，並表示普爾斯在這段期間不必上課但薪水照發。這個事件雖然對普爾斯是奇恥大辱，但他還是堅持留到九月，並繼續開課。他期望自己的表現能夠扭轉吉爾曼等人的心意，並不斷寫信表功；但吉爾曼委婉而堅定地回答說，相信普爾斯比較適合做研究者而比較不適合做大學教授(Brent, 159)。普爾斯一直到十月才死心，十二月才搬離巴爾底摩。

　　不在大學教書後，普爾斯有較多的心力放在測量局。從一八八四年九月到一八八五年五月，他為測量局執行多項實驗工作，並趕寫延誤多年的實驗報告。六月，回劍橋探望母親，發現哈佛不像以前那麼重視邏輯，於是就請詹姆士代為安排，希望能在哈佛發表十二場有關邏輯的講演。但是，詹姆士未能說服校長艾略特。在這個階段，普爾斯除了有意於哈佛，亦有意於維吉尼亞、威斯康辛等大學的教職，但皆未成功。

　　一八八五年七月，測量局監督官及執行助理因涉及貪污被撤換，測量局也因而接受調查。八月，普爾斯及其他兩位同事被指控

將公務用的精密儀器挪為私用。隨著一連串對測量局的指控，普爾斯也逐漸成為箭靶。官方調查報告指出，普爾斯自一八七三年就在進行鐘擺實驗，一八七九年更以此為由而四處旅行，不含人事費用，就已耗費相當今日五十萬美元以上的鉅資，而實質的成效卻一直提不出來。後來，又發現普爾斯於任職測量局期間在瓊斯霍浦金斯大學教書，顯然延誤測量局的工作。在這次調查中，雖然普爾斯最後僅被指控為浪費無度及延誤工作，不過，他的聲譽再次受到嚴重打擊。普爾斯否認一切的指控，出版小冊子為自己辯護，並曾一度憤而辭職，不久又為了避免喪失這唯一的經濟來源而撤回辭呈。接掌測量局的新任主管要求普爾斯把自一八七二年開始進行的重力測定做出結案報告，否則不再接受新的計畫，而只讓他繼續一兩個鐘擺實驗。普爾斯直到一八九一年離開測量局時，仍未完成這份報告。其間，普爾斯不斷愈挫愈勇地申請新的研究、出國考察、採買儀器，但是新任主管對於完成報告及控制預算的執著，使得普爾斯不僅無法像以前那樣揮灑自如，反而得逐日記錄自己的工作進度。

一八八七年四月，普爾斯夫婦在距離紐約兩三小時車程的旅遊勝地米爾福購置別墅。在經濟不寬裕的情況下，此後十年普爾斯仍然同時保有紐約的公寓，並不時回來居住。九月，普爾斯的母親病重，十月去世，留給他一筆遺產。次年春天，普爾斯用這筆錢把原本就相當寬敞高雅的鄉村別墅改建得更豪華，並以西方哲學發源地古希臘米利都殖民地之名(Fisch, 243-244)，將這棟建築命名為「愛里斯比」(Arisbe)。一八八八年三月，普爾斯的姑媽去世，留給他一小筆遺產，他用這筆錢買了一百四十英畝的農場。次年十一月，買了一千二百英畝的林地，之後又加買了五百英畝林地。普爾斯夫婦在這優美的環境過著遠非其薪資所能支付的奢侈生活，衣著

及手飾皆甚講究，並做著各項快速致富的美夢。

一八八九年十一月，普爾斯終於交出鐘擺實驗的第一批成果報告。普爾斯的研究雖然經常拖延，也缺乏效率，但是他當時的確是美國唯一具有國際知名度及學術水準的測地學者。可惜的是，當時的監督官對這份報告並不滿意且給予惡評，甚至質疑普爾斯的研究能力。再加上普爾斯原先承諾的後續成果報告遲遲沒有交出，他終於被要求在一八九一年十二月卅一日離開測量局，而結束卅多年的關係。從一八八四年被瓊斯霍浦金斯大學解聘開始，一八八五年又被調查指控，最後在一八九一年被測量局強迫辭職，普爾斯的名譽及事業跌到谷底，至死未有起色。此後，他向克拉克、史丹福、芝加哥等大學求職，甚至想要再為測量局做事，但均遭拒絕。辭職後，鬻文成了謀生之道；包括為報紙及通俗雜誌寫書評，為辭典及百科全書撰寫條目，翻譯法文和德文，甚至配合編者的需要而撰寫哲學論文。

英國哲學期刊《一元論者》(*The Monist*)於一八九一年一月開始發行，經過編者多次的約稿並預付稿酬，普爾斯從第一期開始到一八九三年一月，在此發表一系列五篇文章：〈理論之建築架構〉、〈必然說之檢視〉、〈心靈之法則〉、〈人之如鏡的本質〉及〈演化之愛〉，這些是普爾斯形上學的重要文章。此外，他之為邏輯重新提供系統性的基礎、他之重新反省其實用主義、他之系統化其範疇論及記號學，都是一八九一年之後的工作。一八九二年冬季，普爾斯在波士頓的勞威爾學院發表十二場「科學史」系列演講。一八九三年，普爾斯將以前的文章修訂輯成《找尋方法》一書，不過，出版社不願替他出版。

在離開測量局後，普爾斯喪失了固定的收入，卻不知節約用

度，不出幾年，就債臺高築。他一連串不切實際的發財計畫沒有成功，反而面臨斷炊之苦，數度想要自殺。離職之後，普爾斯比較穩定的一個經濟來源是為《國家雜誌》（ The Nation ）寫書評。該刊的編者蓋禮森(Wendell Phillips Garrison)非常同情普爾斯，盡可能寄書給他評，並支付較高的稿費，直到他一九〇五年退休為止。這些不用具名的書評，範圍廣被自然科學的各個領域、數學、邏輯、社會學、經濟學、歷史、哲學、建築、藝術、文學、辭典、文法、教育、傳記、賭博、品酒、美食、字謎等。在普爾斯一八九八年以後因為貧窮而困居米爾福時，根本沒有餘錢買書，這些寄來給他評論的書就是他唯一掌握外界學術發展資訊的來源。但是，他可能根本沒法讀到那些他更有興趣的書。這點或許可以解釋普爾斯晚年的研究中為何很少顧及外界的學術發展(Brent, 230)。

　　一八九四年七月，普爾斯似乎想要把愛里斯比變成紐約中上階層的哲學訓練營兼避暑山莊，為了這個「發財計畫」，他在舉債度日的窘境中，依然雇工大肆整修別墅。九月，在四處舉債的情況下，普爾斯又找工人重新為別墅開一條新路。一八九五年二月，米爾福地方法院受理數件對於普爾斯債務未清的控訴，並決定拍賣他的藏書。這時他的哥哥傑姆斯出面買下這些書還給他，並替他向銀行貸款清償債務，而抵押品是普爾斯的別墅。除了債務的官司外，同年四月，他被女僕以傷害罪名告到法院。這並不是第一次發生這種情形，他在一八八九年就曾因傷害另一名女僕而被罰款。之前，亦曾與他的廚子打架。一八九五年十一月，又一件工程債務案告到米爾福地方法院，結果因為普爾斯夫婦早在八月就到了紐約，一直拖到一八九七年二月才靠友人解決。這段期間，他們被法院通緝而不敢回米爾福，到一八九八年五月才返回故居。

　　普爾斯夫婦很喜歡紐約的上流社會生活，不過，一八九五年八月這次是為芙洛西生病而去住院。不久，盤纏告罄，被醫院請出來。這時，普爾斯僅能依賴零星的稿費。他們在紐約的房子業已賣掉，只好四處住在一些小房子或旅舍中。一八九六年，情況愈發惡劣，經常好幾天沒錢吃飯及住宿；他不斷地構思一些無法實現的發財計畫，也數次向朋友表示要自殺。一八九七年狀況稍佳；妻子的健康略佳，他也接了一些工作，詹姆士亦將《相信之意志》獻給他。一八九八年二月到五月，詹姆士替普爾斯在劍橋安排一系列有酬勞的演講。

　　一八九八年五月，普爾斯回米爾福長住；原先的別墅因久未居住而顯得破舊。普爾斯這時年近六十，身體多病；除了零星的收入及親友的接濟，還得以不動產及妻子的珠寶質押借貸維生。芙洛西的身體一直不好，多年的肺結核也在此時加劇。在寒冷而漫長的冬季裡，他們畏縮在空盪的別墅一角，根本沒有足夠的錢買燃料取暖。普爾斯曾花了五年時間想要賣掉米爾福的別墅以便回到紐約生活，但是找不到買主。經過前兩年在紐約的折磨，此後普爾斯漸漸不再沈迷於一夜致富的空中樓閣，但也因為極度貧窮而從此困居乏人往來的鄉間。這段困頓的日子，卻也是普爾斯著作最豐的時期，題材遍及實用主義、批判常識論、範疇論、現象學、美學、倫理學及記號學。

　　一九〇〇年十月，鮑文邀請普爾斯為《哲學與心理學辭典》撰稿，十一月，為了撰寫實用主義的條目，普爾斯寫信給詹姆士查證實用主義的起源，而詹姆士立即回信認可普爾斯為實用主義之父。一九〇二年，普爾斯向卡奈基機構申請經費補助他完成一生在科學邏輯方面的研究成果。在申請書中，普爾斯回顧他的思想發展及哲

學體系(Brent, 280–283)。他計畫以卅六卷的巨著陳述他在學問分類、數學、範疇論、哲學史、邏輯的倫理學基礎、倫理學的美學基礎、形上學等等方面的創見，評審委員大都為此計畫之偉大感到佩服，但也都風聞普爾斯在履行承諾及完成工作方面的不良記錄。儘管有一些人願意促成這件事，包括詹姆士及羅斯福(Theodore Roosevelt)都曾幫過忙，但是更強的阻力也出現，申請案未通過。

一九〇三年三月至五月，詹姆士及魯一士(Josiah Royce, 1855–1916)透過私人募款請普爾斯到哈佛大學發表七場「實用主義」系列演講，在場聽講的有詹姆士及桑塔耶那(George Santayana, 1863–1952)。自一八七〇年後，這是普爾斯第一次重回哈佛校園講學。不過，聽眾反應不佳，大都表示無法理解他的實用主義及範疇論。普爾斯本想出版這些講詞，但詹姆士因此而不願推薦出版。倒是很少接觸普爾斯的桑塔耶那獲益不少❻，當時未在場的魯一士也從這些講詞中汲取其形上學的邏輯基礎(Brent, 291)。一九〇三年春季，普爾斯與維爾碧(Victoria Lady Welby)開始通信討論記號學，這一系列的通信記錄日後成為理解普爾斯記號學的入門。同年十一月至十二月，普爾斯在波士頓勞威爾學院發表八場

❻　費希指出，桑塔耶那當時曾經去聽過普爾斯一九〇三年哈佛演講系列的第三場：「以實用主義做為正確思考的原則及方法」，不但留下深刻印象，且發生重大影響。桑塔耶那在一九三七年指出，他不但記得這次演講，還經常將普爾斯當時所說的記號學的觀念應用在自己的思想中；他在一九五一年還提到，如果普爾斯曾將其哲學建構在記號之上，或許他早就成為普爾斯的門徒了。而費希也指出，桑塔耶那所說的「本質」概念（甚至於懷德海所說的永恆對象）很可能即來自普爾斯所說的第一性。以上參見Max Fisch, ed. *Classic American Philosophers* (New York: Appleton - Century - Crofts, 1951), pp. viii–ix.

「若干邏輯論題」系列講演，其中大部分是早期的想法，但是反應甚佳。演講結束後，普爾斯留在劍橋過了幾天，其間與魯一士長談。魯一士很能了解他的想法，普爾斯高興地稱讚魯一士是美國最偉大的實用主義者。

　　一九○四年，普爾斯夫婦健康狀況都很差，但普爾斯仍得為了生活而拼命撰稿鬻文。一九○五年，由於蓋禮森身體不好而辭去《國家雜誌》的編輯職位，普爾斯不能再隨意預支稿費，經常處於半飢餓狀態。一九○六年，經濟情況更糟，普爾斯的妻子一直確信他的丈夫有著非凡的天才，決定親自出馬為他謀職，但未成功。一九○六年三月，一向對普爾斯伸出援手的兄長傑姆斯去世，留下的只是一些書。十月，普爾斯寫信給詹姆士，坦承又窮又病，身上只有廿九分錢，家中只剩下一罐豆子(Brent, 305)。年底，普爾斯到劍橋想為報社撰寫美國科學學會的會議報導，結果又餓又病地躺在旅舍裡，瀕臨死亡。幸好詹姆士的學生碰巧發現，趕忙跑到課堂上把詹姆士拉出來幫忙，及時送醫才救回一命。一九○七年，詹姆士發動普爾斯的十幾位親朋好友成立一個帳戶，每人每年捐一些錢，供普爾斯過活。最後，居然湊到一年近千元美金。這項行動在詹姆士於一九一○年去世後，仍繼續下去。

　　普爾斯在劍橋一直待到七月才回米爾福，其間他擔任一位老友的家庭教師，並於四月間在哈佛哲學俱樂部發表兩場「邏輯方法學」的演講。一九○七年九月，普爾斯立下遺囑，以妻子為唯一受益人；若妻子先死，則以詹姆士的長子為唯一受益人。一九○八年到次年，普爾斯更集中全力發展他的記號學，亦發表幾篇論文。一九○九年，醫生診斷普爾斯患有癌症。

　　一九一三年，深入研究普爾斯於一八六七年起刊登於《思辨哲

學雜誌》的幾篇論文後，魯一士發表四場演講闡述普爾斯的哲學思想。講詞結集出版後，魯一士於當年夏天寄給普爾斯以表敬意。魯一士透過本身對於黑格爾正反合辯證法的長期研究而得以理解普爾斯的三元範疇理論，在接到普爾斯充滿喜悅的回信後，魯一士興奮地在課堂上唸給學生聽，證明他對普爾斯的理解被普爾斯本人肯定為大體不差。

一九一四年四月十九日，普爾斯去世。芙洛西與魯一士共同安排將普爾斯的文稿及一萬兩千本藏書交由哈佛哲學系收藏，並得款數百美元。芙洛西也敦請耶魯大學在她死後買下愛里斯比，或許可做為普爾斯的紀念館，但未成功❼。她於一九三四年十月四日去世，當時住屋因乏人整理而破敗不堪，幾乎被雜樹亂草包圍。一位鄰居安排了她的後事，並寫信給耶魯、哈佛及哥倫比亞詢問是否有意收購普爾斯殘餘的藏書和文稿，結果都被拒絕了。地方法院在十一月底舉辦遺物拍賣會，發現除了兩間擺滿家具的起居室及幾箱藏書外，其餘房間內幾乎空無一物。拍賣會並未完全賣完遺物，兩年後，愛里斯比拍賣給新的屋主；新主人在四處兜售剩下來的遺物而無人問津後，就把這些東西清到前院，一把火全燒了。

在普爾斯的一生中，四十歲之前受到父親強而有力的翼護。青年時期的普爾斯身高五呎七吋，長相英俊，聲音高吭尖銳，卅歲開始蓄起滿臉的鬍鬚，衣著華麗考究，偏好奢華、冒險。自幼父母溺愛寵慣而少約束，性格不穩定，敏感猜疑、高傲自大、容易情緒化

❼ 賓州歷史及博物館委員會於一九四七年在愛里斯比的門口樹立一個紀念牌，上面寫著：「查爾斯・普爾斯——著名的哲學家、邏輯學家、科學家及實用主義的創立者，自一八八七年直至一九一四年去世時，住在此宅。美國最具原創性的哲學家、最偉大的邏輯學家，他大半的作品於此處寫出。」(Tursman, ix)

而不顧後果，經常與人（包括親友、同事、上司）爭執以致不歡而散，甚至他的好友詹姆士都曾批評他是一個「怪物」。不過，當他脾氣好的時候，在沒有感到威脅或敵意的情況下，他也會表現得相當親切可愛。他討厭唯唯諾諾的人，也厭惡隨口附和他意見的人。在他的一生中，好友不過兩三位。此外，他與眾多女性的不正當交往，不僅使他更為聲名狼藉，也使前後兩任妻子為之痛心。父親去世之後，他開始坎坷的事業歷程。他的卓然不群讓很多人討厭他，但也讓一些人欣賞他。在他困頓的後半生中，不斷有一些愛才之士及親友對他伸出援手，或是替他引介工作、或是替他解決債務、或是以金錢及食物接濟他。普爾斯在生活上雖因這些人而多次渡過難關，但在事業上卻因反對他的人更多而毫無起色。

　　普爾斯有大量的著作，卻從未出版過一本哲學的書籍。這部分是出於他不穩定的工作習慣；他不斷擬出一些龐大的寫作計畫，卻沒有一件真正完成。普爾斯留給世人的大多是近乎斷簡殘章或目錄表式的思想記錄，這使得世人很難去掌握他的思想內涵。他的文筆亦頗晦澀，當其他的哲學家（包括最同情他的詹姆士）抱怨讀不懂普爾斯的文章時，他只是反過來責怪他們的理解能力有問題❽。儘管有一肚子的不合時宜，普爾斯生前並非完全被漠視，一九〇二年的《美國國家傳記百科全書》、一九〇六年的《美國傳記辭典》及《美國科學名人錄》皆列入普爾斯並對他在科學及邏輯方面的成就有頗高的評價，他也入選為美國文藝及科學學會、美國科學學會、倫敦數學學會的會員。

　　不過，不論外在環境是好是壞，普爾斯似乎從未中斷過他的思

---

❽　普爾斯對自己的思想成就頗具信心，認為自己可以在哲學史上列名而與萊布尼茲(Leibniz)同一層級(Fisch, 249)。

考與寫作。在超過半個世紀的學思歷程中，他累積了為數驚人的文稿。普爾斯死後，這些著作收藏於哈佛大學哲學系，一開始沒有人願意編輯。到了一九二〇年代末期，由於魯一士的學生知名哲學家寇亨(Morris Raphael Cohen)的大力推動，募到了足夠的基金，找了當時哈佛哲學系的講師哈茨宏(Charles Hartshorne)及研究生懷斯(Paul Weiss)從事編輯工作，以期交由哈佛大學出版社出版部分哲學著作。他們根據普爾斯已發表的文章，並由哈佛大學豪登圖書館(the Houghton Library)保存的普爾斯手稿中去蕪存菁，經過十餘年的努力，編纂成六大卷的《普爾斯文輯》，而於一九三一年至一九三五年相繼出版。自從這套書問世之後，對普爾斯思想的研究才有了比較充分的文獻依據，而對普爾斯的研究風氣也愈來愈盛。然而隨著研究的愈趨深入，愈是需要有更多的文獻憑藉。在此需求下，先是柏克斯(Arthur Burks)在哈佛承繼哈茨宏及懷斯的工作，而於一九五八年出版第七卷及第八卷的《普爾斯文輯》，一九七五年以來則有費希(Max Fisch)在印第安那大學主持《普爾斯著作編年集》的編纂工作。後一套書計畫出版至少三十卷，以求更完備地收集普爾斯哲學方面的重要著作❾；不過，自一九八二年至今，只出了前五卷。

　　除了《普爾斯文輯》及《普爾斯著作編年集》之外，還有其他的選輯值得一提。事實上，普爾斯死後最早的一本選輯是出於寇亨

---

❾　普爾斯生前發表的文字達一萬兩千頁，若是編成五百頁一卷，則可達廿四卷。另外，現存未發表的手稿分量更多，約有八萬頁，若是全部印出，可達八十卷。不過，由於普爾斯在自然科學及數學方面的文獻已有人整理出版，因此，《普爾斯著作編年集》的編者僅側重普爾斯科學哲學、邏輯、形上學等方面比較重要的著作，原本預計出版三十卷。不過，這幾年由於經費不足，出版計畫已趨緩並削減為二十卷。

之手。寇亨在一九二三年編輯普爾斯的重要哲學文章而出版《機緣、愛與邏輯》(*Chance, Love and Logic*)。艾叟(Caroly Eisele)則盡蒐普爾斯的數學著作而於一九七六年編成《普爾斯的新數學要義》(*The New Elements of Mathematics by Charles S. Peirce*)，一九八五年又編成普爾斯的科學史方面的著作《由科學史看普爾斯的科學邏輯》(*Historical Perspectives on Peirce's Logic of Science: A History of Science*)。一九七五年到一九七九年，凱特納(Kenneth L. Ketner)及庫克(James E. Cook)收集普爾斯在《國家雜誌》的書評編成三冊出版。

經由上述書籍的編纂與出版，普爾斯終於擺脫了塵封於故紙堆的命運，世人也對他有一番新的評價。普爾斯的著作儘管多是未定之稿，也反映他在哲學體系的發展上並未完成。但是，這些未完成的著作在哲學上所表現的深度與廣度，不僅超過美國本土培養出來的詹姆士、杜威等人，也超過由歐洲移居美國的懷德海(Alfred N. Whitehead)、卡納普(Rudolf Carnap)等人。一九三四年，懷斯在《美國傳記辭典》稱普爾斯為「最具原創性、最多才多藝的美國哲學家，美國最偉大的邏輯學家。」(Brent, 1)懷德海將普爾斯及詹姆士視為美國哲學文藝復興的創立者，並認為可以把詹姆士類比於柏拉圖，而把普爾斯類比為亞里斯多德。帕波(Karl Popper)在一九六五年推崇普爾斯是古往今來最偉大的哲學家之一，並認為他在物理學方面的見解可以與愛因斯坦的特殊相對論及新近的量子理論相容。近年來，在許多學者的研究下，大家開始體認到普爾斯可能是當代最具原創性的哲學家之一❿；他是實用主義的創立者，也是現

---

❿　普爾斯及少數好友對其原創性都了然於胸，據說普爾斯生前即自稱為美國最富原創性及影響力的哲學家與邏輯學家，而詹姆士也稱他為後

代記號學的創立者,他也被視為邏輯實證論的先河❶。大家也認識到他對當代哲學問題的許多重大貢獻,諸如: 關係邏輯、記號學、科學方法論等。一般說來,普爾斯原創性的貢獻遍及符號邏輯、非形式邏輯、數學、心理學、天文學、哲學以及其他的學術領域。一九八九年,哈佛大學慶祝普爾斯誕生一百五十週年舉辦國際學術會議,到場的有來自五大洲數十國的學者四百餘人,討論的議題遍及邏輯、科學哲學、記號學、形上學、知識論、美學、倫理學、心理學、語言學、地質學及宗教。目前國外學術界研究普爾斯的風氣相當盛行,每年都出現為數可觀的專書及論文,也出現不少研究普爾斯的博士論文。美、日等地甚至組成了「普爾斯學會」,並定期出版學報。有專門研究普爾斯的機構 (The Institute for Studies in Pragmaticism at Texas Tech University),網際網路上也有普爾斯

世思想家的思想金礦。參見彭越,《實用主義思潮的演變》(福建: 廈門大學出版社,一九九二年),頁五五。德里達爾(Gerard Deledalle)認為,普爾斯生前即發揮相當的影響,在邏輯方面,影響了魯一士,並因而間接地影響了路易士(C. I. Lewis),在哲學方面影響了詹姆士及杜威。但是,他在現象學與記號學的創見卻在死後才慢慢被發覺,而現代人也認識到他在這些學問領域中不同於胡塞爾(Edmund Husserl)及索緒爾(Ferdinand de Saussure)的獨特之處(Deledalle, 2)。

❶ 德國當代著名哲學家亞伯(Karl- Otto Apel),也是研究普爾斯的頂尖學者,他指出,分析哲學借助數理邏輯而使當代科學邏輯的發展在技術層面上超過了普爾斯,但是,分析哲學承接邏輯實證論反形上學的路向而在科學邏輯中採取二維(語法及語意)的研究路向,卻絕對不及普爾斯記號學的三維(語法、語意及語用)路向。因為,二元路向迫使科學哲學家化約掉語用向度的形上問題,不去考慮科學中的解釋者及從事者的問題,而把它們視為經驗科學的問題。亞伯認為,普爾斯的路向使我們把科學視為一種人文的、社會的活動(Apel, 192)。

研究的網站。到如今，不僅是美國哲學界，甚至包括世界哲學界，都一致承認普爾斯是美國有史以來最偉大的哲學家。

二、普爾斯哲學思想的發展及體系架構

普爾斯的思想體系究竟是採單線的或多線的發展，雖然學者們在這方面的看法不同，但一致認為普爾斯的哲學思想體系是在長期的發展歷程中形成的(Rosensohn, 8–17)。普爾斯在一八九七年說，出於可錯論(falliblism)的態度、出於對實在知識的高度信心以及發掘真理的強烈欲望，「我的整個哲學似乎一直在成長」(*CP*, 1.14)。不過，這個超過半世紀的連續成長歷程仍然可以分成不同的階段。

費希依活動地區將普爾斯學思生涯分為早中晚三期。一、劍橋時期(1851–1870)：從他讀魏特里的《邏輯原理》開始，到他撰寫關係邏輯的論文為止；二、四海為家時期(1870–1887)：這是他最重要的科學工作時期，經常旅行於歐洲及美國各地；三、愛里斯比時期(1887–1914)：自移居米爾福到去世為止，這是哲學創造最豐富的時期(Fisch, 227)。

德里達爾(Gerard Deledalle)亦採取上述的分期時段，並參照柏拉圖的洞窟之喻來為這三期命名：離洞期、日蝕期及日照期。依之，早中晚期各有不同的哲學重點。早期重點在於批判康德的邏輯以及笛卡兒主義；普爾斯這時原本主張唯名論，認為只有事實存在，並因而主張感覺主義、現象論、個人主義及唯物論。中期重點在於發展現代邏輯及實用主義，著重於邏輯數學及方法學；他在此時期開始覺察到普遍者或概括者的實在性，還未看出可能者的實在

性。晚期重點在於以關係邏輯、現象學為基礎而創立記號學；他在此階段以實在論的範疇論為基礎發展其哲學成就的高峰：科學形上學(Deledalle, 2–3)。

費希的分期是以普爾斯的活動區域為主，由德里達爾的說法則可看到各期哲學不同的發展重點。不過，學者有時也由單一的重點或觀點去貫穿普爾斯一生的思想發展。例如，墨菲(Murray Murphey)認為普爾斯哲學系統發展的動力及創造力的核心是其邏輯。因此，他對普爾斯學思生涯的畫分即依普爾斯在邏輯方面的重大發現而分為四期：一、康德階段(1857–1865/66)；二、發現三個三段論式之不可化約性階段(1866–1869/70)；三、發現關係邏輯階段(1869/70–1884)；四、發現量詞及集合論階段(1884–1914) (Murphey, 2–3)。

此外，費希也曾詳細說明普爾斯如何在早期由唯名論逐步轉向實在論的發展歷程(Fisch, 184–200)。如此，普爾斯的哲學發展亦可視為始於唯名論而終於實在論的歷程。根據普爾斯自己在《世紀辭典》中的定義：「唯名論主張，除了名稱之外，沒有任何東西是概括的；更精確地說，它主張普通名詞，像是『人』、『馬』，其概括性並沒有代表任何實在的東西，而只不過是為了方便同時說到許多事物，或頂多是對人類的思想有必要；這是一種個別主義。」「實在論者：一、指一種邏輯學家，他主張自然種類的本質在實在事物中具有某種存有模式；在這種意義下，可標識為士林主義的實在論者，與唯名論者對立。二、指一種哲學家，他相信外在世界的實在存在，亦即獨立於任何對於它的思想，或者，至少獨立於任何一個個體或任何數量的個體對它的思想。」唯名論及實在論之間的對峙自十五世紀末一直延續下來，對普爾斯而言，此處的爭論不僅僅是

專業哲學家的問題，亦與人生有關。他在一八七一年說：

> 雖然實在論與唯名論之間的問題根源於專業的邏輯，但其枝
> 葉則延伸到我們的生活。除了做為個體之外，「人類」是否有
> 任何存在？這個問題即是在問：是否存在任何比個別幸福、
> 個別渴求及個別生命更為尊嚴、更有價值、更為重要的東
> 西？人們是否真的具有任何共同的東西，而使「社群」將被
> 視為目的本身？而如果是這樣，這兩個因素之間的相對價值
> 是什麼？這是最為基本而實際的問題。(*W*, 2:487)

不過，以下並不準備由單一觀點來看普爾斯的思想發展，而要
依照早中晚期的次序略述各期哲學發展的重點。首先，毫無疑問的
是，在普爾斯早期(1851–1870)的哲學發展中，康德是最主要的影
響因素。普爾斯指出，在就讀哈佛學院時，他曾經花了三年多的時
間，每天花兩個鐘頭研讀康德的第一批判，直到對整本書了然於
心，並一節一節地加以細部省察及思索(*CP*, 1.4)。一八六五年普爾
斯在哈佛發表的十一場講演中，有一場即是以康德為題，字裡行間
洋溢對康德的尊崇(*W*, 1:241)。他在一八六〇年代初期對第一批判
先驗分析部的反省，導致一八六七年〈論新範疇表〉的出現。

墨菲指出，普爾斯早期哲學的基本成分來自康德，他也從康德
處學到哲學體系的本質：以建築學的方法去建構系統知識。對康德
而言，知識由命題組成，這些命題的邏輯形式在數量上是有限的、
在定義上是明確的。因此，我們能夠先天地知道，所有的命題都具
有某種邏輯形式；亦因此，我們能夠先天地知道，任何能夠被認識
的對象必定是以具有這些形式的命題而被認識。康德認為，感官直

覺是雜多無序的，必須經由概念統合才能成為對象；而唯有能以命題認知的對象才能成為我們認識的對象，因此，直覺之統合成為對象亦必須使此對象能以命題的形式被認知。如此，康德從其邏輯形式表（判斷功能表）推出範疇表；他認為，這些範疇是統合直覺所依據的基本概念。由於所有可能經驗的對象皆依據範疇而建構出來，故而範疇可以應用於所有可能的經驗。墨菲認為，康德這種建構哲學體系的方式成為普爾斯早期哲學的起點(Flower, 568–569)。

不過，普爾斯並非亦步亦趨地跟著康德。普爾斯在一九〇五年回想說，在他早年研讀第一批判的時候，他即驚訝地發現，雖然康德的整個哲學奠基於他的判斷表（此即對於命題的邏輯區分）以及判斷表與範疇表之間的關係上，但是，普爾斯認為，康德對判斷的檢視卻異常草率、浮淺、平庸，甚至淺陋。普爾斯說，雖然康德在整本書裡都表現出他有邏輯的天分，但是也同時顯示他對傳統邏輯的知識是多麼的貧乏。正是由於這點，刺激普爾斯獨自研究範疇這類基本概念的邏輯根據(*CP*, 1.560)。

由於不滿意康德哲學體系的邏輯基礎，普爾斯在一八六二年至一八六五年間轉而研讀亞里斯多德及中世紀邏輯學家的著作，並由史各都處找到解決之道。康德經由命題的邏輯分類而得出判斷表，但普爾斯從史各都學到，任何一種命題形式的意義在於此形式於推論中所扮演的角色；因此，對於三段論式或論證的分類才是首要之務。此外，康德的判斷表中第三組把關係分為定言的、假言的、選言的，而普爾斯學到，選言命題及定言命題其實可以轉換成假言命題，因此康德此處的三分並不夠根本。到了一八六六年，普爾斯發現有三種不可化約的推論形式，亦即，演繹、歸納及假設。墨菲指出，當普爾斯進行上述對推論的研究時，他同時發現另一個更重要

的事實：主詞是述詞的記號，前件是後件的記號；主詞與述詞的關係、前件與後件的關係、前提與結論的關係全都是某種形式的記號關係。如此，命題及三段論式都涉及相同的綜合關係：記號關係(Flower, 574-575)。

　　普爾斯早期的重要著作包括兩系列的文章，第一系列的五篇文章在一八六七年發表於《美國文藝及科學學會學報》：〈對於布爾邏輯運算的一點改進意見〉、〈論證的自然分類〉、〈論新範疇表〉、〈論數學之邏輯〉及〈論邏輯的內涵及外延〉。第二系列包括一八六八年發表於《思辨哲學雜誌》的三篇文章：〈關於某些被宣稱是人的能力的問題〉、〈四種無能的結果〉及〈邏輯法則有效性的根據：四種無能的進一步結果〉，以及一八七一年發表於《北美書評》的一篇對柏克萊的書評。

　　一八六七年的五篇文章反應普爾斯早期在邏輯方面的新發現，其中以〈論新範疇表〉最為重要，我們會在下一章詳細討論。在一八六八年的三篇文章中，普爾斯表現反笛卡兒主義的顯明立場。他在這時亦確定了反心理學的立場；他質疑心理學對人類能力的說法，從而批判笛卡兒思想及其代表的唯名論(*CP*, 5.264, 5.310)。

　　在普爾斯中期(1870-1887)的哲學發展中，出現探究理論及實用主義。自一八七一年至一八七四年，普爾斯經常與一些形上學俱樂部的成員會面，也在其間提出他的實用主義。同時，普爾斯在一八七三年計畫寫一本邏輯教科書。這本書雖未完成，但是其中的一些主要觀念卻促成他一系列重要作品的出現；亦即，自一八七七年起，陸續發表在《通俗科學月刊》的一系列總標題為「科學邏輯之說明」的六篇文章。我們在其中看到普爾斯對探究理論提出比較有系統的說明，也看到普爾斯對其實用主義最早形諸文字的完整說

明。這六篇文章分別是〈信念之固定〉、〈如何使我們的觀念清楚〉、〈機緣說〉、〈歸納之或然性〉、〈自然的秩序〉以及〈演繹、歸納與假設〉，其中的前兩篇將會在本書第五章及第六章詳加討論。

此外，普爾斯本人、父親及大哥都是數學家，他更將符號邏輯及其數學思想結合在一起。這階段的普爾斯在數學及符號邏輯方面亦有更深入的研究，相關的重要著作有：一八七〇年的〈關係邏輯的一種符號表示法〉(*CP*, 3.45-149)、一八八五年的〈論邏輯代數：對符號哲學的貢獻〉(*CP*, 3.359-403)。前面提到，普爾斯在一八六七年提出新範疇表時仍然延用傳統的二元主述詞邏輯，到了一八七〇年代，普爾斯在研讀狄摩根後，則提出三元的關係邏輯。他在一八七九年任教於瓊斯霍浦金斯大學，當時成立全國第一所研究所，也聚集一些著名的數學學者。在此環境中，普爾斯的作品大多集中於形式邏輯及數學。他在一八八四年撰述《邏輯研究》，其中提出的量詞邏輯對其知識論及實在觀的發展均有重大影響。

普爾斯晚期(1887-1914)的哲學發展，除了表現對於規範學的興趣之外，重點在於建構現象學、記號學及形上學。在此階段，形上學有了更多的比重。普爾斯的形上學著作大多出現於一八八五年以後，在失業之後，他反而有更多的時間在邏輯的研究之外，進行其形上學的思考。相關的主張見於一八九一年至一八九三年在《一元論者》發表的一系列文章。在此，他不以達爾文的天擇做為演化的基礎而發展一套演化的宇宙論，並受到超越主義及德國觀念論的影響而發展一種客觀唯心論。到了一八九八年，普爾斯的宇宙論已經發展成型，並開始深入思考規範學的問題；此年又發表兩篇論文：〈連續性的邏輯〉、〈事件的邏輯〉，其中論及宇宙起點的問題。

德里達爾指出，在此階段，新的科學發展所描繪出來的宇宙圖

像動搖了傳統的宇宙觀，而其間的方法也不相容。達爾文之後，我們眼中的世界，不再是一個穩定而一切皆被決定的世界；這個世界是處在轉變的歷程，並受到機緣(chance)的影響。相關的邏輯也不一樣，發明的邏輯（創造新的東西）取代了發現的邏輯（找出隱藏的東西）；科學邏輯的重心應該放在假推法(abduction)，假設佔了決定性的地位。機緣不再被視為擾亂宇宙的秩序，反而是宇宙的要素，有待證成的反而是連續性(Deledalle, 4)。

　　一八九〇年代後期以降，普爾斯主要發展其範疇論、現象學及記號學。他在一八六七年發表〈論新範疇表〉，後來由於他發展關係邏輯以及他對笛卡兒的批判，他必須放棄其中的說法。經過修改的範疇論在一八七五年已經形成，但是要到十年後，在補充了邏輯數學的證成及宇宙論的內容之後，普爾斯才首度在一八八五年的〈論邏輯代數〉闡述新的範疇論(*CP*, 3.359–363)，接著又進一步發展於一八九〇年的一本未完成的手稿《謎題之猜解》(*CP*, 1.354–416)。洛森頌(William L. Rosensohn)指出，普爾斯的哲學思想成熟得晚，一直到《謎題之猜解》，才第一次看到他試圖將其哲學思想較完整地表達出來(Rosensohn, 3–4)。其中試圖根據三個範疇處理各領域的問題，包括邏輯、形上學、心理學、生理學、物理學、生物學、社會學及神學。

　　普爾斯晚期對實用主義重新加以省思，並於一九〇三年的三月至五月間，以實用主義為主題，在哈佛發表一系列七篇的講演。對了解普爾斯的實用主義而言，這一系列《實用主義講演錄》的重要性是不言可喻的；它們不僅代表了普爾斯對於實用主義的成熟說法，也是他對實用主義曾經寫過的最有系統的著作。一九〇五年又於《一元論者》發表三篇文章：〈何謂實用主義〉、〈實用主義的議

題〉、〈實用主義之辯解序論〉。

另外，在規範學方面，普爾斯依其與目的之間的不同關連而分為：美學（關連於感受）、倫理學（關連於行動）、邏輯（關連於思想）(*CP*, 1.574)。普爾斯是位邏輯學家，他對美學的興趣不大，一直到晚年才因為與其邏輯系統有關而被考慮進來。普爾斯對倫理學的接觸至少不晚於一八八三年，當時他為了替《世紀辭典》撰寫有關倫理學的條目而研讀亞里斯多德的《尼可馬其倫理學》及《政治學》。他在這個時期開始感到倫理學的重要性，不過一直要到一八九〇年才真正體會其重要。在此之前，他以為倫理學頂多只是一門實踐之學(*CP*, 1.298)。他認為，一個有道德的人即是毫不猶豫亦不加討論就服從社會傳統習俗規範(*CP*, 1.666)。他之關心倫理學及美學，毋寧是為了關心邏輯的基礎。因為，依普爾斯對於學問的分類，邏輯必須依靠倫理學及美學。

普爾斯在晚年對學問的分類感到興趣。德里達爾指出，依據十九世紀（尤其是孔德）的形態，普爾斯在一九〇二年及一九〇三年對於學問提出分類(Deledalle, 47)。普爾斯是一位企圖建構體系的哲學家，他對學問的分類，也表現嚴整的體系架構。普爾斯所說的「學問」，涵義極廣，幾乎包括所有的知識。根據他的說法，所有的學問有屬理論性的，亦有屬實踐性的；依此，再分別為發現之學 (the sciences of discovery)、整理之學(the sciences of review)及實踐之學(the practical sciences)。發現之學是理論性的，實踐之學是實踐性的，而整理之學既是理論性的又是實踐性的；此處對於學問的分類即屬整理之學。上述三類學問各自有不同的目標：發現之學旨在發現知識，整理之學旨在組織安排發現之學的成果，實踐之學則在應用知識(*CP*, 1.181–182, 1.202, 1.238–239)。

普爾斯說的實踐之學就是今日習稱的應用之學，諸如：醫學、工程學、測量學、航海學(*CP*, 1.243)，而教學法亦可視為實踐之學；這顯然不同於亞里斯多德之以倫理學、政治學、修辭學及詩學做為實踐之學(Liszka, 3)。其次，普爾斯指出，對於發現成果的整理之學，乃是孔德及斯賓塞等人所關切的重點。他本人關切的重點顯然在於發現之學。

依據使用的觀察模式之不同，發現之學可進一步分為三種：數學、哲學與特殊科學(idioscopy)。這三種發現之學各自可依處理問題之不同而做進一步的分類。數學可進一步分為邏輯數學或推理數學(the mathematics of logic or reasoning)、離散數學(the mathematics of discrete series)及連續數學(the mathematics of continua)。諸如物理學及心理學都屬於特殊科學，又稱為經驗科學或觀察科學，可再分成物理科學及人文科學。對於三種發現之學，普爾斯的關心集中在數學及哲學。

哲學可分為必要哲學(necessary philosophy)及理論學(theorics)。理論學可進一步分為年代理論學(chronotheory)及地區理論學(topotheory)。必要哲學又稱為知識學(epistemy)，它有三個層次：現象學(phenomenology)、規範學(the normative sciences)及形上學(metaphysics)；現象學研究呈現之表象並找出根本的普遍範疇，規範學研究何者為應當，形上學研究何者為實在。規範學又分為美學、倫理學、邏輯，而邏輯再分為三小支：思辨文法學(speculative grammar)、批判學(critic)及方法學(methodeutic)。形上學又分為一般形上學或存有形上學、宗教形上學（討論上帝、意志自由、靈魂不朽）、物理形上學或宇宙論（探討時間、空間、自然法則、物質等的實在本性）。依上述分類來看，真正重要的哲學包括

現象學、規範學、形上學，本書以下各章的討論亦僅限於此一領域。

　　普爾斯對於學問的分類乃以其範疇論為基礎，各個類別之間各自對應三個普遍範疇。例如，在哲學的三大分支中，現象學是就現象之第一性而去處理現象，規範學就現象之第二性而去處理現象，形上學是就現象之第三性而去處理現象。不僅如此，各分支之間亦同樣具有三個普遍範疇之間所具備的邏輯依存關係。例如，在發現之學的三個分支中，數學是哲學的基礎，而哲學則是特殊科學的基礎。在哲學的三個分支中，規範學以現象學為基礎，而形上學以規範學為基礎。在規範學的三個分支中，美學是倫理學的基礎，而倫理學是邏輯的基礎。普爾斯在一九〇三年的實用主義講演中說：「依實用主義的主張，如果我們所認為的要根據我們所準備去做的來解釋，則邏輯（論及我們應該去認為什麼）必定是倫理學（論及我們審慎地選擇什麼去做）的一個應用。」(*CP*, 5.35)由更廣的角度來看，邏輯不僅必須以倫理學為基礎，亦必須依靠於現象學及數學。此外，在邏輯的三個分支中，思辨文法學是對於記號之本性與意義的一般理論；批判學則對論證進行分類，並確定各類論證的有效性及強度；方法學則研究我們應該使用什麼方法以進行探究、進行闡釋，並進行對真理之應用。普爾斯認為，這三個分支之間同樣具有理論上的依存關係，其中的後者皆依靠於前一者(*CP*, 1.191)。

　　普爾斯本人的學問幾乎遍及上述分類的各個部門，即使是那些不甚被他重視的領域；例如他在測量方面表現的實踐之學，在學問分類方面表現的整理之學，在化學方面表現的特殊科學。在他看重的學問領域中，如數學及哲學，他的成果更是豐碩。不過，本書僅能集中其哲學部分，而以下各章即依其間的邏輯順序安排。第二章

處理現象學，第三章討論規範學，第四章至第六章討論規範學中的
邏輯部分，而分別處理記號學、探究理論及實用主義。第七章則討
論形上學。在此安排下，普爾斯哲學思想在各部門的重要主張亦會
表現出來。

第二章　範疇論及現象學

　　普爾斯把哲學分為三支：現象學、規範學及形上學。在規範學中，又有三個分支：美學、倫理學與邏輯。現象學不僅是對範疇做系統的研究，更是哲學研究的基礎之學。儘管普爾斯對邏輯研究最為重視，但是就學問的體系架構而言，做為規範學之一支的邏輯亦得以現象學為前提。普爾斯在一九〇二年指出，在理論層次上，現象學或謂關於範疇的學說，乃是第一序的哲學，其任務在於對所有的經驗進行究極的分析，並以此為哲學的首要工作(*CP*, 1.280)。由於現象學是哲學中最基礎的學問，因此在討論規範學及形上學之前，應該以此為主題。其次，現象學以範疇為其研究核心，而普爾斯在一八六六年即說：「哲學乃建構在範疇表之上，不僅是形上學，還包括宗教哲學、道德哲學、法律哲學及每一種科學的哲學。」(MS, 720; from Murphey, 412)普爾斯的範疇論在其思想發展中佔有根本的位置，亦可做為了解其哲學的起點。

　　範疇(category)一詞，依布魯格《西洋哲學辭典》的說明：「此字源自希臘文 Kategorein，意為陳述。所以範疇意指各種不同方式的陳述，而且，既然無論那種陳述都以某種方式陳述存有，因此範疇亦係存有的各種不同樣態。」依此，範疇一方面是語言的分類，另一方面也可以視為存有的分類。在西方哲學史上，第一位正式提

出範疇論的哲學家是亞里斯多德，他由希臘文主詞與述詞的語言結
構出發，分析這些語文表式的種類以及它們所指涉的存有種類。對
亞里斯多德來說，主詞及述詞的種類即對應了存有的種類。在此，
範疇是語言的分類，也是存有的分類。亞里斯多德指出，語句中的
每一個字詞皆指涉一個或一個以上的屬於下述十個種類的事物：實
體、分量、性質、關係、地點、時間、位置、狀態、主動、被
動❶。這十個種類即是十個範疇，字詞所表示的事物即分別屬於這
些範疇。

中世哲學家承襲亞里斯多德的範疇論，近代哲學家亦受其影
響；一直等到康德，才提出另一套足以相抗衡的範疇論。康德不由
未組合的字詞出發，而由整個語句或判斷出發。康德在《純粹理性
批判》中指出，每一個判斷在分量上有全稱、偏稱、單稱之分，在
性質上有肯定、否定、無限之分，在關係上有定言、假言、選言之
分，在樣態上有或然、實然、必然之分。這是在邏輯中依上述十二
種方式進行判斷的分類，每一個方式或範疇都對應於一個對形構判
斷所不可或缺的悟性機能，而每一個這種機能衍生一個範疇或悟性
的純粹概念。例如，在定言判斷中將主詞關連到述詞的機能，即衍
生出實體及屬性的關係範疇。在假言判斷中將前件連接到後件的機
能，即衍生出原因及結果的關係範疇。如此，根據十二個邏輯範疇
進一步推出十二個悟性範疇：在分量上有統一性、雜多性、整體
性，在性質上有實在性、否定性、限定性，在關係上有實體性、因
果性、相互性，在樣態上有可能性、現實性、必然性。

---

❶　亞里斯多德的範疇論僅欲應用到今日所謂的描述字詞或非邏輯字詞。
　　他所說的這些字詞並不包括現代哲學所說的邏輯字詞：「非」、「或」、
　　「有些」、「每一個」等。

康德的範疇表不如亞里斯多德的廣被人們接受，不過，康德仍有其獨特的貢獻。對康德來說，範疇乃是純粹的悟性概念，而不是存有的分類；範疇是悟性的先驗形式，它使雜亂無章的經驗內容成為有理則可循的，使經驗成為可理解的。如此，哲學家不需著意尋找存有的最高類、萬物的最普遍種類，其首要工作在於找出吾人形成判斷時所預設的最普遍的悟性形式。在這點上，黑格爾、胡塞爾及普爾斯均深受康德影響。費希指出，除了亞里斯多德的範疇表之外，日後的邏輯學家也提出不同的範疇表，而在普爾斯當時最為人熟知的是康德的十二範疇表以及黑格爾在《哲學百科全書》所列的長表(*W*, 1:xxiv)。不過，普爾斯在一九〇三年指出，儘管他的範疇論與黑格爾的辯證法確實有類似之處，但是前者之形成乃是出於對康德範疇論的研究，而與黑格爾無關(*CP*,1.544)。普爾斯表示，他在一八六〇年代初期熱烈崇拜著康德，尤其是對第一批判的先驗分析部，甚至感到康德提出的判斷表與範疇表猶如來自天上(*CP*, 4.2)。

嚴格說來，亞里斯多德所說的範疇及康德所說的範疇具有不同的意義。不過，其間也有一些共通之處，使我們可以對範疇提出下述概括的說明。簡言之，哲學所說的範疇指的是一些最基本的概念，我們以這些概念為基礎去理解經驗。這些基本概念是吾人理解經驗的必要條件，若是少了這些必要條件，則根本不會有經驗，亦不會有知識。如此，範疇可以說是人類認識或理解世界的基本方式。進一步來說，人類在使用語言表達他們對於世界的認識時，自然也會使用這些基本方式。如此，範疇同時是語言表達的基本方式，也同時是人類心目中世界存在的基本方式。由後一個角度來看，這類基本概念可視為現象或事物的種類或類型，以區分我們所

知或能知的對象。換言之，這類概念可視為現象或事物可被區分並
因此而可被認知的方式或條件。普爾斯大體亦是依循這種說法來理
解「範疇」。因此，他有時將範疇稱為「普遍的存有模式」，有時名
曰「普遍的基本概念」，有時又稱為「基本的述意形式」(elemen-
tary forms of predication or signification) (*CP*, 1.561)。

一般而言，哲學家認為基本的種類或可理解性的條件在數量上
並非無止盡的。亞里斯多德依主詞以及述詞的種類區分十個範疇，
並認為可以涵蓋萬事萬物。康德針對判斷的種類區分十二個邏輯範
疇，更據以推出十二個悟性範疇。這些都是普爾斯所說的範疇「長
表」，他本人則提出範疇「短表」。郝斯曼(Carl Hausman)強調其間
的差別而說，在長的範疇表中，並不是每一個範疇都在所有時間所
有地點存在於每一個事物中。例如，並不是所有的事物都是必然
的，一切的存在並不都是實體。普爾斯所尋求的範疇短表則企圖使
其中每一個範疇能在所有時間所有地點應用於所有的事物，在範圍
上是普遍的、必然的。在範疇長表中，沒有任何一個範疇能單獨涵
蓋所有事物，而必須靠所有的範疇來涵蓋萬事萬物。在範疇短表
中，不但整體而言的諸範疇可以涵蓋所有事物，包括所有可經驗及
可想像的事物，而且其中每一個範疇皆能單獨涵蓋所有事物(Haus-
man, 95)。

普爾斯在一九〇三年也針對這點說：

> 對所有的哲學家來說，「範疇」一詞在實質上都代表相同的意
> 義。對亞里斯多德來說、對康德來說、對黑格爾來說，範疇
> 即是具有最高概括性的現象要素。由此自然得知，範疇像化
> 學元素一樣，數量很少。現象學的任務即在列舉出範疇的名

單，證明它是充足而無冗贅的，表明各個範疇的特性，並指
出各自之間的關係。我發現，至少有兩類不同序位的範疇，
一類我稱之為特殊的，另一類為普遍的。特殊範疇形成一個
系列或一組系列，在任何一個現象中，只有各個系列中的一
個範疇出現，或至少只以這一個範疇為主。另一方面，普遍
範疇則屬於每一個現象，其中一個範疇或許在該現象的某一
側面比另一範疇較為主要，但是它們全部都屬於每一個現
象。……但是，在康德處，我們看到無法同時全部出現的統
一性、雜多性及整體性；無法同時全部出現的實在性、否定
性及限定性；無法同時全部出現的固有性、因果性及相互
性；無法同時全部出現的可能性、必然性及現實性。但是，
康德四個更大的範疇：分量、性質、關係及樣態，形成我所
認為的康德的普遍範疇。(*CP*, 5.43)

由此可知，普爾斯的範疇短表追求的是「普遍範疇」(universal
category)；而不論是亞里斯多德的十範疇說或康德的十二範疇說，
皆屬上文所謂的「特殊範疇」(particular category)。其次，依普爾
斯的學問架構，範疇論先於所有特殊科學的探究；因此，範疇表之
列出不可由自然科學或社會科學的探究來決定。經由經驗內容的考
察，得出的是「質料範疇」(material category)。普爾斯在經過一
八六五年至一八六六年的努力後，發現這條路走不通，故而決定改
絃易轍，追求「形式範疇」(formal category)(*CP*, 1.289)。此外，
在方法的使用上，普爾斯也有其獨特之處。亞氏範疇論是由半文
法、半邏輯的路向分析出來，康德依循邏輯的路向，普爾斯除了邏
輯的路向之外，又試圖由現象學的路向出發而直接回歸現象本身

(Rosensohn, 35–37)。

一、普爾斯早期範疇論的代表作

從前面對普爾斯思想發展的介紹可知，普爾斯一開始受到康德影響，但不久即不滿意康德體系的邏輯基礎，因而在一八六二年至一八六五年間轉而研讀亞里斯多德及中世紀邏輯學家的著作，並對康德第一批判先驗分析部進行反省，最後導致一八六七年〈論新範疇表〉的出現。普爾斯這時仍然沿用傳統的二元主述詞邏輯。到了一八七〇年代，普爾斯在研讀狄摩根後，提出三元的關係邏輯，並開始修改其範疇論。相關的成果先是見於一八八五年的〈論邏輯的代數〉，接著又見於一八九〇年的《謎題之猜解》。從一八九〇年代後期，普爾斯投入更多的心力發展其範疇論。在長期的發展中，他的範疇論可概分為前後兩期。

〈論新範疇表〉是研究普爾斯範疇論不可略過的一篇文章。普爾斯於一八六七年一月卅日成為美國文藝及科學學會的會員，五月十四日在此學會報告〈論新範疇表〉，年底又發表於《思辨哲學雜誌》。〈論新範疇表〉的思想，代表普爾斯早期對康德哲學反省的成果；其中可以看到康德哲學的影響，也可看到普爾斯對康德的修改。這篇論文是歷經十年苦思的成果，也是普爾斯自認為從邏輯觀點看來最少不滿意的文章。它是普爾斯哲學體系的拱心石，也與次年出版的〈四種無能的結果〉在一九〇五年仍被普爾斯視為他最強的兩篇哲學作品。至少在一八九三年普爾斯撰寫《大邏輯》之際，他仍然計畫以這篇文章做為該書的第一章；大約在同年，普爾斯亦曾計畫將這篇文章收入《找尋方法》❷。學者亦大致同意，雖然

〈論新範疇表〉的若干預設及說法在後期經過修改；但是，此中所表達的中心思想終普爾斯一生均未改變(Hookway, 90)。此外，也有學者認為由這篇文章來探討普爾斯的範疇論有其優點(Hausman, 96)。因此，以下就先討論這篇文章，其後再陳述其成熟期的範疇論。

〈論新範疇表〉開始即曰：「本文依據的基礎是下述已成立的理論：概念的功能在於將雜多的感官印象歸於統一，而一個概念的有效性在於若是不引進它即不可能將意識的內容歸於統一。」(W, 2:49)在此，普爾斯顯然承襲康德的說法：「缺乏概念的知覺是盲目的」。感官印象本身是雜多的，無法構成判斷，更談不上成為知識內容。要構成判斷或知識，感官印象必須經過概念作用的加工。概念有很多種，普爾斯關切的是那些普遍而基本的概念；這類概念的特性在於它們對於統合雜多印象而言乃是必要的，若是缺乏這些普遍而基本的概念則根本無法產生認識活動。這種普遍而基本的概念即是我們此處所說的「範疇」。這些範疇必然伴隨著我們所有的認識活動或思想活動而使這些活動有可能發生，在此意義下，亦可稱之為「思想的基本範疇」(CP, 1.561)。

普爾斯認為，這類普遍概念之間仍有層級之分：首先有一個統合雜多感官印象的普遍概念，接著有另一個普遍概念來統合前一個普遍概念與雜多的感官印象，接著又有第三個普遍概念來統合第二個普遍概念以及第一個普遍概念與雜多的感官印象，如此類推(W, 2:49)。此處所說的層級，主要是依其邏輯次序來說，並非就心理學的次序而言(W, 2:51–52)。普爾斯指出，就完成認識活動所必需的那些普遍概念中，在層級上最接近感官的普遍概念乃是「實體」

❷ 參見《普爾斯論文輯》第一卷，頁二八七，編者註。

(substance)概念，最末端的普遍概念則是「存有」(being)概念。不過，僅憑這兩個概念尚不足以完成雜多的統一，亦不足以完成一個判斷或命題。根據普爾斯的分析，為了完成這些工作，還需要三個中介概念：性質(qualitiy)、關係(relation)及再現(representation)。這些概念之間也有邏輯上的依存關係；「關係」必須預設「性質」的存在，而「再現」必須預設「關係」的存在❸。此外，所有的中介概念必須預設實體概念。一個判斷或命題要有所陳述，必須先預設有一個被陳述的對象；這個對象即是實體，也就是表現在主述詞語文結構中的主詞。上面說過，最接近感官的普遍概念即是實體，這也就是康德所說的感官印象的雜多。普爾斯與康德不同，他把感官印象的雜多視為概念，因為它是普遍的(*W*, 2:49)。

實體又被普爾斯稱為「概括的呈現者」(the present in general)或「概括的它」(It in general)，這對應於日後所謂的「第一者」。在這個層次上，沒有任何的分化，沒有類比或對比，也無從確定任何內容或部分，故謂之「概括」。它未經任何媒介，亦未經任何反省或解釋，故謂之純粹的、直接的「呈現者」。悟性對於雜多的分析以及對於抽象要素的綜合，在這個階段全未施展；因此，它尚未進入悟性的範圍。依普爾斯的說法，它只是做為注意的對象，而沒有任何內涵，因而亦不算是真正的統一；這點就像是「注意」的活動只是引導心靈指向對象的一種力量，而沒有想到這個對象的任何述詞，因而並沒有任何內涵。在我們對於呈現者做出任何比較或分

---

❸ 普爾斯在此處使用的方法是後面將會詳細說明的抽離法。簡單來說，抽離法可以幫我們找出那一個概念在邏輯上具有優先性。郝斯曼認為，普爾斯不僅運用抽離法區分三個範疇，且用以區分記號要素，更用在普爾斯整個思想中，甚至包括他的演化實在論(Hausman, 98, 125)。

別之前，我們必須先認識到有一個呈現者，而後才能將抽象出來的
某些部分當成是這個呈現者的屬性。普爾斯把這個普遍概念也稱為
「實體」，理由在於它本身不能成為任何一個主詞的述詞，它也不
能在任何一個主詞之中(W, 2:49-50)。這點顯然承襲亞里斯多德
《範疇論》第五章的說法：「實體，就其最真實而原初及最確定的
意義來說，指的乃是既無法成為主詞的述詞亦無法出現在主詞中的
東西；例如，個別的人或馬。」

　　洛森頌指出，從普爾斯對「概括的呈現者」的說明，可以看出
他與康德的分歧。普爾斯由現象本身出發，就其當下所呈現者或其
第一性觀之，沒有部分，亦無斷裂分散。康德則接受聯念論的假
定，經驗的原初內容只是一些像原子般散列的簡單觀念或感覺印
象。這些雜多分散的簡單觀念僅有時空上的相近性，卻沒有內在的
關連性，因此需要加以綜合。不過，直接回歸現象本身，普爾斯發
現，雜多的感覺印象原本就有內在的關連性，此處需要的不是綜合
而是分析。對雜多的分析先於任何形態的綜合，最早的綜合其實出
現在思想的最後階段(Rosensohn, 41-42)。普爾斯在一八九〇年
說：

　　康德造成一種錯誤的印象：觀念原本分散地呈現，而後由心
　　靈把它們想在一起。這點見於他之主張在所有的分析之前必
　　先有一種心靈的綜合。然而，真實的情況是，呈現的某物其
　　本身沒有部分，卻被心靈分析，亦即，它之具有部分乃是在
　　於心靈後來辨識出其中的部分。那些部分的觀念其實不在最
　　初的觀念中，不在它本身中，雖然它們是由它分離出來的。
　　這像是一種毀滅性的蒸餾過程。把它們如此這般地分離出來

後，當我們再度思想它們時，我們不由自主地從一個思想移
到另一個思想，而此處即首次出現真正的綜合。任何更早的
綜合都只是一種虛構。(*CP*, 1.384)

經由注意力，我們得到「實體」概念。不過，「實體」不是真
正的統一，而是尚待被統一者。普爾斯進一步指出，悟性對於感官
印象所造成的統一，乃是命題的統一；這才是真正的統一。在這種
統一中，述詞得以與主詞連接在一起。普爾斯認為，在這種命題的
統一中，概念才算完成其將雜多化為統一的工作，而這個工作的完
成主要是由「是」或「存有」(be)這個連繫詞來負責❹。「存有」
概念只負責主詞與述詞的連接，這個普遍概念不具任何內容。普爾
斯說：「如果我們說，『火爐是黑色的』，則火爐是『實體』，其中的
黑性尚未被分化出來，而這個『是』，雖然它讓實體保持其原來面
目，卻藉由把『黑性』做為述詞而應用於實體之上，而對混然未分
的實體有所說明。」(*W*, 2:50)他又說：「實體與存有是整個概念活動
的起點與終點。」(*W*, 2:50)混然未分的實體是概念作用的起點，此

❹ 在這篇早期的文章中，普爾斯主張「是」或「存有」一詞具有獨立於
主詞與述詞之外的功能而表達存有範疇。墨菲指出，這時普爾斯承襲
士林哲學的指意論(the theory of supposition)而認為，命題中的述詞
對主詞所代表的對象有所斷定，而此斷定係經由「是」這個連繫詞而
使述詞與主詞指涉相同對象(Flower, 576)。不過，日後他放棄這種想
法。胡克威認為，當普爾斯發展出關係邏輯之後，「……是黑色的」
乃成為未填滿的表式，於是「是」即不再被認為具有獨立的語意功能
(Hookway, 91)。此外，洛森頌指出，普爾斯係由比較語言學的研究
而意識到「是」並非不可或缺的，它只是述詞的一部分(Rosensohn,
43-44)。

處沒有任何分化或分析。當我們要對這個實體有所陳述而加上任何述詞時，即需要藉助「是」或「存有」將述詞與主詞連接在一起。在「存有」概念得以發揮連接作用之前，必須要有主詞所代表的實體以及述詞所代表的各種分析出來的中介概念。存有概念發揮一種綜合作用，但在這之前，分析必須已經完成。如此，藉由存有概念的綜合，完成整個概念工作，故謂之終點。接下來的問題是，在概念活動的起點與終點之間，還需要那些普遍概念才能完成統一雜多的工作？

　　普爾斯在提出實體及存有這兩個普遍概念之後，為了分析出必要的中介概念，他使用的是抽離法。為了說明何謂抽離法，他指出心靈上的「區分」(separation)有三種不同的模式；亦即「辨別」(discrimination)、「分離」(dissociation)以及「抽離」(prescision)或「抽象」(abstraction)。依他的說法，「辨別」僅涉及語詞的本質而做出意義的區分，它對應於士林哲學所說的邏輯的區分。「分離」則類似士林哲學所說的實在的區分，它分開那些不帶有持續結合的意象；「分離」這種心靈上的區分出於意識到其中一物，而不必同時意識到另一物。辨別是最弱的一種區分，也是最常見的；分離是最強的區分，事例也最少。不過，普爾斯認為，在士林哲學所說的邏輯的區分與實在的區分之外，還有一種在程度上介乎二者之間的心靈上的區分，亦即抽離。這種區分是出於專注某物的某一要素或側面而忽略其他部分，出於確定地設想某物的某一要素或側面而完全不設想其他部分；它所造成的區分，在程度上不及分離，卻超過辨別(W, 2:50)。

　　針對上述三種區分，普爾斯舉例說明：

> 我能將紅與藍辨別開，我能將空間與顏色辨別開，也能將顏
> 色與空間辨別開，但是卻不能將紅與顏色辨別開。我能將紅
> 抽離於藍之外，也能將空間抽離於顏色之外（例如我實際上
> 相信在我與牆壁之間存有不具顏色的空間）；但是我不能將顏
> 色抽離於空間之外，也不能將紅色抽離於顏色之外。我能將
> 紅與藍分離開，但不能將空間與顏色分離開，不能將顏色與
> 空間分離開，也不能將紅與顏色分離開。(W, 2:50–51)

　　辨別是對一些事物進行語詞意義的區分，紅與藍的意義可以分
開，空間與顏色的意義可以分開。但是，紅與顏色的意義則不能分
開，因為「紅」在字義上即表示是一種顏色。分離是對意識到的一
些意象進行區分，普爾斯說「我能將紅與藍分離開」，即表示我們
能夠意識到紅色的意象而同時不必意識藍色的意象。不過，在我們
實際的意識中，我們無法意識到一個沒有顏色的空間意象，也無法
意識到一個沒有空間的顏色意象，更不可能意識到一個沒有顏色的
紅色。所以，我們不能分離顏色與空間，也不能分離紅色與顏色。
抽離是介乎辨別與分離之間的區分；我們能夠設想沒有藍色的紅
色，也能設想沒有顏色的空間。不過，普爾斯指出「我不能將顏色
抽離於空間之外」，意即我們在邏輯上不可能設想不佔有空間的顏
色，顏色在任何情況下都必須出現在空間中；他說「我不能將紅色
抽離於顏色之外」，意即我們在邏輯上不可能設想沒有顏色的紅
色。

　　普爾斯之討論抽離的獨特之處，重點不在於它的強度介於辨別
與分離之間，而是在於抽離並不像辨別與分離那樣包含一種可反復
的關係(W, 2:51)。例如，我們可以將空間與顏色辨別開，反過來，

我們也可以將顏色與空間辨別開；各個概念可以在我們心中獨立於另一者而存在。我們不能將空間與顏色分離開，反過來，我們也不能將顏色與空間分離開；我們不能知覺到一個沒有顏色的空間，也不能知覺到一個沒有空間的顏色。我們能將紅與藍分離開，反過來，也能將藍與紅分離開。由此可知，這些關係是對稱的。但是，空間能夠抽離於顏色之外，反過來卻不然，顏色不能抽離於空間之外。原因是，顏色這種印象必須預設空間概念的存在，而空間卻不必預設顏色概念的存在；一個沒有顏色的空間是可設想的，而一個沒有空間的顏色則無法設想。因此，抽離不是一種可反復的歷程。在這點上，它不同於意義之間的辨別，也不同於意象之間的分離；後二者皆為可反復的。換言之，抽離法可以找出在邏輯上較優先的概念；藉由不具反復性的抽離法，我們可以找出那些概念是更基本的或被其他印象或概念所預設的。例如，空間能夠抽離於顏色之外，乃因顏色必須預設空間概念。由此可知，空間概念比顏色更基本。

　　針對如何運用不可反復的抽離法找出範疇或基本概念，普爾斯曾加以說明。他指出，就根源而言，基本概念之產生，乃是以某些感官印象的存在為條件。換言之，普遍概念有其經驗上的根源。如果一個概念不能統合它由之而來的那些感官印象，則它只不過是一個隨意的添加。但是，普爾斯相信，基本概念並不是以這種隨意的方式產生的。也就是說，基本概念之產生乃是為了統一感官印象的雜多，而且我們必須藉著概念的這種統一功能，才能對這些印象（或較為直接的概念）有明確的理解。而當我們已經得到這樣的基本概念，當我們將這些較間接的概念抽離於感官印象或比較直接的概念之外，基於抽離歷程的不可反復性，我們可以忽略掉原先的感

官印象或比較直接的概念(W, 2:51)。簡言之，我們不可能設想感覺印象而忽略基本概念，可是，我們可以設想基本概念而忽略感官印象。換言之，感官印象不能抽離於基本概念之外，而基本概念卻能抽離於感官印象之外。同理，我們可以設想比較間接的基本概念而同時忽略比較直接的基本概念，前者可以抽離於後者之外，反之則否。

對於上述說法，墨菲做了一番闡釋：

> 由此可知，無論在存有與實體之間有多少個範疇性的概念，每一個都比其後面一個「較為直接」，並因此不能抽離於其後面一個之外。但是，每一個概念比其前面一個較為間接，並因此能夠抽離於其前面一個概念之外。因此，存有之應用於實體，或是直接完成，或是藉由一個已經與實體結合的中介概念加以證成，此中介概念之存在是存有之應用的一個條件。這個中介概念若是沒有存有概念則不可能被設想，原因是它比存有較為直接，而後者能夠抽離於前者之外。如此，這個中介概念或者直接統一雜多，或者它被一個更為直接的概念與雜多統一，如此類推。藉由重複地將較間接的抽離於較不間接的之外，我們最後會找到一個直接統一雜多的概念，而這個概念會是由存有過渡到實體之路上的最後一個概念。(Murphey, 74)

實體是整個概念作用的起點，它是最直接的概念，它是離感官印象最近的概念，也就是墨菲此處所說的「直接統一雜多的概念」。存有是整個概念作用的終點，它是最間接的概念，它是離感官印象最

遠的基本概念。雖然存有是整個概念作用的終點，不過，就理解的順序而言，存有概念是個起點，因此普爾斯才會說「由存有向實體移動」(*W*, 2:51)。

此外，郝斯曼亦指出，根據普爾斯上述說法：

> 每一個範疇都是一個更豐富或更複雜概念或範疇的一個必要條件或預設。而每一個範疇必須被抽離於更複雜而直接的概念之外，但是這個歷程不能倒轉。用比喻的說法，顏色比空間更複雜，這意思是說顏色需要空間，而空間並不需要顏色。我們能夠注意空間而忽略顏色，可是反過來則不能。相同的次序及關係對於普爾斯用來分析命題的那些資料及條件是一樣適用的。(Hausman, 102)

以上述的說明為基礎，普爾斯接著展示他如何「以一種有系統的方法去找出在實體的雜多與存有的統一之間有那些中介的普遍基本概念」(*W*, 2:51)。依普爾斯前面的說明可知，引進一個普遍的基本概念，若不是為了統一實體的雜多，即是為了將實體與另一個概念連接在一起。我們也看出，若是沒有這個概念，則不可能設想這些被連接的成分；儘管，沒有這些成分，我們也可以設想這個概念 (*W*, 2:51)。換言之，上述的基本概念可以抽離於實體及另一個概念之外。這個基本概念即是存有，它不能直接統一實體的雜多，它的功用在於將實體與另一個概念連接在一起，我們接下來的工作即是必須確定這另一個概念是什麼。

普爾斯指出，當命題形成時，即產生「存有」概念。在一個命題中，除了有一個詞語被用來表示實體之外，必定還有一個詞語是

用來表示該實體的性質。如此，存有概念的功能在於將性質與實體連在一起。換言之，上面要找到的另一個概念即是「性質」，它也是由存有走向實體之間的第一個概念(W, 2:52)。以火爐為例，一個命題試圖使這個火爐實體具有意義時，乃是賦予它某種性質，如黑。因此，在「火爐是黑色的」這個命題中，「火爐」一詞指一實體，「黑色的」一詞指一性質，「是」代表連接實體與性質的存有概念，而整個命題表示此一性質屬於此一實體。

普爾斯強調，他是藉由客觀的抽離法找到性質範疇，絕非使用主觀的內省法。使用內省法會使我們誤以為，印象本身即顯示出性質。可是，事實並非如此。因為，如果性質既存於印象中，則實體概念及性質概念即無從區分。然而，事實上二者可以區分，而且性質是二者中較間接者。藉由心靈的抽離作用，某種特性被抽離於思想的直接對象之外，而性質概念一直到此階段才出現。普爾斯又說：

> 一個命題肯定一個間接的概念可應用於一個較直接的概念上。由於這是「被肯定的」，這個較間接的概念顯然是獨立於這個環境而被考慮的，因為，否則這兩個概念將無法分別開。……如此，這個間接的概念為了要「被肯定」是可以應用於另一概念之上，首先就必須不考慮這個環境而直接地加以考察。但是，既然是被直接地加以考察，它即超越了被給予的（那個較直接的概念），而它對後者的可應用性是假設性的。(W, 2:52)

此段的中心主張是，「實體」是比較直接的概念，而我們對於一個

性質的概念，乃是一個比較「間接的概念」。這意思是說，我們對於性質的概念並不是直接地由我們對它所應用的實體的印象而得出。

普爾斯接著以「這個火爐是黑色的」命題為例，對上段文字加以闡明。這個命題中的「這個火爐」是比較直接的概念，「黑色的」則是比較間接的概念，而此命題肯定後者可應用於前者。不過，後者若要對前者有所陳述而做為本命題的述詞，則必須要與前者在意義上能辨別開來，「否則這兩個概念將無法分別開」；在此，乃是就「黑色的」本身來考慮，不去看它對於對象的應用，而只是單純地把它的意思看做是在表示「具有黑色性質」。普爾斯指出，這個「黑色性質」是一個「純粹的種類或抽象」，而「黑色性質」對於「這個火爐」的應用完全是假設性的(W, 2:52)。

上述應用被說成是假設的，意思是說，我們在沒有說這個火爐是黑的之前，已經知道什麼是黑色。在《大邏輯》中，普爾斯指出，我們之將某一性質賦予事物，乃是一種理論性的活動。他說：

> 在注視一隻蜜蜂或螞蟻時，我驚呼，何等精明、何等奇特的昆蟲。我判斷具有次心靈的這隻蜜蜂或螞蟻是在經驗上被認知的；但是像所有被經驗的事物一樣，它具有某種不可思議之處，而不論如何精妙的描述都無法加以展現。當我驚歎我在它身上看到一種心靈，顯然我必須已經對心靈具有某種觀念。……因為，如果這隻動物是唯一使我想到這種觀念的對象，我將不能區分此一觀念與這個特殊的動物；而如果我沒有分別的觀念，我即無法將它「賦予」、「肯定」、或「判斷」給那個動物。……而由我以前的反省而來的觀念是可應用到

我眼前所見的這個事物上；「那個」並未被看到，而是用一個
理論去說明我所見者。

我注視一個黑色的火爐。在此有一個直接的黑色感覺。但是
如果我判斷這隻火爐是黑色的，我是將這個經驗與以前的經
驗加以比較。我是將這個感覺與一個由熟知的黑色對象導出
的熟知觀念加以比較。當我對自己說這隻火爐是黑色時，我
是在構造一點理論以說明它的外觀。(MS, 403; from Hook-
way, 91–92)

　　普爾斯指出，「這個火爐是黑的」與「這個火爐具有黑性」這
兩個命題在意義上完全相同。「黑性」這種純粹的抽象是不可或缺
的，因為，我們不可能理解二物之相一致，除非它們是在某一方面
的一致，而這個方面即是像黑性這類的純粹抽象。普爾斯將這種純
粹的抽象稱為「根底」(ground)，而對根底之指涉則構成性質。普
爾斯又指出，對根底之指涉不能由存有抽離出來，但是存有能由對
根底之指涉抽離出來(W, 2:52–53)。

　　由此，我們可以看出普爾斯導出其範疇的途徑。我們如何能對
事物形成命題呢？答案是，我們將性質賦予它們；為了統合雜多，
我們需要性質概念。不過，普爾斯堅稱，這會引起進一步的問題：
我們如何可能將性質賦予實體？他希望以進一步的範疇來完成這項
工作。因此，他前面提到普遍概念的等級。有一個普遍概念可以統
合感官的雜多，而需要另一個來統合這個概念以及這個概念所應用
到的雜多，如此繼續下去。

　　普爾斯在此提出進一步的說明。我們辨認事物性質的能力之先
決條件在於我們有能力做出理性的判斷；我們不會有性質概念，除

非我們有關係概念。他指出，經驗心理學已經確立的事實是，我們之能知道一個性質，唯有藉著它與另一者相似之處的類比或是相異之處的對比。藉著對比與類比，一個事物指涉另一個相關物(the correlate)。當我們指涉根底時，同時亦在指涉一個相關物(*W, 2*: 53)。換言之，性質概念一旦出現，關係概念也得隨之出現。由此亦產生日後所謂的「第二性」(secondness)範疇。洛森頌指出，在發表〈論新範疇表〉時，普爾斯仍誤以為所有的關係都是二元的或可化約為二元的。關係可能存在於兩個實體之間，可能存在於實體與性質之間，亦可能存在於兩個性質之間；最前一種關係是真正的二元關係，後兩種則屬衍生的(Rosensohn, 47–48)。

普爾斯又說：「對相關者之指涉不能由對根底之指涉抽離出來，但是對根底之指涉可以由對相關者之指涉抽離出來。」(*W, 2*: 53)如前所云，抽離不是一種可反復的過程。先存在的範疇引發後繼的範疇，先在的範疇可以抽離於後繼的範疇之外，但是後繼的範疇無法抽離於先在的範疇之外。如此，存有可以抽離於性質之外，存有是一個沒有內容的基本概念，但是我們缺乏存有概念即無法設想性質。對相關者之指涉必定涉及對一個先在概念（根底）之指涉，亦即，必定涉及被關連者與相關者之間在某方面（根底）之相似或相異。因此，上面說到，「對根底之指涉可以由對相關者之指涉抽離出來」。這表示，性質概念可以由關係概念抽離出來。

在此，胡克威提出兩點值得參考的討論。第一點，性質提供了不同事物能共有的特性；事物之所以相似，乃是由於它們共有一個性質，而當一個事物具有某一性質而另一事物沒有時，這亦可成為其間的差異。這就是一般所謂的，一個性質是一個共相，是多中之一。第二點，當我們判斷兩個事物是相似或相異時，我們總是能明

確指出相似之處或相異之處。如果這是正確的，則除非我們有性質概念，我們將無法做出有意義的同異判斷。但是普爾斯的論點不只如此；我們之「需要」特殊性質的概念，唯一的理由是因為我們必須說明相同之處與相異之處。普爾斯指出，我們之引進對根底之指涉這個概念，乃是為了要指涉一個相關者；而這個對相關者之指涉即是我們找到的下一個基本概念。胡克威認為，普爾斯這句話的意思是說，好像我們發現自己做出同異的判斷，而我們只需要性質概念以便使我們注意到的同異之處具有意義。黑之概念被引進做為一個假設的一部分，以解釋我們在黑的事物之中所注意到的相同之處。這種說法與他對性質間接性格的強調相符合：性質的歸賦所基於的關係事實是比較直接地關連於經驗(Hookway, 92–93)。

如果我們將性質歸賦於事物的能力是基於一個做出同異判斷的較為直接的能力，則我們必須進一步追問一個更概括的問題：我們如何可能做出關係判斷，而不僅限於同異判斷？普爾斯主張，對於一個相關之處的指涉之基礎，顯然是出於比較(W, 2:53)。唯有經由比較，我們才可能得知事物之間在某方面的性質上是相異或相一致。我們做出比較，而且需要做出關係判斷以使我們所做的比較具有意義。普爾斯在此舉了幾個例子來說明何謂比較。他指出，假定我們想要比較“p”與“b”這兩個字母，我們可以想像將其中一者反轉，而使二者得以重疊。如此，我們形成一個新的意象；而這個新意象是上述兩個字母的意象的中介，意即，它將二者之一加以再現（此處即是加以反轉）而與另一者相似。又例如，假定我們把兇手想成是相關於受害者，則我們想到謀殺行為，而這個概念所再現的是，每一個兇手都對應著一個受害者。在此，謀殺行為即是一個中介的再現。普爾斯最後的一個例子談到字詞及其意義。假定我們

在法文字典中查出" homme "等於英文的" man "，這表示" man "
把"homme "再現為" man "本身所再現的同一種兩足動物。

　　經由上述例子，普爾斯深入分析「比較」這種心靈活動的內
涵。他的結論是，要進行任何比較，必須要具備下述條件：一、被
關連者(the relate or the related thing)，二、根底，三、相關者，
四、發揮中介作用的再現(mediating representation)。在最後一個
條件中，普爾斯找到了關係範疇之後的另一個基本概念：再現範
疇。普爾斯以相當細密的方式說明這個具有中介功能的再現：「它
把被關連者再現為這個中介的再現所再現的相同的相關者的再現」
(*W*, 2:53)❺。普爾斯以「意解」(interpretant)做為再現所指涉的對
象，因為再現擔負的功能有如一個口譯員(interpreter)；口譯員要
告訴我們他所說的與外國人所說的內容是一樣的(*W*, 2:54)。此外，
普爾斯指出，再現的意義很廣泛，與其加以定義，不如舉例加以說
明。例如一個字詞，對於一位聽者心中的概念活動，它再現一個事
物。又如一幅肖像，對於辨認的概念活動，它再現的是它意圖再現
的人。又如一座風向儀，對於懂得它的人，它再現的是風的方向。
又如一位律師，對於法官及陪審團，他再現的是委請他訴訟的當事

──────────

❺　根據胡克威的理解，這裡的意思是說，首先，我們發現我們自己能夠
　　使用事物做為其他事物的記號：我們先是對一株樹有某些觀察，而後
　　再以這些觀察為基礎而進行對其他樹的預測，這樣，我們即以一株樹
　　做為其他樹的代表或再現；我們以某一個方形的構造為基礎，而對另
　　一個方形有所預期，這樣，我們即以前者做為後者的再現。我們唯有
　　宣稱這兩株樹或這兩個方形是相似的，我們才能說我們有能力如此去
　　做。當然，我們之能如此做，先得要說這兩者都具有某種性質。因
　　此，我們將性質歸於事物的能力乃是基於我們有能力使用二元關係及
　　三元關係(Hookway, 94)。

人(*W*, 2:54)。每一個再現都對某位懂得其意解之人（有時是思想者自己）再現某一事物，因而再現亦被視為對意解之指涉。若是沒有懂得意解之人，再現即無法成其為再現。若是沒有懂風向儀的人，風向儀即不能展現指示風向的功能。由此更可推言，若是沒有發揮中介作用的再現，就不可能有關係範疇。因此，普爾斯說：「每一個對相關者的指涉都把對於一個意解的指涉概念與實體相結合。」(*W*, 2:54)

普爾斯接著又說：「對意解之指涉不能抽離於對相關者之指涉之外，而後者可以抽離於前者之外。」(*W*, 2:54)洛森頌指出，「對意解之指涉不能抽離於對相關者之指涉之外」，意思是說，每一個再現都是某一事物的再現。這點有如今日現象學之說，意識乃是對某一事物之意識，凡是意識皆有意向性。其次，「對相關者之指涉可以抽離於對意解之指涉之外」，意思是說，雖然我們若是沒有中介性的再現即無法設想關係，但是關係本身之存在並沒有必要依靠我們對它的再現。如果事實上有一個名叫該隱的人殺了名叫亞伯的人，則此中已成事實之關係不必依靠任何人對它的再現(Rosensohn, 50)。

從存有到實體的最後一個概念即是對意解之指涉，因為，雜多的感官印象藉之而達到統一。普爾斯強調，若是單一的印象，根本不需要統合的工作，也不需要被想成是對意解之指涉。有待統一的印象並不是單一的，而是好多個，它們混在一起而需要加以分析，然後再經由統合而成為單一的意識。不過，「它們不會被統一，除非我們把它們想成『我們的』而結合在一起，亦即，除非我們把它們指涉為一個概念做為它們的意解。如此，當散殊的印象結合在一起時，也就出現了對一個意解之指涉。」(*W*, 2:54) 普爾斯進一步指

出，因此，對意解之指涉並不像其他兩個指涉（對根底之指涉及對相關者之指涉）那樣只是將一個概念與實體結合，它乃是直接將雜多的實體統一起來(W, 2:54)。

再現這個概念是普遍概念中最為直接的，它直接統一了雜多。胡克威指出，在此，我們實際上做的即是把一物當做另一物的記號，這是一個事實；由於我們能如此做，而使我們相信有一共同的性質是這種能力的基礎。但是，我們之能把事物當成一個記號，並不需要基於對一共同特性的先天確認。因此，我們應該說，我們「發現」自己把事物當做記號使用；更間接的一些概念只是用來說明或讓我們理解我們為什麼有能力去做我們現在能做的事。唯有引進關係概念及性質概念，我們才能了解我們如何能夠做這樣的事(Hookway, 94)。

如此，有一系列的五個普遍概念：存有、性質、關係、再現、實體。存有是最抽象而間接的，實體是最直接的。其間的三個中介概念（此乃第一性、第二性、第三性的前身），以性質最間接，而再現最直接。普爾斯推出這種說法的整個論證是以「抽離」為主要技巧。就範疇表與抽離的關係而言，普爾斯指出，存有可由性質抽離出來，反之則不然；關係可由再現抽離出來，如此類推。根據可抽離的次序，我們得出範疇表的次序。胡克威指出，這種分析技巧源自士林哲學及亞里斯多德，這個技巧使他的認識論具有非心理學的色彩，這個技巧也在其後期現象學的著作中佔有重要的地位。不過，胡克威也指出，普爾斯運用的抽離法必須滿足一些條件：它絕不可依賴心理學的方法以及特殊的科學；它必須表明這些範疇之間是真正的、客觀的不相混漫；它必須表明這些範疇之間的密切關連，例如，關係在次序上處於性質之後。總之，抽離法要能對各自

不同的範疇做出一個完全客觀有效的順序排列(Hookway, 95)。

一八六七年的〈論新範疇表〉堪稱普爾斯早期範疇論的代表作。不過,他對範疇論的思考從一八五〇年代即開始,直到晚年,其間經歷長期的發展。因此,在〈論新範疇表〉發表之前及之後,我們都可在他的著作中看到別種說法。事實上,在提出新範疇表前十年,他已發展出某種範疇論的雛型。由普爾斯的生平可知,他在一八五五年剛入哈佛時,即迷上席勒的《美學書簡》,兩年後由人稱代名詞的角度導出範疇表,並且把席勒所說的三種功能或衝動說成是「我」、「你」、「它」三種範疇(W, 1:15)。費希指出,康德的範疇表有明顯的三分法,黑格爾的辯證發展是以正反合的三分進行,而席勒認為只有三種基本的衝動或功能,那麼,普爾斯很可能因而想要試著把亞里斯多德的十個範疇及康德的十二個範疇歸約成三個。進一步來看,如果我們預期範疇不僅具現在思想中,亦具現於語言中,那麼,我們會看出,在我們使用的語言中,最根本的乃是三個人稱的動詞,以及與其相對應的三個代名詞。一般認為代名詞是用來代替名詞的,普爾斯則認為名詞是用來代替代名詞的。如果我們試圖由人稱代名詞處導出範疇表,很可能會依序列出「我」、「你」、「它」;而這正是普爾斯在一八五七年所提出的。他在一八五九年又提出新的次序:「我」、「它」、「你」。費希認為,普爾斯在一八六七年不再使用這些詞語來指稱他的範疇,乃是由於他找到比較專業的詞語來取代這些比較口語化的詞語,並不是由於他放棄其中的思想(W, 1:xxviii–xxix)。

在發表〈論新範疇表〉之後,普爾斯仍然持續修改他的範疇論。在這篇文章中,我們看到普爾斯如何推論出五個範疇:存有、性質、關係、再現、實體。不過,後來由於他形上學的看法影響,

把存有及實體排除於範疇表之外，也不再把三個中介概念或範疇稱為「屬性」(accident)(W, 2:55)。而指涉根底的「性質」、指涉相關者的「關係」及指涉意解的「再現」在日後也被修改為：感受之「性質」、二元的「關係」、「再現」之斷定(CP, 1.561)。他在一八九六年又分別稱之為「性質」、「事實」、「法則」或「思想」(CP, 1.418–420)，一九〇三年則名之曰「當下」、「努力」、「法則」(CP, 5.44–62)。

除了名稱上的改變，更重要的差異與修改出於基本邏輯及方法的改變。由前面的說明可知，普爾斯在〈論新範疇表〉中，主要運用的是抽離法。但是，在後期的範疇論中，普爾斯主要運用的是現象學的方法以及關係邏輯的理念。普爾斯在撰寫〈論新範疇表〉之時，仍然是依照主述詞邏輯的方式去處理問題，而尚未接受狄摩根開創的關係邏輯。墨菲指出，雖然狄摩根在一八六六年把他寫的關係邏輯的文章寄給普爾斯，但是普爾斯直到次年發表〈論新範疇表〉時，仍相信主述詞是基本的邏輯形式(Murphey, 65)。不過，普爾斯後來指出，他在發表這篇文章之後，不但很快走入關係邏輯的領域，並且對狄摩根做出重大的修正。亦即，普爾斯發現，在非關係的特性與二元關係之外，還有第三種特性範疇，而且只有這第三種。這第三種範疇包括了各種的多元關係，不過，它們全都是由三元關係所組成的。普爾斯認為，「再現」即是一個相當廣泛而重要的三元特性；一個具有再現特性的事物，為了在心中產生某種效果，而可能代表另一事物。普爾斯將具有這種再現特性的事物稱為「再現者」(representamen)，至於心理上的效果或思想則稱為此事物的「意解」，而將此事物所代表的事物稱為它的「對象」。普爾斯進一步指出，在一八六七年時，雖然他已經證明，在非關係特性與

二元關係之外，只有第三種特性範疇，但是他沒有發現這個第三類是由多元關係組成的。簡言之，普爾斯在範疇方面提出的說法，首先是分成性質、關係、再現，而後改為非關係特性、二元關係、多元關係，最後又精確化為非關係特性、二元關係、三元關係(*CP*, 1.564–565)。在此，我們可以明顯地看出，關係邏輯在普爾斯範疇論的發展上所佔的地位。此外，他經常將範疇稱為「第一性」(firstness)、「第二性」(secondness)、「第三性」 (thirdness) (*CP*, 1.23)，有時亦名之為「一元的」、「二元的」、「三元的」(*CP*, 1.293)。

針對普爾斯後期範疇論所使用的方法，米薩克(C. J. Misak)指出，普爾斯運用現象學的路向找尋範疇，其中亦運用關係邏輯的觀念。依之，範疇可以用N元關係表示之。所有的關係可分為三個基本種類：一元的、二元的、三元的。例如，「a 是紅的」是一元關係，「a 打 b」是二元的，「a 將 c 給 b」是三元的。至於像「a 把 b 放在 c 及 d 之間」，表面上看來是四元的，其實可以化約為兩個三元命題：「a 把 b 放在 e 點」，而「e 點位於 c 及 d 之間」。但是，「a 將 c 給 b」則無法化約為「a 將 c 放下」與「b 將 c 拾起」(Misak, 72)。

事實上，除了運用關係邏輯的觀念之外，普爾斯也曾運用化學中數價(valencies)觀念以由現象要素的結構層面來說明普遍範疇(*CP*, 1.289–292)。他在一九〇六年指出，對於事物行為的科學理解而言，基於形式而做的分類要比基於質料而做的分類更為重要。門得列夫(Dmitri Ivanovich Mendeleev)對化學元素所做的分類即是一個例證，他根據原子價而進行分類。普爾斯本人則在關係邏輯的研究中發現，在某個方面，概念的結合相當近似化學結合；亦即，

每一個概念皆有一個嚴格的原子價。因此,「是藍色的」這個述詞是一價的,「謀殺」這個述詞是二價的,「給」這個述詞是三價的。正如同化學的原子價是一個原子的性質,同樣的,不可分解的概念可以是二價的或三價的。一價與二價不可能組合成三價,雖然任何一個概念與一個三價概念組合可以造成比原先那個概念多一價或少一價的概念。此外,沒有任何不可分解的概念具有更高的數價。普爾斯認為,他由形式邏輯得出此一成果,而這是他對實用主義與哲學其他部門最大的貢獻(*CP*, 5.469)。

必須提醒的是,普爾斯後期發展出來的範疇論並不在於否定或推翻其早期的說法,而是以更廣闊的角度將它們融和在一起。用主述詞邏輯得出的結論仍然可以放在關係邏輯的脈絡中得到認可,只不過,關係邏輯處理的範圍要比主述詞邏輯更為廣闊。同樣,用抽離法推出的三個普遍範疇之間的邏輯關係依然存在於後期的範疇論中;用現象學方法找出的三個普遍範疇之間仍然存有邏輯上的依存性,其間邏輯上的優先性仍然可以用抽離法加以說明。以下即開始陳述普爾斯由現象學及關係邏輯的立場發展出來的後期範疇論。

二、現象學的範疇論

現象學(phenomenology, phaneroscopy)又被普爾斯稱為範疇之學(the doctrine of categories)(*CP*, 1.280)。他在一九〇三年說,現象學的工作在於「針對普遍存在於現象中的各種要素加以確認及研究;現象意指任何時刻由任何途徑呈現於心靈的所有東西。」(*CP*, 1.186)他在一九〇五年又說:「就目前我所發展出的這門現象學的學問而言,整個乃是專注於現象的形式要素。我知道有另外一系列

的要素曾由黑格爾的範疇並不完美地表現出來。但是，我也還不能對它們提供任何令人滿意的說明。」(*CP*, 1.284)由上述引文可以看出，現象學研究遍在於現象的要素，亦即範疇。而普爾斯本人所專注的要素，不是黑格爾提出的那些質料要素或質料範疇，而是形式要素或形式範疇。

對普爾斯來說，「現象」(phenomenon, phaneron)是一個相當廣泛的詞語；它比英國古典經驗論所說的「觀念」(idea)還要廣泛，而且刻意摒除「觀念」一詞所挾帶的心理學上的意涵。簡言之，任何呈現於心靈者皆屬現象，而不論它是否對應任何實在的事物。此外，普爾斯強調，他說的現象只有一個，它是一個集合體，因而具有形式上的統一性(*CP*, 8.301)。他指出：「現象學即是對『現象』之描述；而我所說的『現象』乃指所有由任何途徑或由任何感官呈現於心靈的東西所集合而成的一個整體。」(*CP*, 1.284)由此可知，普爾斯所說的現象與一般的意思稍有不同；在他的用法中，沒有複數的現象。起初他也使用一般常用的" phenomenon "一詞來指稱現象，但是，後來為了求得精確的字詞用法而避免混淆(*CP*, 8.213, 8.301)，普爾斯在一九〇五年左右開始用" phaneron "一詞指稱現象。基於同樣的理由，並為了與黑格爾所說的精神現象學有所區別(*CP*, 8.298)，他也以" phaneroscopy "一詞取代自己原先用的" phenomenology "。不過，由於普爾斯自己的前後說法在實質上並無二致，故而中文譯名可以不加區別。

普爾斯認為，要決定一個東西是否屬於現象，並沒有任何心理上的困難；因為任何事實上看起來在心靈之前的東西都是現象，完全不需要考慮它是真的或假的。因此，普爾斯相信，沒有任何東西像現象這樣完全直接地開放給我們觀察，而整個現象學即是以對現

象之直接的觀察以及對此觀察之概括做為研究的基礎。他指出，我們不需要考慮現象何時出現或出現於何人心中，因為普爾斯堅信，他個人在他心中所發現的那些現象的特性在所有時刻都同樣會出現在所有心靈中(*CP*, 1.284–286)。不過，必須注意的是，現象學雖然以呈現於心靈中的現象做為直接觀察的對象，但是，它只是以此做為研究的起點，卻不侷限於此。換言之，現象學雖然以實際經驗到的為起點，但是它仍然企圖進一步涵蓋所有可能經驗到的部分。因此，普爾斯在一九〇三年指出，他本人之使用「現象學」一詞，雖然多少受到黑格爾《精神現象學》的影響；不過，他也強調，他並不將現象學的工作侷限於對「經驗」的觀察與分析，反而將它擴大而描述所有共同於任何被經驗者、或可能被經驗者、或可能被研究者的特性(*CP*, 5.37)。

　　現象學的研究乃以對現象之直接的觀察做為基礎；這種工作，看似簡單，其實並不容易。普爾斯指出，現象學完全不考慮它所研究的現象是否對應於實在，它也盡力避免任何假設性的解釋。它只是專注地省察直接的表象(appearance)，而努力展現出最細密的精確性與最廣泛的概括性。在此，不可被任何傳統、任何權威、任何理由影響，而心有成見地以為事實原本應該如何；唯一要做的只是誠實地、單純地去觀察表象(*CP*, 1.287)。如此，就某一方面來說，直接觀察現象並不是一件困難的事。在此，我們只需要張開眼睛、打開心眼，好好地注視現象並說出其中從不缺乏的特性。但是，就另一方面而言，我們很難完全擺脫假設性的解釋。因此，普爾斯也承認，要從事這個工作，我們必須具備三種能力。第一種能力是要就事物本身的呈現去看它，而不加上任何解釋；這是藝術家的能力。一般人把陽光下的雪說成白色的，但這只是根據習俗的說法而

以為白色是雪應該有的顏色；藝術家則可擺脫習俗的解釋，直接面對表象，而看出陽光下的雪實際上是黃色的。第二種則是堅決的辨別力，緊盯著我們所研究的特性不放，不論它躲在何處或加上何種偽裝，都要把它找出來。第三種是數學家那種概括的能力，要能清除所有外在而不相干的成分而進行考察，並產生足以掌握特性之本質的那種抽象公式(*CP*, 5.41–42)。

在直接觀察現象並概括化這些觀察之後，現象學以此為基礎而依序進行下面幾項研究工作：一、標舉一些極為廣泛的現象要素，亦即列出範疇表；二、描述各個範疇的特性；三、指出這些範疇之間雖然有極為密切的關係、它們雖然難分難解地混合在一起而無一能夠單獨成立，但是它們各自仍有明顯不同的特性；四、由於現象學所研究的範疇乃是具有最高概括性的現象要素，因此，普爾斯認為，範疇像化學元素一樣，數量很少，故而現象學接下來的工作是證明一個很短的名單即可窮盡所有最廣泛的範疇，證明它是充足的、毫不冗贅的；五、列舉各個範疇之下的主要分支(*CP*, 1.286, 5.43)。第五點提到的主要分支即是普爾斯所說的「特殊範疇」，相對於此，前四點乃是針對「普遍範疇」而言。普爾斯指出，特殊範疇類似黑格爾在《百科全書》中所列舉的那些，它們針對演化的各個層面而形成一個系列或一組系列；而在任何一個現象中，只呈現一個系列或只以一個系列為主。普遍範疇則類似黑格爾所說的正反合，雖然黑格爾並未以範疇稱之。普遍範疇可以應用於萬事萬物；所有的普遍範疇都具現在任何一個現象之中，雖然其中有的普遍範疇可能在某一現象中較為突出(*CP*, 5.38, 5.43)。在此，我們的討論主要以普遍範疇為主，因為普爾斯對於特殊範疇的分析亦是以其普遍範疇的理念做為根據。

就第一項工作而言，經由直接的觀察而找出不可再分解的現象要素，在某種意義上，即是找到了具有最高概括性的現象要素，亦即是找到了普遍的範疇。對於這些不可分解的現象要素進行分類，基本上可以根據其形式或結構而分類，亦可根據其質料而分類。普爾斯曾經花了整整兩年的時間，嘗試後一路向，但未成功；不過，他也不認為其他人可能成功。因此，他在範疇論上，主要是以前一路向為依據；亦即，依據形式或結構而對現象要素進行分類(*CP*, 1.288)。簡單地說，他區分三個普遍的形式範疇，也在不同時期對這三者給予不同的名稱。在各組名稱中，早期的代表是「性質」、「關係」與「再現」，後期的代表則是「第一性」、「第二性」、「第三性」。以下即針對後面這組名稱進行討論，說明這三個普遍範疇各自的特性及其間的關係，這也就是上述現象學的第二項及第三項工作。在說明的過程中，亦會附帶論及其他幾組名稱的意義。

從某種角度來說，我們可以把第一性、第二性、第三性這三種普遍範疇看成三種最基本的存有模式。如此，第一性指的是積極的性質上的可能性之存有，第二性指的是現實事實之存有，第三性指的是能夠控制未來事件的法則之存有(*CP*, 1.23)。其次，從現象之普遍要素的角度來看，我們也可以把第一性說成是感受之性質，把第二性說成是現實事實，將第三性稱為法則或思想。

在此，先就積極的性質上的可能性之存有來說第一性。普爾斯指出，第一性這種存有模式乃是在於任何一個事物之毫不考慮其他事物而如其本然地存有；換言之，這種存有乃是純然地在其自己，它不指涉任何東西，亦不在任何東西之後(*CP*, 1.356, 1.426)。普爾斯在一八九〇年說：

這個絕對的第一性觀念必須完全無關乎任何其他事物的概念或對任何其他事物的指涉；因為任何涉及一個第二者的事物，其本身即是對這個第二者的第二者，如此即不成其為第一性。因此，第一性必須是當下而直接的，如此才不致成為對一個再現的第二者。它必須是新鮮而嶄新的，因為，如果是老舊的，則它即是對其先前狀態的第二者。它必須是開端的、原初的、自發的、自由的；否則它是對一個決定因的第二者。它也必須是生動而有意識的；如此方不致成為某種感覺的對象。它先於所有的綜合與所有的確定；它沒有統一，亦沒有部分。它不能被精確地思考；一加以肯定，它即已喪失其特有的純真；因為肯定總是意涵著對另一事物的否定。一旦停下來去想它，它已經遠逸了！(*CP*, 1.357)

這種情況有如亞當在他被創造的第一天，首度張開雙眼來看這個世界，這時，無所謂主觀或客觀，他未做任何區分，亦未自覺到他自己的存在。因此，對於第一性，普爾斯強調說：「切記，所有對它所做的描述都必定是假的。」(*CP*, 1.357)在此，普爾斯也指出，這當然只能是一種可能性；因為，一個事物若是與其他事物毫無關連，則說它具有任何存有，乃是沒有意義的說法。「紅性」這種存有模式，在這個宇宙沒有任何紅色的事物之前，只不過是一個積極的性質上的可能性。即使有紅色的事物，就紅性本身而言，仍然是個可能性；此即第一性。我們自然地認為外在物體具有第一性，亦即，我們以為它們本身有一些潛能，這些潛能可能已被現實化也可能尚未現實化，它們可能會被現實化也可能永遠不會被現實化；在其尚未現實化之前，我們甚至對這種可能性一無所知(*CP*,

1.25, 8.329)。

其次，我們就感受之性質來看第一性。普爾斯在一九〇三年指出，當任何一個事物呈現於心靈之際，最先被注意到的最單純的特性就是它的「呈現性」(presentness)。黑格爾也認識到這點，而以「當下性」(immediacy)名之。不過，由於黑格爾堅信抽象者比具體者更為基本，卻使他誤將如其本然而呈現的呈現性視為抽象的純粹存有(Pure Being)。如果我們仰視藍天而以藝術家的眼睛凝視所呈現者，難道它是抽象而無色的嗎？在當下的呈現中，沒有考慮到過去、未來，亦未考慮到所有其他的事物，它只是積極地如其所是。要了解這種狀態，我們可以想像一種意識狀態，其中沒有任何比較，沒有任何關係，沒有任何看得出來的多樣性，沒有任何部分，沒有任何變化，沒有任何進一步的想像，沒有任何反省，唯一具有的只是一種單純的、積極的特性。普爾斯舉例說，這種意識狀態可能是聞到玫瑰香味的嗅覺，或是感到要命的疼痛，或是聽到尖銳的哨聲。普爾斯認為，任何單純的、積極的感受性質都具有這種特性；它們每一個就其本身之呈現而言都是唯一而獨特的，其他一切對它都是空無，甚至連空無亦不是，因為在此呈現中根本沒有考慮到任何未呈現者。第一範疇亦是就現象如其本然而呈現的層面來說，因此，普爾斯把上述這種感受性質視為第一範疇在心理方面的真正代表，並且直接表示：「第一範疇即是感受之性質，或任何積極地如其本然存在而不考慮其他一切者。」(CP, 5.44)

關於構成第一範疇的感受性質，我們在前面看到普爾斯舉了一些有關嗅覺、觸覺及聽覺的例子。此外，他舉過的例子包括：對紫紅色的視覺之性質、對奎寧的味覺之性質、當冥想一個美妙的數學證明時心中興起的情感之性質、對於愛情的感受之性質(CP,

1.304)，甚至莎士比亞的悲劇《李爾王》亦有其本身的風味或獨特的感受性質(*CP*, 1.531)。普爾斯所說的感受之性質，不僅限於一般所說的經由感官而來的感覺性質，也遠遠超過心理學所承認的範圍。有的學者認為，普爾斯關於感受性質的說法提醒我們注意到人類經驗領域中未曾好好開發的美感層面，每一個經驗都有本身自成一格的感受性質，但是這點卻是最容易被忽略的部分(Rosensohn, 81-82)。

根據伯恩斯坦(Richard J. Bernstein)的詮譯，普爾斯把感受之性質稱為第一性並主張這是所有經驗不可化約的側面，這點表現普爾斯對傳統性質觀的修改。在傳統哲學中，大多把性質當做是知識論上的一個基本單位、當做是基本的認識對象。但是，普爾斯所說的性質則是前於認知的，它只是被感受的性質。我們當然知道自己感覺到某些性質，但是這種知識不可混同於對性質之實際的察覺或直接的經驗。換言之，我們對性質之直接的「感受」是一回事，而我們「知道」我們感受到性質又是另一回事(Bernstein, 71)。

「第一性」這個詞語是相當抽象的，但是普爾斯以感受之性質來說第一性，這就表示第一性是我們可以具體經驗到的。就我們任何一個未經辨識、分別的當下經驗感受本身而言，都屬於第一性的範疇。不過，正是由於這種狀態尚未摻雜任何比較或分別，我們也很難用確定的詞語去描述它。一旦想要加以分辨、指稱、形容，它就不再屬於第一性的範疇了。普爾斯指出，當我們想要追問當下那一剎那所呈現的內容是什麼時，已經太遲了；問題剛一出口，當下已然遠去(*CP*, 1.310)。不過，普爾斯也表示，靠著現象學的方法，我們凝神於事物本身，只觀其全體而根本不去注意各部分，使得我們沒有意識到任何東西，而僅意識到一種感受之性質。每一個感受

之性質本身都是獨一無二的，它不會類似於任何其他的感受之性質，因為這時根本沒有所謂的比較，也根本談不上類似與否(*CP*, 1.318)。根據普爾斯的看法，在第一性的範疇中，沒有分辨、沒有比較，也沒有任何確定的特性可言，因此，存在的只是一種未被現實化的純粹潛能或可能性(*CP*, 1.25, 1.420, 1.422)。既然第一性只是一種尚待被確定的可能性，則把它稱為感受之「性質」，似乎容易引起誤解而把它看做具有某種確定的特性。郝斯曼就強調，與其像普爾斯那樣把第一性視為感受之「性質」，不如把它視為性質之「條件」(Hausman, 125–126)。

　　以上是對第一性的說明，接下來說明第二性。普爾斯指出，第一性是絕對的，第二性亦然；如果以第一性為絕對的最初，則第二性是絕對的最後。就第一性而言，它完全不考慮任何第二者；而當我們說到第二性時，亦完全不考慮任何第三者。但是，這時不可去除第一性觀念，否則無所謂第二性(*CP*, 1.358)。在此，我們看到第一性與第二性在邏輯上的依存關係。第一性可以抽離於第二性之外，而第二性則不能抽離於第一性之外，因此，第一性在邏輯上乃優先於第二性。

　　從現象學的角度來說，第一性顯示的意義是，萬事萬物都有就其本身而觀之的一面，而第二性顯示的意義則是，萬事萬物亦有不僅僅就其本身而觀之的一面。當任何一個事物不單單就其本身觀之時，就必然與另一事物發生關連或者彼此有所依靠。根據普爾斯舉的例子，下述觀念皆具有第二性：另一者、關係、強迫、效果、依靠、獨立、否定、發生、實在、結果。一個事物要為另一者、為否定的、為獨立的，則必須有一個第一者，而它是這個第一者的另一者、它是第一者的否定、它獨立於第一者。不過，普爾斯告訴我

們，這不是一種非常深刻的第二性；因為在這些情況中，第一者可能被摧毀而第二者的真正性格仍然未變。當第二者由第一者的行動而經歷某種改變，而且依靠第一者，則此時之第二性即更為純正(*CP*, 1.358)。比較純正的第二性表現在第一者與第二者相互依存的關係上，在此，普爾斯較常用因果關係加以說明。他說：「在因果觀念及靜力觀念中突顯出第二性的觀念。因為，原因及結果是兩個東西，而靜力總是發生於成對的兩者之間。」(*CP*, 1.325)原因之所以為原因，乃因它是某結果的原因；換言之，原因必須依靠結果而成其為原因。同理，結果之所以為結果，乃因它是某原因的結果；結果必須依靠原因而成其為結果。

普爾斯也從另一個角度出發，把第一性說成是感受之性質，而把第二性說成是現實事實。第二性如同第一性，都是相當抽象的詞語，我們上段對於第二性的說明亦是把它當成一種邏輯關係來看待。但是，以現實事實去說第二性時，就表示第二性這種邏輯關係或普遍範疇也像第一性一樣地被我們具體地經驗到。當普爾斯從這個角度去描述第二性時，他較常使用「阻力」、「反抗」、「回應」、「意志」等詞語。普爾斯指出，一切事物呈現於心靈時，第二個最單純的特性（亦即第二範疇）即是奮鬥的要素(the element of struggle)。以努力推鬥為例，在此我們感到阻力。要是沒有同等的阻力即不會有努力，同樣的，要是沒有同等的努力即不會有阻力。動作與回應是相等的。如果你用力推鬥而發現鬥往你這邊開啟，你會說另一邊的人在動作，而你在抗阻；如果你把鬥推向另一邊，則你會說你在動作而另一人在抗阻。一般言之，我們稱那些藉著努力而成功的人為「主動者」(agent)，而失敗者被稱為「被動者」(patient)；不過，一旦考慮到奮鬥的要素，主動者與被動者之間即無

不同(*CP*, 5.45)。普爾斯指出，在感官及意志的世界中，第二性表現在自我與非我的關係之間(*CP*, 1.325)。他又說，我們生活在兩個世界中，一個是想像的世界或內在的世界，一個是事實的世界或外在的世界(*CP*, 1.321)。外在的世界或事實的世界並不完全順從我們的意志，而且會對我們造成阻力。內在世界與外在世界的主要分別在於，內在對象可以依我們的希望而立即修改，而外在對象則是不容任意修改的事實。這個分別儘管很大，但是仍屬相對的分別。內在對象仍然提供某種程度的阻力，而外在對象也可以做某種程度的修改。接下來再看普爾斯如何以現實事實去說第二性。

普爾斯指出，感受之性質，就其為概括的而言，乃是有些含混而屬潛在的。但是一個發生的事件是純粹個別的，它發生在此時、此地(*CP*, 1.419)。他說：「如果我問你一個事件的現實性何在時，你會告訴我說，它在於這個事件之發生於『該時該地』(then and there)。」(*CP*, 1.24)因此，普爾斯認為，雖然一個恆常的事實的個別性比較沒有那麼純粹，不過，就其為現實的而言，它的恆常性與概括性只是在於它之存在乃是存在於每一個個別的剎那。此外，就現實事實之為個別的而非概括的而言，這個個別者對於每一個可能性或性質都是確定的，或者具有之或者不具有之。這裡表現的是排中律，並不適用於概括者，因為概括者是部分地未確定的(*CP*, 1.434)。從另一個角度來說，現實事實亦必涉及感受之性質；因為正如上面所說的，去除第一性則無第二性可言。但是，普爾斯也指出，性質本身並不足以構造成事實，現實事實還得關涉做為物質實體的主體(*CP*, 1.419)。他舉例說，當法庭對我宣判時，或許我毫不在意。不過，當我感到警長的手放在我的肩上時，我就開始會有一種現實感。現實性是某種蠻橫的事，其中沒有理由可說(*CP*,

1.24)。又如，一個人可以獨自走在街上與自己爭議外在世界的存在問題；但是如果有人衝過來把他打倒在地上，這位懷疑論者大概不會再懷疑此一現象之中是否涉及自我之外的東西。這種抗拒使他明白獨立於他的東西是存在的(*CP*, 1.431)。

我們感到事實抗拒我們的意志，因此一般稱事實是蠻橫的。而通常當我們知道一個事實之際，都是由於它之對我們的抗拒。普爾斯認為，性質本身不足以造成抗拒，造成抗拒的乃是質料。即使在現實的感覺中，亦有反應；而未質料化的性質本身實際上不能反應。在此，普爾斯不認為我們是由質料之性質推論出質料本身；因為這樣的說法即等於是說我們是由潛能推論出現實。他指出，我們直接知覺到的就是質料；亦即，我們只是由現實而知道潛能，只是由我們在質料中所知覺到的加以概括化而推出性質(*CP*, 1.419)。不過，普爾斯也承認，我們亦可間接地得知事實。例如，或者是事實被另一個人直接經驗而他告訴我們，或者是我們由事實的某種物理效果而得知事實。如此，我們注意到，一個事實的物理效果可以藉由證人而取代對事實的經驗。因此，當我們由對經驗中事實表象的考慮過渡到它在事實世界的存在時，我們是由把表象看做是依靠於對吾人意志之對抗過渡到把存在看做是依靠於物理效果(*CP*, 1.431)。如此，事實的存在的確在於其所有結果的存在。這就是說，如果一個假定的事實之所有的結果是實在的事實，這就使這個假定的事實成為一個實在的事實(*CP*, 1.432)。簡言之，每一個事實都是它的結果的總和(*CP*, 1.435)。

就普爾斯所說的第二性而言，伯恩斯坦指出，其中透顯出對於傳統經驗論的重大修正。洛克經驗論的洞見在於主張，所有的觀念及假設最後必須以經驗加以測試；而且，經驗之所以能夠成為所有

知識之試金石的理由在於經驗本身的蠻橫的強制力。然而，相當諷刺的是，此後經驗論的發展卻愈來愈走向主觀主義及現象主義，而遠離洛克原先的洞見。依洛克看來，我們對於可感覺的外在對象的觀察、以及對於內在心靈活動的觀察，即是一切知識的基礎，所有的觀念皆起源於此。但是，當懷疑論的成分在日後的經驗論者身上表現愈來愈多時，在他們的眼中，洛克上述的看法也就愈來愈有問題，甚至外在世界存在的問題也成為他們最困擾的問題。因此，從這種角度來看，我們可以說，普爾斯之提出第二性而做為所有經驗不可化約的側面，即在重新強調經驗的強制性與二元性，而重新展現經驗論之原初的洞見。此外，基於他對第二性的說法，普爾斯指出知覺與行動的密切關連；沒有無知覺的行動，也沒有無行動的知覺。柏克萊及休姆的知覺觀誤把我們說成只是被動地去接受來自於心靈之外的印象，而忽略了很重要的一點：我們不只是知覺到我們的身體以及外在的對象，我們也會加以控制(Bernstein, 73–75)。

以上是對第二性的說明，接下來說明第三性。普爾斯認為，人們曾經在一段長時期中滿足於僅以第一性與第二性這兩個範疇去對經驗事實做粗略的描述。但是，他們終究發現其不足，而要求有第三性去連接絕對的第一性與絕對的第二性之間的鴻溝，使它們產生關係。以科學的發展為例，幾乎每一門科學都有其性質化的階段與數量化的階段。在其性質化階段中，二分法即足夠了，在此只問一個主詞是否具有某一述詞。當這種粗略的分法不再令人滿意時，即有數量化的時期；此時，我們知道，在某一主詞具有或不具有某一述詞所描述的性質這兩種可能之間，我們需要加進中間的可能部分(CP ,1.359)。又如，以當下直接的意識為第一性，而以外在的死寂事物為第二性；在此，連接二者的再現則為第三性。如果以行動者

為第一性，以受動者為第二性，則第三性指的就是前者藉之以影響後者的行動。如果以起點為第一性，以終點為第二性，則第三性指的就是在二者之間的由前者引向後者的歷程(*CP*, 1.361)。

從邏輯關係的角度來看第三性，則第三性表現一種真正的三元關係。在此，普爾斯經常以「給予」為例，說明三元關係。他指出，甲把乙給予丙，這並不等於甲放下了乙而丙撿起了乙。否則，給予就不是一個真正的三元關係，而是兩個二元關係的組合(*CP*, 1.345)。換言之，真正的三元關係不可能化約為二元關係或一元關係，而再多的二元關係或一元關係亦不足以展現三元關係。給予是財產權的轉移；權利關涉乎法則，而法則關涉乎思想與意義(*CP*, 1.345)。給予並不只是空間上的換位，其中獨特之處在於具有某種約定、規則、或習俗。此外，普爾斯又說：「當我們說甲簽署文件丁而丙簽署文件丁，不論這個文件的內容是什麼，都不能構成一個契約。契約在於意向。而什麼是意向呢？它即是，某些條件式的規則將管制甲的行為與丙的行為。」(*CP*, 1.475)依普爾斯看來，第三性存在於任何具有意義或可理解性的領域中。他指出，物理學中有大量的事例；在常識的概念中亦然，例如「方向」即預設三個條件或三元關係。普爾斯說：「你的右手乃是，當你面向『北方』而頭朝向『天頂』時，你那隻朝向『東方』的手。在此需要東方、西方及上方三者來界定右與左的分野。」(*CP*, 1.345)。

普爾斯曾把第一性稱為感受之性質，把第二性稱為現實事實，而把第三性稱為「法則」或「思想」。事實上，習慣、法則、規則、潛能、意圖、概念、記號、意義、再現、行為等等，皆屬於第三性範疇。普爾斯指出，現象之要素的第三個範疇所包含的東西，當我們由外部來看時，可以名之曰法則，但是當我們整全地觀之

時，即應名之曰思想。思想不是性質，亦非事實。它們不是性質，因為它們可以被產生出來，亦能生長，而性質是永恆的，獨立於時間，亦獨立於任何的實現。此外，思想可以具有理由，而且必須有理由，不論是好的或壞的。但是，問一個性質為什麼如其所是，例如，為什麼紅色是紅色而不是綠色，卻是不當的問題。如果紅色是綠色，則它就不是紅色了；道理就是這麼簡單。普爾斯認為，我們甚至不宜去問性質之間為什麼會有某種關係。因此，思想不是性質。思想亦非事實，因為思想是概括的。我有思想，而且將它傳給你，它在那邊是概括的。就其指涉所有可能的事物，而不只是指涉那些現實存在者而言，亦可說它是概括的。任何事實的集合都不能構成一個法則；因為法則超出任何已完成的事實，並且決定可能會存在而從未存在的事實應該有何種特性。這並不反對把法則說成是一個概括的事實，問題是，這個概括者含有潛能的混合，因此，任何此時此地的行動組合均不足以造成一個概括的事實。法則（概括的事實），就其為概括而言，它關涉到性質的潛在世界，而就其為事實而言，它關涉到現實性的現實世界。正如行動需要有一種特別的主體（外在於性質本身的質料），法則亦需要有一種特別的主體：外在於個別行動本身的思想或心靈(*CP*, 1.420)。

　　普爾斯認為，我們醒時很少超過五分鐘而不做某種預測，而在大多數的情況中，這些預測是在事件中實現的。不過，一個預測本質上具有概括的本性，而永遠不可能完全實現。當我們說一個預測具有一種被實現的確定傾向，即是說未來的事件在某種程度上真正地被某一法則所控制。如果一對骰子連續五次出現六點，這只是一種齊一性(uniformity)。它們可能連續一千次出現六點，但是這不能保證下次仍然出現六點的預測。如果預測具有被實現的傾向，必

定是未來的事件具有符合某一概括規則的傾向。唯名論或許會說這個概括的規則只不過是一些字詞而已。普爾斯則回答說：「沒有人會夢想去否認概括者具有一個概括記號的本性；但是問題是未來的事件是否會符合它。」如果未來的事件會符合它，則唯名論者即不宜用「只不過是」來說之。第三性這種存有模式即在於事實上第二性的未來事實會具有一個確定的概括性格(*CP*, 1.26)。 第一性與第二性皆是絕對的，但是沒有絕對的第三性，因為第三性具有相對的本性(*CP*, 1.362)。 消極性的概括性屬於純然的潛能，而為性質範疇之特色；積極性的概括性屬於有條件的必然性，而為法則範疇之特色(*CP*, 1.427)。

　　伯恩斯坦指出，普爾斯之提出第三性的意義在於指出，要恰當地說明經驗或實在，即必須認清其中具有的法則性或規則性；而且，由於這種法則性包括所有未來的可能性，因此，它是概括的、未完成的 (Bernstein, 75–76)。不過，更重要的意義在於，第三性使得意義成為可能。普爾斯說：「每一個真正的三元關係皆涉及意義，而意義顯然是一個三元關係。」(*CP*, 1.345)郝斯曼強調，就各個範疇本身而言，第一性及第二性都未直接摻入解釋的成分，亦因而並未直接摻入可理解性。他說：「第二性及第一性必須藉著抽離法才能被凝注。它們是由被解釋過的現象中抽離出來。被解釋過的現象屬於第三性範疇。」(Hausman, 130)洛森頌也說：「第三性把第一者及第二者帶進知性上的統一，並將意義及可理解性賦予人類在經驗中所遭遇的這個可感覺的、有反應的世界。換言之，使經驗之具有意義的，正是第三性或再現。」(Rosensohn, 90–91)

　　最後，值得提醒的是，三個普遍範疇乃同時遍在於所有的現象中，但是在多數情況中，其中的某一個會比其他兩個更突出或居主

導地位。普爾斯在一九○五年說：「雖然它們是如此難以解開地混和在一起，以致任何一個都無法孤立出來，但是它們之間的特性還是明顯地不同。」(*CP*, 1.284)此外，三個普遍範疇之間存有邏輯上的優先順序。第三性必須預設第二性，而第二性預設了第一性；三元關係預設二元關係，而二元關係預設一元關係。其間雖有此種預設關係，但是，僅憑第一性及第二性不足以說明第三性，組合再多的一元關係及二元關係亦不足以構成真正的三元關係。

在說明三個普遍範疇各自的特性及其間的關係之後，接下來討論現象學的第四項工作。此處的問題是，普爾斯如何證明他所提出的三個普遍範疇是充足而毫不冗贅的？說它們是充足而毫不冗贅的，即表示最多只有這三個普遍範疇，不多也不少。換言之，普爾斯在此必須證明這種普遍範疇的分類具有充足性及不可化約性。針對此一工作，他在一八九○年曾經指出，我們之所以停在第三性而不進一步說第四性、第五性的理由在於，我們不可能由第一性及第二性形成第三性，而另一方面卻能以「三」去構成比它更大的數字。首先，以「甲送丙給乙」為例，這是一個三元關係，而且不能分解成任何二元關係的組合。事實上，這個組合觀念的本身即具有第三性。其次，普爾斯再舉一個例子來說明四元可分析成三元。如「甲把丙賣給乙的價錢是丁」這個表面上具有四元關係的事實，實際上乃是兩個具有三元關係的事實的組合：首先，甲與乙進行交易 a；其次，交易 a 是將丙以價錢丁賣出(*CP*, 1.363)。在此，普爾斯意圖證明，三元關係不能化約成任何一元關係或二元關係的組合（亦即，至少需要有三元關係），而且，所有四元以上的關係皆可化約成一元或二元或三元關係的組合（亦即，至多也只需要發展到三元關係）。但是，他在此舉的兩個例子充其量只是說明了他的觀

點，卻不足以達到原先證明的意圖；例如，他只說明「甲把丙賣給乙的價錢是丁」這個表面上具有四元關係的事實可以化約成三元關係，卻未證明「所有的」四元關係皆可如此化約，他亦未證明所有更多元的關係皆可如此化約。胡克威指出，普爾斯分別於一八六七年、一八七〇年、一九〇〇年提出三種論證，試圖證明三元關係是最大的一種關係，亦即，要證明一元、二元、三元是必要的，而四元以上是不必要的。對於這三種論證，胡克威有詳細的討論(Hookway, 88–111)。但是亦有學者指出，這些論證仍然不足以證明普爾斯對普遍範疇的分類是必然的、充分的、不可化約的(Bernstein, 70)。

不過，普爾斯在一九〇四年寫給維兒碧女士的一封信中指出，他自一八六七年起，即試圖把所有的觀念放在第一性、第二性及第三性的分類下。他承認，剛開始他並不喜歡這種說法，但是，在經過幾年的努力批駁而無效之後，他終於完全為之臣服(CP, 8.328)。換言之，普爾斯本人是在實際進行三分法的廣泛應用過程中而逐漸確信這種說法。此外，根據普爾斯一八九〇年的自述，他之相信普遍範疇之三分（此應屬現象學的範圍），最初乃是出於邏輯之研究，其後在心理學亦發現三性，即不斷試圖找出各學科的例證來說明其普遍的應用；經過長期而廣泛的印證，益發增強他對自己範疇論的信心(CP, 1.364)。

普爾斯把三個普遍範疇運用到各個特殊領域中，他也承認自己似乎特別喜好「三」這個數字，而在哲學中大量運用三分法進行思考(CP, 1.355)。我們在前面提到的普爾斯對學問的分類中，已經看到他這種癖好的具體表現。此外，一般也知道，普爾斯把記號分為三類：象符、標示、符號，其中符號亦被分為三類：字詞、命題、

論證；他又把字詞分為三類：絕對的、相對的、結合的，把命題分為三類：全稱的、偏稱的、單稱的，把論證分為三類：演繹、歸納、假設。普爾斯甚至企圖將這種三分法普遍地用到形上學、心理學、生理學、生物學、物理學、社會學、神學等領域中(*CP*, 1.354)。不過，就理論上的依存關係而言，以上提到的各種三分法之應用，必須以普遍範疇的三分做為根據；換言之，以「普遍範疇」為基礎，而在不同的特殊領域中列舉各種「特殊範疇」。

在結束本章之前，我們還應該提到範疇論與記號學的關係。事實上，做為普爾斯早期哲學的起點，〈論新範疇表〉不僅陳述其範疇論，更引進了他的記號理論。在找到五個範疇之後，普爾斯繼續在〈論新範疇表〉加以應用，由此而推出原創性的記號學；這裡的範疇同時也是記號歷程的條件及記號的種類。費希指出，普爾斯的範疇表首度開啟了一條路，而使得一般記號理論成為邏輯、知識論、形上學的根基。而且目前學者大致同意，這篇文章以及一八六八年在《思辨哲學雜誌》發表的三篇文章，再加上普爾斯於一八七一年對柏克萊的書評，這五篇文章奠定了現代記號學的根基(*W*, 2:xxvii)。

費希指出，普爾斯之提出其範疇論固然是要達到普遍的應用，而他也的確如此去做，但是他最常做的應用是以其三個範疇去對記號下定義。在其一生中，他對記號做過許多的定義，而其基本的說法是，記號是一個被第二者（記號的對象）所決定或限制或特殊化的第一者，並因而決定一個第三者（記號的意解），這個第三者也被同一個對象所決定。換言之，記號行動不同於二元行動，它包含記號與其對象及其意解之間不可化約的三元關係(*W*, 1:xxxii)。由此可知，普爾斯的範疇論與其記號學有著極為密切的關係；範疇論是記號學的基礎，記號學也是說明範疇論的最佳實例。一個完整的

記號行動中，除了包含記號本身及對象，還得包含一個第三者：意解。記號是第三性範疇的典型事例；藉由記號，最能表現第三性範疇的三元關係，也最能表現第三性範疇與意義之間的緊密關連。

第三章　規範學及邏輯

　　普爾斯把哲學分為三支：現象學、規範學及形上學。現象學是最基本的，亦即，它是規範學必須預設的，而形上學則必須以規範學為基礎。普爾斯指出，規範學的工作是在分別好壞，而現象學不能先做好壞之分，只是觀照現象本身，只是張開眼睛並描述所見。因此，現象學必須當做建構規範學的基礎(*CP*, 5.37)。上一章談過現象學，本章則順著學問架構中的邏輯階層關係往下介紹其規範學。

　　簡言之，規範學研究「何者為應該」的問題(*CP*, 1.281)。普爾斯把規範學分為三種：邏輯、倫理學與美學；他在一九〇六年指出：「美學關連於感受，倫理學關連於行動，邏輯關連於思想。」(*CP*, 1.574)換言之，邏輯研究「思想方面何者為應該」的問題，倫理學研究「行動方面何者為應該」的問題，美學研究「感受方面何者為應該」的問題。此外，三門規範學之間具有階層性的依存關係。邏輯必須以倫理學為基礎，邏輯乃是倫理學進一步的發展；同樣的，倫理學則必須以美學為基礎(*CP*, 2.197)。

　　值得注意的是，普爾斯直到後期才開始逐漸確定規範學的本質及地位，並對三者之間的依存關係有較清楚的認識(*CP*, 8.255)。普爾斯在一九〇三年承認他對規範學的三個分支有不同的了解程度。

他說，他本人對倫理學及美學的看法遠比他對邏輯的看法成熟得晚。直到一八八三年，他才開始真正研究倫理學；而到一八八九年左右，才肯定它是一門規範學。至於美學，雖然他認真研讀的第一本哲學著作即是美學方面的，但是，其後即根本未再著意其間，因而也沒有什麼具有自信的看法。他當時雖然相信美學是一門規範學，但也根本不能確定(*CP*, 5.129)。就普爾斯本人的著作來說，除了歷經五十多年苦心研究而累積下來數量龐大的邏輯著作之外，他在美學方面幾乎沒有任何實質上的論著(*CP*, 2.197)。他在倫理學方面的著作固然有一些，不過，大多亦集中於它與實用主義或邏輯的關係上。因此，本章在論述規範學的一般特性之後，不擬詳述普爾斯的倫理主張及美學主張，而僅對邏輯部分做進一步的說明，以接續下一章將談到的記號學❶。

一、規範學的一般特性

在一九〇三年哈佛講演的第五講中，普爾斯指出，在哲學的三大分支中，現象學是就現象之第一性而去處理現象，形上學是就現象之第三性而去處理現象，規範學則就現象之第二性而去處理現象。換言之，現象學專注於普遍現象並省察其要素（第一性、第二性及第三性等範疇），形上學試圖掌握現象的實在性，規範學則研究現象與「目的」（例如，真、善、美）之間關係的那些普遍且必要的法則(*CP*, 5.121–124)。前面提過，規範學研究「何者為應

---

❶ 現代學者對普爾斯倫理學及美學的討論，可參見 Herman Parret, ed., *Peirce and Value Theory: On Peircean Ethics and Aesthetics* (Amsterdam: John Benjamins Publishing Company, 1994).

該」的問題，普爾斯將規範學區分為美學、倫理學與邏輯，分別研究在「感受」方面、「行動」方面、「思想」方面什麼是應該的。此外，普爾斯也指出，邏輯相關於真理的再現，倫理學相關於意志的努力，美學相關於純粹就其本身的呈現而考慮的對象(CP, 5.36)。一般而言，規範學關心的問題是：如果事物要合乎目的，其間的法則是什麼？在此，由於規範學在本質上係以「目的」為其核心概念，普爾斯依目的之不同，而做出下列的區分：美學處理的事物，它們的目的在於具現感受之性質；倫理學處理的事物，其目的在於行動；邏輯處理的事物，其目的在於代表或再現另一事物(CP, 5.129)。他在一九〇二年明白指出：「這三門規範學對應於我說的三個範疇，就其心理學的層面而言，這些範疇顯現為感受、回應及思想。」(CP, 8.256)由此可知，普爾斯之所以如此定立規範學的三分，基本上仍是依循其範疇論的三分。美學對應於第一性範疇，倫理學對應於第二性，邏輯對應於第三性。

普爾斯對於規範學的說法及分類並不是針對學術發展的實際狀況進行整理，他在此所做的分類是一種規定式的應然分類。換言之，即使現行的學問分類中只把規範學分為兩種，他仍然會依範疇之三分而說規範學應該有三種，並依三個範疇的特性而確定這三種規範學各自應有的特性。事實上，在普爾斯依其範疇論而做出的各種學問分類中，有些是我們在現實上看不到的，或是說，有些是我們原本未注意到的或未發展出來的。

在此，我們亦應注意到，他所說的邏輯、倫理學、美學，與一般的說法並不完全相同。普爾斯本人對這點很清楚，因此，他曾經想要以" antethics "一詞取代" ethics "。他也明白指出，自己所說的美學及倫理學並不包括一般承認的某些美學問題及倫理學問題。

例如，他所說的美學只是在於彰顯那些本身即是可尊崇者的一般特性；它不論及自然美及藝術品的鑑賞，雖然它的結論可以用來說明這些問題。同樣，權利及義務問題亦不屬於他所說的倫理學的討論範圍(*CP*, 1.573,1.611)。普爾斯解釋說，為了知道我們的權利，僅憑倫理學是不夠的，我們還需要智慧，有時還得加上經由對人生所有一般事實的反省而來的知識，以及對於人類社會結構的知識(MS, 432; from Hookway, 60)。至於普爾斯所說的邏輯，就其包括方法學、批判學、思辨文法學而言，顯然亦比一般只把邏輯視為形式科學的看法要廣闊許多。總之，我們不能拿一般所理解的規範學或是依照一般所理解的邏輯、倫理學與美學來看普爾斯的說法，否則極易產生混淆。

普爾斯認為，我們一般對規範學的想法都過於狹窄，不少人甚至會把它看成是一門實踐之學。但是，根據他的看法，規範學不是一種技術，它的目的也不在產生技術。因此，即使規範學絲毫無助於技術的進步，也無損其價值；它是純粹理論性的。當然，對於推理與研究、對於生活行為、對於藝術創作及鑑賞，都有一些實踐方面的學問，它們有可能由相對應的規範學中獲取助益。然而，它們不是規範學的本質部分，因為規範學與這些實踐之學在本質上截然不同(*CP*, 5.125, 1.281, 1.600)。事實上，在普爾斯對於學問的分類中，實踐之學所佔的地位相當低。他堅信，為真理而追求真理比起對於實踐知識的追求更值得尊崇(*CP*, 1.671, 5.589, 8.142)。普爾斯認為，科學家追求純粹理論性的知識，而非實踐知識；他們的整個探究歷程是為知識本身而追求知識、為真理本身而追求真理。因此，普爾斯甚至以強調的語氣說，科學的真正特色即在於它所研究的是無用的事(*CP*, 1.76)。

　　規範學研究「應然」的規範或理想，這是它的本職所在。規範學的工作僅在分析或定義，它不必涉及個別的行動，亦不必涉及規範之維護或理想之達成(*CP*, 1.575)。普爾斯所說的美學不決定何者為美、何者為醜，他所說的倫理學亦不決定何者為對、何者為錯。在普爾斯的心目中，美學及倫理學，如同邏輯一樣，其主要工作不在直接對現象進行評估，而在為評估提供理論基礎。它們提供理想規範，而唯有根據這些理想規範，個別的評估才有可能成立，也才有意義(*CP*, 1.600)。換言之，「美學決定何者使美的性質成為美的、何者使醜的性質成為醜的。倫理學決定何者使對的行動成為對的、何者使錯的行動成為錯的。同樣的，邏輯並不直接判定真與假，卻在決定何者使真的命題成為真的、何者使假的命題成為假的。」(Parret, 6-7)

　　其次，普爾斯指出，規範學也不是一門特殊的科學（亦即發現新的現象或事實的科學），它甚至不必依靠那些特殊科學（甚至是其中的心理學）的幫助。對於這點，普爾斯先是舉了一個數學方面的例子。他說，如果我們在天秤的一端放了六堆豆子而其中每堆有七顆豆子，然後在另一端放四十二顆豆子，則可發現天秤幾乎是平衡的。但是，對於「六乘七等於四十二」這個命題的確定性而言，上述的觀察所能增加的是微乎其微的。接著，普爾斯說：「同樣的，甚至也是『同樣的程度』，事實上人們大多表現一種自然的傾向去贊同近乎邏輯所認可的那些論證、去贊同近乎倫理學所贊同的那些行動、去贊同近乎美學所贊同的那些藝術作品，這種事實也可以被當做是在支持邏輯、倫理學及美學的結論。」(*CP*, 5.125)但是，普爾斯指出，其實這種支持完全無關緊要；尤其當它遇到特殊的事例時，如果還是主張要以人的自然傾向的想法做為判準，更容

易造成錯誤(*CP*, 5.134)。

上述對規範學的誤解在於把它在學問的層級上放得太低,但是也有人把它(尤其是其中的邏輯)放得太高而與數學平起平坐。對於這種誤解,普爾斯提出三點反駁。第一點,規範學在進行演繹推理時所根據的那些假設,基本上都有一個意圖,即是想要得到符合事實的正面真理;而數學的假設,它們的意圖純粹是觀念上的、知性上的。第二點,數學推理是純粹演繹的,但是規範學則不然,它甚至不以演繹為其最主要的推理類型。第三點,規範學最根本的本質要素是其獨特的評估,這些評估乃關乎現象與目的之間之是否相合;在此亦不同於數學(*CP*, 5.126)。

對於規範學,除了上面幾種對其層級定位的誤解之外,還有一些對其本性的誤解。有些人以為,規範學主要的問題即在說出在邏輯上、倫理學上、美學上,什麼是好的與什麼是壞的,或是說出某一個特定的現象具有多少程度的良好性或善性。普爾斯則認為,如此一來,好像規範學處理的全都是分量的問題。但是,事實並非如此。邏輯學家在對論證進行分類時,可以看出真理有不同的種類;大部分的倫理學家也都承認善有不同的性質;在美學上,性質的差別亦是非常重要的,否則,無從分辨美醜。不過,規範學所說的良好性或善性除了有性質上的差異之外,當然也可以依其程度而有分量上的差異。此外,我們不僅可以說積極的良好性,亦可以就免於過錯處說消極的良好性(*CP*, 5.127, 5.206)。

最後,對於規範學的本性,還有一個比較常見的誤解,即是以為它只關連於人類的心靈;以為美醜只關連於人的品味,對錯只關連於人類的行為,邏輯只關連於人類的推理。普爾斯對這種看法批評說,近代的哲學實際上從未完全擺脫笛卡兒的心靈觀;雖然大家

都在譏笑笛卡兒之主張心靈乃居住於松果腺內，但是大家仍然以同樣的方式認為心靈存在於個人之中、屬於個人而與世界發生關連。他認為，任何真正好好讀過康德《純粹理性批判》的人都應該可以看出上述心靈觀的過於狹隘(*CP*, 5.128)。在此，我們可以說，普爾斯關心的是「理性本身」或「有理性者」的層次，而不只是限於「人心」或「有理性的人」的層次❷。

　　以上對規範學一般特性的說明，多半見於一九〇三年的《實用主義講演錄》。在這一系列的演講中，我們看到的是普爾斯對於規範學一般特性曾經提供過的最有系統而深入的說明。不過，以上列舉的多屬消極性的說明。接下來，我們再來看看他在這方面的一些積極性的說明。普爾斯在一九〇二年的《小邏輯》中指出，規範學是一門純理論性的學問，它研究什麼是應該的，亦即，理想是什麼(*CP*, 1.281)。「應然」不是「必然」，亦非「實然」。因此，應然的規範不像必然的法則那樣具有強制性，應然的規範也不像既成的事實那樣已被決定。我們有可能違背應然的規範，亦有可能遵循之。應然的規範是一種理想、一種目的，引導著我們的審慎行為。其

──────────

❷　在一八七八年的文章中，普爾斯指出了人類在設定探究目標的一個心理上的限制；亦即，我們把我們所不懷疑的穩定信念當做是真的信念。但是，他後來認為，我們應該把上述的心理事實看做是在描述人類能力的限制，而不應該看成是理性的極限。由此，可以說明普爾斯為什麼強調應該由「有理性者」(rational being)的（而不由人類的）角度去思考問題，也可以說明他為什麼在後期強調由「非心理學」的（而不由心理學的）角度去證成實用主義。此外，普爾斯之以「有理性者」為出發點而不以「人心」或「有理性的人」為出發點，或許是由於他相信，理性，甚或心靈，在原則上不必只是人類有之。在後面論及普爾斯的形上學時，我們將會進一步陳述其泛心靈論。

次，在同一本書稿中，他也曾透過對於邏輯這門規範學的說明，而表達他對規範學一般特性的積極看法。依他看來，規範學之所以被稱為「規範的」，乃是在於，它不只是訂定一些「應該」而不「必需」被遵循的規則，更是要去分析達到某種目的的條件。值得注意的是，規範學的主要興趣在於了解這些條件，而不在於幫助這個目的的完成；後者頂多被視為規範學的次要興趣(*CP*, 1.575)。在此，我們更確切地知道，規範學不是一門實踐之學，而是一門理論之學；其中的核心觀念即是「目的」，因為，「應該如何」亦是基於目的之選取而發展出來的。

此外，普爾斯也把規範學視為一種實證科學。他所謂的實證科學，意即一種尋求實證知識的探究；而他所謂的實證知識是可以方便地以定言命題表達的知識。普爾斯說，雖然規範學研究的不是「實際是什麼」的問題，而是「應該是什麼」的問題，但是，它仍然是實證的科學，因為它是藉著斷定實證的定言真理而能夠表示出它所謂的好究竟是什麼；而規範學所處理的對的理性、對的努力、對的存有之所以是對的，亦是由實證的定言事實導出來的(*CP*, 5.39)。換言之，規範學必須以經驗事實為基礎；由此亦可看出普爾斯為何說，規範學乃就現象的第二性進行探討。規範學雖然以「應然」為本職，但仍得以「實然」為基礎；例如，邏輯學家就不能任意地去肯定某些事或否定某些事，他在進行肯定或否定時，仍得參考實證觀察所提供的訊息(*CP*, 3.428)。以上說的都是規範學的一般特性；由於邏輯、倫理學與美學隸屬於規範學，因此，上述的特性當然也是它們的特性。

二、各規範學之間的關係

普爾斯在一九〇二年的《小邏輯》中指出,「規範的」一詞首見於希萊爾馬赫學派(the school of Schleiermacher)。根據希萊爾馬赫的看法,只承認邏輯與倫理學屬於規範學;邏輯在於使思想合乎存有,而倫理學在於使存有合乎思想。如此一來,根本無法把美學安置在規範學的領域中。這樣的看法當然有它的道理;因為,依照一般的看法,美醜是無關乎目的的,而邏輯上的真假、道德上的對錯則必須預設目的。不過,除了希萊爾馬赫之外,大多數討論規範學的學者都承認其中有三種,而把美學涵蓋其中。他們根據傳統所說的三個基本目的:真、善、美,而做此區分;亦即,邏輯研究真,倫理學研究善,美學研究美。如此一來,各個學科之間可以毫無關連。但是,以上兩種看法,在普爾斯看來,皆不正確;它們或是未能窮盡規範學的門類,或是未能看出其間的依存關係。換言之,普爾斯認為,規範學應該包括三門,其中的邏輯必須以倫理學為基礎,而倫理學必須以美學為基礎(CP, 1.575)。在上一節的說明中,我們已經看出普爾斯為什麼主張規範學應該有三種;接下來即說明其間的關係。

1.邏輯與倫理學的共通之處

一般說來,邏輯係以思想為其研究題材。普爾斯也同意這種看法,而說邏輯乃關連於思想(CP, 1.574)。不過,他認為,如果由一種比較狹窄卻有益的觀點來看,我們也可以說,邏輯是一門有關「審慎的思考」(deliberate thinking)的理論。他進一步指出:「說

思考是審慎的，即表示它是被控制以求使它合乎一個目的或理想。」(*CP*, 1.573)在此，我們首先必須注意到「思想」與「審慎的思考」之間的區分。籠統言之，邏輯係以思想做為研究題材；不過，當普爾斯加上「審慎」這個限制條件時，他已刻意地將那些不容自我控制的或漫無目的的思想排除在邏輯研究之外，而使得邏輯的研究範圍只限於那些審慎的思考。事實上，加上這層限制，對邏輯之做為一門規範學而言，乃是必要的。因為，做為一門規範學，邏輯已經預設了一個確定的目的（亦即真理），而它的工作即在分析出思想要合乎這個目的所必備的條件，而使我們知道應該如何使我們的思想合乎此一目的。在此，它所關心的思想，顯然不是那些漫無目的或不容控制的思想，而必定是可容控制而使之符合邏輯之既定目的的思想；而後者指的就是普爾斯所說的「審慎的思考」或一般所謂的「推理」❸。

普爾斯強調，推理在本質上是審慎的、自我控制的；「推理在本質上是一種有意志作用的行動，對之我們施加控制。」(*CP*, 2.144)他也曾經指出「自我控制」(self-control)的幾個要件：一、將個人過去的作為與標準比較；二、理性地審思個人未來如何行動；三、形成決心；四、基於決心而確定或修改習慣(*CP*, 8.320)。在此，可以看到自我控制與習慣的密切關連。由於推理是審慎的、

---

❸ 普爾斯經常把可控制的推理與不可控制的知覺判斷做一對比。他指出，知覺判斷是一個我絕對無法不接受而強加於我的判斷，使我接受它的過程是我完全無法控制的，因此我也無法加以批判(*CP*, 5.157)。換言之，邏輯關心的是推理，而非知覺判斷。不過，這並不表示普爾斯根本否定知覺判斷在探究中的地位。事實上，普爾斯曾經多次指出，吾人所有的知識皆以知覺判斷或經驗觀察做為基礎(*CP*, 1.238, 5.392, 5.611, 6.522)。

自我控制的，它在本質上是批判的；自我控制要求不斷的自我批判，而持續的自我批判正是推理生命之所寄(*CP*, 2.123)❹。普爾斯認為，對於不能被控制者，我們不宜去批評它的好壞；以邏輯上的正確與否去批評不能被控制的思想活動，其荒謬就如同以道德上的好壞與否去批評頭髮的生長一樣(*CP*, 5.108–109)。此外，普爾斯在一九〇二年的手稿中指出，如果對於推理過程採取批判的態度，我們將可看出，「這個過程應該受到意志的控制；因為它的整個目的在於修正，而我們不能夠修正我們所不能控制的東西。推理，在這個字詞的本義上，它總是審慎的，而且因此總是有待控制的。」❺當我們進行推理之時，我們實際上的做法即是，持續地自我控制並自我批判我們可容控制的思考，而使之達到真理這個原先進行推理時所持的目的。

---

❹　我們在此只說到自我控制要求持續的自我批判，事實上，依據普爾斯的看法，持續的自我批判還要求有一個理想的探究者社群。經過這一群人長期的探究，最後所獲致的意見即是真理，而真理所呈現的即是實在。就此意義來說，以這個理想的探究社群做為基礎，可以分別實在與不實在、真與假；而這個理想的社群在作用上即如同一個規制原理(*CP*, 5.311)。此外，普爾斯經常強調個人的社會性格。他說：「一個人不是一個絕對的個人。他的思想是他『對他自己所說的』東西，亦即，對另一個在時間之流中剛剛來到生命之中的自我而說的。當推理之際，我們試圖說服的正是這個批判的自我。」(*CP*, 5.421)在此，思想是內在對話的一種形式，而對話預設一個有標準、有規範的社群，否則無從對談。伯恩斯坦認為，普爾斯的這些看法與柏拉圖、亞里斯多德、後期的維根斯坦皆有共通之處(Bernstein, 82–83)。

❺　Charles Sanders Peirce, edited by Carolyn Eisele, *The New Elements of Mathematics by Charles S. Peirce* (The Hague: Mouton Publications, Inc., 1976), vol. 4, p.42.

在上述的說明中，我們首先強調了「自我控制」在邏輯中所佔的重要性；亦即，邏輯所關心的「審慎的思考」或「推理」，都是要經由自我控制而符合其既定的目的。其次，我們指出，自我控制要求自我批判。接下來，我們可以由另一個角度來說明，除了「自我控制」與「自我批判」之外，在邏輯中的審慎思考還涉及「自我贊同」(self - approval)的要素。

依據普爾斯的說法，邏輯是一門研究「審慎思考」的學問。由於推理即是審慎的思考，因此，我們也可以說，邏輯是一門有關「推理」的學問。其次，由於推理是一種內在的心靈活動，它的主要架構可以表現在客觀的論證中；而事實上，我們也必須藉助於論證，才可能客觀地表現出推理的實質內容。因此，我們也可以說，邏輯是一門有關「論證」的學問。普爾斯在一九○三年指出，邏輯的核心工作在於對論證加以分類與批判。他並進一步指出：

> 論證的本性有一獨特之處，即是，任何論證之存在，必須關涉於某一特殊的論證種類，否則無法存在。推論的動作在於下述想法：被推出的結論之為真，乃是由於「在任何一個類比的情況中」一個類比的結論「將會是」真的。如此，邏輯與推理是同時出現的。任何人只要「實際地」進行推理，則實質上即持有一個邏輯主張，他的「隱含邏輯」。(*CP*, 5.130)

胡克威指出，普爾斯借用士林哲學的術語而經常以「隱含的邏輯」(logica utens)對比於「顯明的邏輯」(logica docens)。這兩者皆考慮一些標準用來評估及控制推理。任何人在推理時，都會運用一些推理的標準以引導他的自我批判並解決如何進行的問題；這種未形

構的一套邏輯可名之曰隱含的邏輯。顯明的邏輯則是邏輯學家精心
形構出來的。普爾斯關心的是顯明的邏輯,但他也關心去批判地評
估科學研究者所用的隱含的邏輯,並了解其功能(Hookway, 43)。
普爾斯在上段引文說:「任何人只要『實際地』進行推理,則實質
上即持有一個邏輯主張,他的『隱含邏輯』。」在此,他的意思是
說,任何人在進行推理時,事實上已經運用了此人所贊同的一些規
則。他在此處雖然只提到隱含的邏輯,但不是說只有運用隱含邏輯
的人才表現了自我控制或自我贊同的特色;事實上,運用顯明邏輯
進行推論的人更明顯地表現這種特色。換言之,普爾斯在此之所以
只提到隱含的邏輯,只是提醒我們,那些在表面上未依顯明邏輯而
進行的推論,實際上其中也有隱含的邏輯,也有自我控制或自我贊
同的特性。此外,他指出,所有的推理皆使用到他所謂的指導原則
(guiding principles);某種心靈的習慣決定我們由某些前提導出某
種推論而非別種推論,而當這種心靈習慣以命題的形式表達出來
時,即被稱為推論的指導原則(*CP*, 5.367)。

　　此外,普爾斯又說:

　　　推理不可能脫離「邏輯」;因為,每當一個人推理時,他認為
　　他正在導出一個在任何類似情況皆可證成的結論。因此,他
　　不能真的「推論」而不具有對於一群可能推論的想法,這群
　　推論都是邏輯上「良好的」。當他推論時,他心中總是存有
　　「好」、「壞」的區分。邏輯的本業即是對論證之「批判」,宣
　　稱它們是好的或是壞的。我承認,有一些心靈的活動在邏輯
　　上可以完全類比於推論,除了它們是無意識的、因而是不能
　　控制的、因而是不可批判的。但是這正造成整個的不同;因

為「推論」在本質上是審慎的、自我控制的。任何不能控制
的活動都不是推理。(*CP*, 5.108)

普爾斯在前面提到的「論證」與「論證種類」之區分，實際上
有如現代邏輯學家一般所說的「論證」與「論證形式」之區分。依
此，一個論證之所以是有效的，乃是由於它的論證形式是有效的；
而如果一個論證形式是有效的，則任何具有這種論證形式的論證也
都是有效的。在此了解下，嚴格說來，只有所謂有效的論證形式，
而無所謂有效的論證。同樣的，當我們實際進行推論時，我們之所
以會導出某種結論，乃是由於我們已經先行肯定（不論是隱含地或
明顯地）其間所涉及的推論規則或論證形式是有效的；用普爾斯的
話來說，這種肯定就是一種「自我贊同」。在先行肯定或贊同某種
推論規則的情況下，我們會導出某種結論，而在未肯定或未贊同的
情況下，我們當然不會任意地導出之；這就表示，在自我贊同之中
蘊含著一種有意志作用控制的審慎的行動，亦即普爾斯所說的「自
我控制」。他說：「這種自我贊同預設『自我控制』。我們並不是把
我們的贊同『本身』視為一個有意志作用的行動，而是我們主張我
們所贊同的推論行動是有意志作用的。亦即，如果我們未曾贊同，
則我們不會進行推論。」(*CP*, 5.130) 普爾斯承認，並非所有的心靈
活動都是我們可以用意志去控制的；有些心靈上的活動，就像頭髮
的生長一樣，完全無關乎吾人之意願。由於自我贊同預設了自我控
制，因此，對於那些完全超乎吾人控制能力之外的心靈活動，我們
根本無從去說贊同與否。但是，反過來說，對於那些可以控制的心
靈活動，我們也應該審慎地使用我們贊同的權利。

基於以上對邏輯推理的分析，我們接著進行對道德行動的分

析，並由此討論其間的類似之處。根據普爾斯的看法，一個行動在道德上的對與錯乃取決於它是否符合我們所審慎地準備採取的目的。依此，一個人的行動只要合乎他所審慎採取的目的，則此行動即具有道德上的良好性，而可被視為是一個在道德上為對的行動。在此，普爾斯是偏就行動本身來說，而未提到行動者本身的自我控制。（當然，如果就目的而言，其中顯然含有自我控制的成分，因為此處所說的目的乃是被行動者「審慎地」採取的。）此外，普爾斯亦有一段話是偏就行動者而說的：「一個人若控制他的情欲，而使之符合他所審慎地準備採取的『究極的』目的，即是一個對的人。如果人在本性上真的完全安於以個人的安逸為其究極目標，則他之如此做將不會比豬之如此做，受到更多的譴責。」(*CP*, 5.130)

當一個人審慎地準備以某一目的做為他行動的究極目的時，而對於那些有意志作用的行動或本質上可容許自我控制的行動，他卻不加以控制；在此，我們很難說他是一個在道德上對的人。此時，儘管他的行動可能由於他自然的本性或是由於某種幸運而仍然符合他原初所審慎地採取的目的，但是這種「符合」只是一種「暗合」或一種「偶合」。儘管這個行動本身可以客觀地被稱為一個在道德上為對的行動，但是就行動者而言，由於他未加上自我控制的努力，因此，功不在他；在此意義下，我們也不說他是一個道德上對的人。換個角度來說，如果一個人未加控制而做出的行動不符合他選取的目的，那麼，儘管這個行動本身不具有道德上的良好性，我們是否也應該認為過不在他，而不去說他是一個道德上不對的人呢？在此，我們必須有所分辨。首先，如果這個行動是本質上不可控制的，則這個行動的功過對錯都與行動者無關；因此，我們無法由此行動而說行動者在道德上的對錯。嚴格說來，由於自我贊同預

設了自我控制，因此，對那些本質上無法控制的行動，我們也無從去說贊同與否；換言之，這類行動根本無所謂對錯可言。其次，針對那些本質上可容控制的行動來說，如果一個人不加控制而做出這類行動，而且它不合乎此人審慎選取的目的，那麼，我們能否認為過不在他呢？答案當然是否定的；因為，如果一個人可以控制他的行動使之合乎他自己選取的目的，而他卻不加以控制，這樣的做法本身就是不對的。換言之，一個人只要如此做，不論他的行動是否合乎他的目的，在道德上都是不對的。一個在道德上對的人，必須控制那些本質上可容控制的行動，而使之合乎他本人所審慎選取的究極目的。

簡言之，由於自我贊同預設了自我控制，因此，唯有那些本質上可容控制的行動才有道德上的對錯可言。當這類行動合乎行動者所審慎選取的目的時，即是對的行動；否則，即是錯的行動。此外，道德上的對錯亦可就行動者而言。一個行動者如果實際上未控制他原本可控制的行動，即已根本違背其目的，而在道德上是錯的。其次，如果他實際上設法控制這類行動，而實際做出的行動卻不合乎其目的，我們仍然不能說他是對的。唯有實際上設法控制那些本質上可容控制的行動而使之在實際上合乎其目的的行動者，才是一個在道德上對的人。

以上是由行動本身與行動者兩個角度而做出的區分，這些在倫理學中成立的原則，同樣也可應用到邏輯上。邏輯以真理為其目的，就一個推理本身而言，只要它合乎此一目的，它即是一個邏輯上正確的推理；反之，如果它不合乎此一目的，則它是一個邏輯上不正確的推理。這是就推理本身而言者，不過，談到推理者時，則是另一回事。當一個人在進行邏輯的工作而認同其目的時，他就應

該控制其思想或推理，而使之合乎此一目的；因為，推理在本質上
就是一種經由自我控制而進行的審慎思考。如果此人對他能控制的
推理不加控制，則不論他實際做出的推理是否合乎他原初選定的目
的，他在邏輯上都不是對的。在此，我們看到邏輯與倫理學有相同
的運作模式。

　　由「自我贊同」與「自我控制」等要素論及邏輯與倫理學的關
係，普爾斯進一步明確表示：「對有意志作用的動作之贊同乃是一種
道德贊同。……一個推理者若在其知性的運作上施以強大的自我控
制，即是一個邏輯的推理者；因此，邏輯上的善只是道德上的善的
一個特殊的種類。」(*CP*, 5.130)他又指出：「說一個論證是不合邏輯
的、或一個命題是假的，乃是一種特殊的道德判斷。」(*CP*, 8.191)在
此，普爾斯並不是主張所有邏輯上的缺點都是道德上的惡，而只是
指出邏輯推理與道德行動的類似性。他在一九〇二年說，如果每一
個謬誤真的都是一個罪惡，那麼，邏輯就可以被歸約為道德哲學的
一支。雖然這句話的前件並不是真的，不過，良好的推理與良好的
道德具有非常密切的關係，則是無庸置疑的(*CP*, 1.576)。此外，普
爾斯在一九〇六年指出：「大家都承認思考是一個主動的運作。因
此，為求使思想合乎一個標準或理想而對思想加以控制，乃是為了
使行動合乎一個標準而對行動加以控制的一個特別個案，而前者的
理論必定是對後者的理論的特別確定。」(*CP*, 1.573)簡言之，我們在
邏輯中對推理進行理性的評估，在倫理學中則對行動進行理性的評
估，這兩種評估之間有許多類似之處。而它們之所以會有如此多的
類似之處，乃是由於邏輯推理與道德行動有許多類似之處。二者皆
是主動的，二者皆依標準及理想而被批判與修改，二者都被普爾斯
說成是「行為」(conduct)的形式(*CP*, 8.191)。

普爾斯認為，有理性者對於最適合他的行為理想加以反省之後，將會意圖使他自己的生活合乎這些理想。為了要達到此一意圖，他必須決定自己在某種情境中應該如何行動。如此，當一個行動被他實際執行之後，他才能憑藉某些標準加以評估；評估這個行動與他的決定相合到什麼程度，評估這個決定與他的意圖是否相合，評估這個意圖與他的行為理想是否相合(*CP*, 1.592)。同樣的，做為一個理性的推論者，他實際上做出的推論必須依其決定而評估，這個決定必須依其意圖（指導原則或其他的推論標準）而評估；最後，他的意圖還得依更抽象的標準而被評估(*CP*, 1.606-607)。在此，我們不僅看到道德行動與邏輯推理之間的類似之處，更看到行動之評估與推理之評估之間的類似之處。

2.各規範學之間的依存關係

在上面的說明中，我們看到普爾斯如何根據邏輯推理與道德行動之間的比較而說「邏輯上的善只是道德上的善的一個特殊的種類」。不過，嚴格說來，經由這種比較，我們只能說倫理學與邏輯存有相當多的類似關係，甚至說邏輯推理的自我控制在運作的過程上完全同於道德行為的自我控制(*CP*, 5.533, 5.440)，卻不能說其中具有某種固定的從屬關係或依存關係。換言之，只是由二者的類似關係，我們看不出為什麼邏輯必須依靠倫理學，而非倫理學必須依靠邏輯。面對這個問題，我們當然可以簡單地回答說，邏輯討論的是思想或推理，倫理學討論的是一般的行動，而由於思想與推理皆屬某種特殊的行動，因此，邏輯不過是倫理學的一個特別的分支。事實上，這就是普爾斯所說的：「思想是一種行動，而推理是一種審慎的行動；說一個論證是不合邏輯的、或一個命題是假的，乃是

一種特殊的道德判斷。」(*CP*, 8.191)但是，這樣只能說明邏輯與倫理學的從屬關係與依存關係，而無法進一步說明倫理學與美學的依存關係。因此，我們需要由其他的角度，亦即由自我控制的層級並由究極的評估標準或究極的目的，來回答這個問題。

就自我控制的層級而言，普爾斯在一九〇五年指出，一個理性的人不只是具有習慣，他更能對其未來的行動施以某種程度的自我控制(*CP*, 5.418)。他承認自我控制有程度上的差別，有一些自我控制是本能上的，有一些是出於訓練的，甚至一個人可以自我訓練而控制他的自我控制。普爾斯認為，當一個人訓練自己而控制自我控制時，他必定有某種道德規則，不論它是多麼特別而非理性的規則。接下來，他也許會改進這個規則，亦即對控制之控制加以控制。不過，要做到這點，他必須具有某種道德原則，而不只是非理性的規則。在此，又可進一步以美學上的理想加以控制(*CP*, 5.533)。普爾斯對於這點的說明雖然相當簡略，不過，我們已可由其中看到規範學內部的層級性與依存關係；美學在層級上高於倫理學，而倫理學在層級上高於邏輯；邏輯依靠倫理學，而倫理學依靠美學。

其次，我們可以由評估標準或究極目的的角度來討論規範學之間的依存關係。大體說來，對於推理或行動之評估乃是根據它與一個一般性原則的相合程度，而對這個原則的評估則是根據一個更高層次的原則。例如，當我們依意圖而評估行動時，我們預設這個意圖是好的，而當我們依理想而測試意圖時，我們又預設這些理想是健全的。如果我們要避免評估標準的無限後退，就必須找到一個究極的標準。這個究極的標準或目的是非批判性的(acritical)，亦即，它本身不需要有一更高層次的評估標準。普爾斯認為，倫理學

的問題即在於確定那一種的究極目的是可能的，邏輯則不討論這個
問題。不過，倫理學對此問題的解決亦有助於邏輯。倫理學對於行
為的究極目的如何可能存在提供一般性的說明，並對這些目的的本
性提供一個抽象的描述。邏輯關心的是審慎的思考，而審慎的思考
是行為的一個特殊種類，只要我們把這個關於一般行為的理論應用
到審思上，即可得知探究目標之特性。普爾斯在此以「倫理學」一
詞指涉一種學問，它在於發現那些使行為控制之成為可能的一般真
理；因此他把邏輯當成倫理學的一支，而主張：「推理在本質上包
含『自我控制』；因此，『隱含的邏輯』是道德的一個特殊的種類。
邏輯上的好與壞，只不過是真與假的區分，經過究極的分析，它只
是道德上的好與壞（或對與錯）這種更概括的區分的一個特殊的應
用。」(*CP*, 5.108)由此，他甚至主張：「真理，對其條件，邏輯學家
努力加以分析，它也是推理者衷心企盼的目標，卻只不過是『最高
善』（此乃純粹倫理學的主題）的一個側面。」(*CP*, 1.575)

　　至此，我們可以用更明確的說法表明邏輯與倫理學的依存關
係。根據普爾斯的看法，規範學雖然以「目的」為其核心觀念，但
是，「目的是什麼」並不是邏輯所關心的問題；因為，邏輯是在目
的已經被選定後，才開始發展的。普爾斯指出：「邏輯，做為一門
真正的規範科學，預設要以何者為目標的問題，在它本身能夠成立
之前，已經被回答了。」(*CP*, 1.577)他認為，在我們進入邏輯這門
學問之前，我們已經接受或選取了一個確定的目的，亦即「真
理」。因此，我們在邏輯中不會再問真理是什麼，而只關心得到真
理的條件是什麼；後一問題獲得解決，我們也就知道「應該」依循
什麼規則去得到真理。依普爾斯的看法，「目的是什麼」是屬於倫
理學的問題。普爾斯在一九〇三年說，倫理學是最典型的規範學；

理由是，規範學的本質對象即是目的，而目的與有意志的行動之間的密切關係是目的與其他事物之間所沒有的，因此，倫理學是最典型的規範學(*CP*, 5.130)。普爾斯指出，邏輯研究的是達到思想目的的手段，而倫理學則界定那個目的(*CP*, 2.198)。他在一九〇三年說：「倫理學即在研究我們審慎地準備去採取的行動目的是什麼。」(*CP*, 5.130)我們由此看出邏輯這門學問在理論架構上必須預設倫理學。

換言之，普爾斯看出，所有的推理均預設規範，而一個完整的哲學系統必須以規範之批判為其優先工作，這個批判即是對究極目的之省察。因此，邏輯是一門規範學，而評估邏輯的規範的學科則是倫理學。普爾斯相信，倫理學的基本問題是：什麼是我審慎地準備接受去做的、去追求的？要發展邏輯必須先回答這些問題，因此，如果要有完全而理性的邏輯，則必須以倫理學為其基礎；「生活只能有一個目的。界定那個目的的，乃是倫理學。因此，除非奠立於一個倫理學的基礎之上，否則不可能完全地、理性地合乎邏輯。」(*CP*, 2.198)倫理學的工作是解釋，對於各種形式的行為（包括審思）之控制，如何可能有客觀有效的終極標準。換言之，倫理學的問題在於確定那一種的終極目的是可能的(*CP*, 5.133)。

接下來，我們可以由同樣的角度來看普爾斯為什麼進一步將美學視為倫理學的基礎。在此，我們必須注意到，他所謂的美學不同於一般所說的美學。依普爾斯看來，美學是一門研究目的的學問，它企圖找出何者是不考慮任何進一步的理由而其本身即最值得尊崇的事態(*CP*, 1.611)。普爾斯指出，正確推理的本質即在於將有助於達到我們究極的目標，然而什麼是究極的目標，在此，邏輯學家必須聽倫理學家的教導。不過，倫理學家只告訴我們：我們具有自我

控制的力量，任何狹隘的、自私的目標最終都不能讓人滿意，唯一
令人滿意的目標乃是最廣的、最高的、最概括的可能目標。如果我
們想要得到進一步更確定的資訊，則必須詢諸美學家，其工作在於
指出何者就其本身是最可尊崇的(*CP*, 1.612)。美學家要回答這個問
題，即得分析什麼是我們應該審慎地就其本身而尊崇的，而不考慮
它的結果，亦不考慮它對人類行為的影響(*CP*, 5.36, 2.199)。由
此，可以看出倫理學為何以美學為基礎。普爾斯說，一個審慎地、
合理地採取的行動的究極目的，必定是一個不考慮任何進一步的因
素而合理地推薦其本身的事態。它必須是一個本身即值得尊崇的理
想，它具有這種理想所能具有的唯一的那種良好性；亦即美學的良
好性。由此觀點，道德的良好性只是美學良好性的一個特殊種類。
如此一來，道德上的善是被一個附加的特別要素所特別決定的美學
上的善；而邏輯上的善是被一個附加的特別要素所特別決定的道德
上的善(*CP*, 5.130–131)。

　　經由上述的說明，我們可以看出規範學之間的依存關係。在
此，胡克威所做的詮釋亦頗值得參考(Hookway, 58–59)。他指
出，在規範學的各種問題中，普爾斯乃是先回答，什麼究極目的能
夠被用來涵蓋所有種類的行為，然後再由這個比較概括問題的回答
來了解審思的究極目的。這個問題的另一種表達方式是：何者可能
被無條件地尊崇？普爾斯指出，倫理學預設有某種理想的事物狀
態，不論它如何被實現、也不論任何理由，它都被主張是好的(*CP*,
5.36)。而研究其本身即是可能被尊崇者的學問，被普爾斯稱為美
學。因此，我們的討論是由「什麼是能夠被無條件地尊崇的」(此
乃美學的工作)，進而到「什麼是能夠被用來無條件地做為行為的
目的」(此乃倫理學的工作)，更進而到「什麼是能被無條件地用來

做為指導我們的推理及探究的究極標準或目的」（此乃邏輯的工作）。

3.究極價值

上述的說明只讓我們了解到規範學之間的依存關係，卻未指出「本身即可無條件地被尊崇者」究竟是什麼。事實上，普爾斯在此提到的是一個傳統的哲學問題，亦即價值哲學中所討論的「什麼是究極的內在價值」。對此，快樂主義的回答是「快樂」；換言之，他們認為唯一的內在價值是快樂，而其他的價值都是外在價值，究極而言，這些外在價值之所以具有價值亦必在於它們能以某種方式有助於快樂之獲得。這種快樂主義的看法是西方價值理論的主流思想，不過，普爾斯在此提出相當值得注意的不同看法。

何者為規範學所談論的究極的善或究極的目的呢？普爾斯指出，對此問題有三種想法。第一種是快樂主義，以快樂之感做為究極的目的；這是將目的當成純主觀的。第二種以種族的繁殖為究極目的，這是將目的當成純客觀的、純物質的。第三種則以宇宙的合理化為究極目的(*CP*, 1.590)。普爾斯贊同的顯然是第三種，因為前兩種無法就其本身而成為目的或善(*CP*, 1.581)。換言之，「具體合理性的成長」即是普爾斯心目中的最高善，它之所以被尊崇乃是由於其本身即值得被尊崇，而不是由於任何更進一步的理由。它不但做為自我控制的究極理想，亦做為人生的究極理想(*CP*, 8.136)。具體合理性的成長即是究極的目的，它是我們在邏輯中進行審慎思考時的究極目的，也是我們在道德中進行審慎行為時的究極目的。

伯恩斯坦指出，「以具體合理性的成長做為最高善」這個主張是普爾斯思想體系的基石，但是，這個基石也是普爾斯哲學中不能

證成的絕對預設(Bernstein, 89)。固然，普爾斯曾經承認這點是可爭議的(*CP*, 1.601)。但是他也指出，理性的本質在於它永遠不可能完全完美，它必須永遠處於成長的狀態，而且必須在實際的情境中發展。宇宙的創造即是理性本身的發展，它在今天仍然發生而永遠不會完成。我們實在看不出有任何可尊崇的理想比這裡所說的理性之發展更令人滿意。理性本身即是可尊崇的，而不需要進一步的理由。依此，行為的理想即在使宇宙成為更合理的(*CP*, 1.615)。此外，普爾斯指出，如果你問一個研究者，為什麼不試一試某一個出奇的理論，他會說，它看起來「不合理」。可是，令人好奇的是，在我們可以明白看出我們運作過程的嚴格邏輯之處，我們很少使用這個字。我們不會說一個數學錯誤是不合理的。我們稱某一意見是合理的，通常是在它唯一的支持是本能時(*CP*, 5.174)。

上述這類說明只能幫助我們了解普爾斯的思路，卻無法進一步證成這個預設。事實上，在任何一個哲學系統中都有不能證成的基本預設，因此，這點不能算是普爾斯理論架構上的缺點。此外，胡克威指出，普爾斯對於上述問題提出一種在其後期著作中相當主要的論證風格。普爾斯避開自然主義的循環的一個常用方式是主張，某些學問是先邏輯的或非批判的(prelogical or acritical)，亦即它們不受邏輯的批評。因此，他也得主張，我們在規範學中所運用的探究技巧，及用來證實其範疇論的那些技巧，是不受邏輯批判的。但是，這並非普爾斯運用的唯一策略。邏輯的基本預設不能以這種方式證實，而且它們不能被視為經驗性的真理。只是說這些真理是邏輯所不可缺少的，並不能使我們證實實在之假設或客觀究極標準的存在。普爾斯說過，為了不致跳票，我銀行的存款不可少於五百元，因為我已開出這麼多數額的支票；但是這個不可缺少性並不能

直接影響我存款在現實上達到平衡(*CP*, 2.113)。只是說邏輯的基本
預設是不可或缺的，並不足以保證它們的存在。反之，它們的作用
毋寧是做為規制性的希望。普爾斯指出，在玩橋牌時，當對手只剩
下三張牌時，我們會假設他有那些牌而怎麼出牌，這是一種邏輯的
思考(*CP*, 2.113)。普爾斯曾經指出，我們對客觀終極目的之存在的
信念，其作用為一種規制性的希望。此外，他也承認，我們無法保
證可能有任何倫理上善的目的(*CP*, 5.136)。以橋牌為比喻，他指
出，希望它存在，而依靠此希望乃是合理的做法，因為若是沒有
它，即不可能達成自主的自我控制行為的目標(Hookway, 63-
64)。

4.邏輯與記號學

　　在規範學的三支中，普爾斯對於美學及倫理學的實質內容並未
太多發揮，他一生的重點毋寧是放在邏輯上面。因此，我們下一章
將從記號學的角度對這部分再多著墨。

　　在普爾斯後期的著作中，做為規範學一支的邏輯已被視為記號學
(semiotic)，因此，我們也可以把規範學的三個分支寫成：記號學、
倫理學及美學。記號學從三方面處理真理問題(*CP*, 1.191)，因之又
分為三小支：思辨文法學(speculative grammar)、批判學(critic)及
方法學(methodeutic)。學者指出，此處的分類明顯受到中世紀人文
教育中三科四目的分類影響(Liszka, 9)。三科指的是文法、邏輯及
修辭學；思辨文法學對應於文法，批判學對應於邏輯，方法學對應
於修辭學。當然，中世的三科乃以語文為核心，普爾斯的三小支則
針對記號進行考察。上述的對應關係在普爾斯早期對三小支的命名
中最容易看出。根據費希的研究，普爾斯一生至少對這三小支提出

五種不同的名稱(Fisch, 323ff)。一八六五年春季提出的是普遍文法學 (universal grammar)、邏輯 (logic) 及普遍修辭學 (universal rhetoric)，一八六五年五月提出的是一般文法學(general grammar)、一般邏輯(general logic)及一般修辭學(general rhetoric)，一八六七年提出的是形式文法學(formal grammar)、邏輯及形式修辭學(formal rhetoric)，一八九七年提出的是純綷文法學(pure grammar)、純正邏輯(logic proper)、純粹修辭學(pure rhetoric)，一九〇三年提出的則為此處採用的名稱：思辨文法學、批判學及方法學。除此之外，普爾斯還曾把方法學稱為思辨修辭學(*CP*, 2.93)及客觀邏輯(*CP*, 1.444)。在各式各樣的名稱中，學者們各自偏向不同的組合，例如有的建議：記號文法學(semeiotic grammar)、批判邏輯、普遍修辭學(Liszka, 10)，有的建議：思辨文法學、批判邏輯、思辨修辭學(Tursman, 11)。本書則採用普爾斯自己在一九〇三年提出的組合。

在此，值得注意的是，上述三小支中的邏輯乃是狹義的用法。普爾斯有時，尤其是在後期，喜歡將整個邏輯稱為記號學；例如，他在一八九七年即指出，邏輯，就其廣義而言，不過是記號學之別名(*CP*, 2.227)。費希亦指出，普爾斯一開始即認為邏輯要放在一般記號學的架構中才完整。起先，他把邏輯視為記號學的一支。稍後，他區分狹義及廣義的邏輯，後者即為記號學之別名。到晚年時，他放棄邏輯之狹義用法，乾脆用「批判學」取代之，並將「邏輯」與「記號學」視為同義詞(Fisch, 338-341)。

當然，下一章從記號學的角度來看普爾斯的邏輯系統，並不是唯一可能的角度。例如，圖斯曼(Richard Tursman)即指出，雖然普爾斯把他的邏輯系統想成是記號學，他也把它想成樣態邏輯

(modal logic)。在愛里斯比時期，普爾斯順著樣態邏輯的路線，尤其是可能性、現實性及或然性三個樣態，進一步發展他的關係邏輯。在一九○二年的《小邏輯》中，普爾斯對他邏輯系統的三個分支提出另外一組名稱：originalian logic、obsistent logic、transuasional logic，各自以可能性、現實性及或然性為其主要關注。此外，圖斯曼認為，以記號學去看普爾斯的邏輯系統時，指稱其中三支最好的名字是：思辨文法學、批判邏輯及思辨修辭學(Tursman, 11)。

第四章　記號學

　　普爾斯是現代記號學的開創者之一，亦被不少美國學者視為記號學之父(Fisch, 321)。不過，現代記號學在美國之確立成為一門獨立的學科，則是到了莫里斯(Charles Morris)的手中才完成。莫里斯承襲普爾斯以來的研究成果，在一九三八年出版《記號理論的基礎》(*Foundations of the Theory of Sings*)，為這門學科做了相當有系統的整理，被公認為現代記號學的奠基之作。

　　在西方學者中，除了普爾斯之外，還有一位也對現代記號學的創立有著非凡的貢獻，他就是瑞士的語言學家索緒爾(Ferdinand de Sausure, 1857–1913)。大略說來，普爾斯開創了美國傳統的記號學，索緒爾則成為當代歐陸記號學的奠基者。歐陸學者習慣順著索緒爾的用法而以" semiology "指稱記號學，英語世界則習慣順著普爾斯的用法而以" semiotics "指稱記號學❶。這兩方面的記號學有若干基本差異，例如，索緒爾採用二分法的架構，普爾斯則採用三

---

❶ 指稱記號學的英文有幾種寫法:" semiotic "、" semiotics "、" semi-ology "、" science of sign "、" theory of sign "。普爾斯本人偏好的寫法是" semeiotic "，不過，他也用過" semeiotics "、" semiotic "、" semeotic "等寫法 (Fisch, 322)。此外，「記號」(sign)一詞的中文譯名尚未統一，有人譯為符號，有人譯為指號，本書則將" sign "譯為記號，並將" symbol "譯為符號，將" signal "譯為信號。

分法的架構。又如，索緒爾的記號學基本上以自然語言為核心，普爾斯的記號學則企圖涵蓋一切的溝通形式。普爾斯談的是一般記號學，要適用於各式各樣特殊的記號行動。就這點來看，普爾斯的記號學顯然較為廣闊，因此，有的學者乾脆把索緒爾的記號學(semiology)稱為「語文記號學」(linguistic semiotics)，把它視為普爾斯一般記號學(semiotics)的一個分支(Gorlee, 32–33)。此外，二者的層級亦有不同。李斯卡(James Jakob Liszka)指出，索緒爾的記號學必須以社會心理學為基礎，普爾斯的記號學則要為社會心理學、一般心理學、語言學這類學問提供基本原則(Liszka, 15–16)。

記號學在普爾斯的學思生涯中佔有極為重要的地位，也是他自始至終的關懷重點。他在一八六〇年代即在這方面發展出不少重要的觀念，不過，比較系統性的討論則出現於一九〇〇年以後。由於普爾斯在這方面用力之深，甚至有學者說，普爾斯的著作有百分之九十以上直接關係到記號學(Hookway, 118)。

對普爾斯來說，廣義的邏輯不過是記號學之別名。如此，記號學（或邏輯）是規範學的一支，並進一步分為三小支：思辨文法學、批判學及方法學。思辨文法學研究記號之所以為記號的形式條件以及記號的表達模式，批判學研究如何運用記號以分判真假，方法學則研究如何在一個社群中運用記號進行溝通及表達主張。為了突顯三者之間的分野，我們可以簡單地說，思辨文法學研究記號與其根底的關係，批判學研究記號與其對象的關係，方法學研究記號與其意解的關係。

值得一提的是，在現代記號學中，莫里斯對記號學的分類要比普爾斯此處的分類來得通行。根據莫里斯，記號學被分為三支：語法學(syntax or syntactics)、語意學(semantics)、語用學(pragmatics)。

在《記號理論的基礎》中，莫里斯指出，語用學研究記號對解釋者的關係，語意學研究記號對其所適用對象的關係，語法學研究記號彼此之間的形式關係。在《記號、語言和行為》中，莫里斯指出，語用學研究記號在其出現的行為中的起源、用途和效果，語意學研究記號在一切意指模式中的意指，語法學研究記號的組合而不管它們的特定意指或它們與它們在其中出現的那些行為的關係。卡納普在《語意學導論》中，亦採此三分法。他指出，語用學特別考慮到語言的使用者；若撇開語言的使用者而只分析表式及其指示，則屬語意學的領域；若把指示也撇開，而只分析表式之間的關係，則屬語法學的領域❷。

我們知道，普爾斯之將記號學分為思辨文法學、批判學及方法學，一方面是依其範疇論的基本模式，另一方面也多少受到中世紀文法、邏輯及修辭學三科分法之影響。有如語言必須符合文法規則才能發揮語言的功能而傳達意義，記號亦必須具有某些條件方足以發揮記號的功能而傳達意義，這就是思辨文法學的工作；它研究記號的基本要素、側面及類型，試圖確定記號之所以為記號的必要條件、形式條件或一般條件(*CP*, 1.444, 4.116)。思辨文法學研究各式各樣可能的記號行動的本質及基本類型(*CP*, 5.488)，並對各種不同的可能記號進行歸類的工作。如果說包含思辨文法學、批判學及方法學的記號學是一種廣義的記號學，則在某種意義上，狹義的記號學指的正是思辨文法學；而事實上，它亦最接近今日所說的記號學。

其次，批判學研究那些能夠表達訊息、推論訊息的記號，諸

❷　參見周昌忠，《西方現代語言哲學》(上海：人民出版社，一九九二年)，頁一四六至一四七。

如：法則記號、符號及論證，並考察它們傳達的訊息是否正確、是否為真，因為這點對確定記號的最終意解而言是非常關鍵的。如此，批判學的目標在於找出一個符號要成為真的符號所必須具備的那些形式條件(*CP*, 1.559)。普爾斯亦指出，批判學研究記號對其對象的指涉，並研究記號需要具備那一些必要條件才得以真實地再現其對象(*CP*, 2.229)。首先，普爾斯指出，真理僅屬於命題這一種符號所有(*CP*, 5.553)。換言之，唯獨命題這類符號才有真假可言。其次，要成為一個真的命題，首要的形式條件是這個符號必須「對應」其對象(*CP*, 2.541)。李斯卡指出，對應說固然是相當傳統的真理理論，不過，普爾斯以一種具有原創性的說法擴大其意義(Liszka, 53–54)。他所說的「對應」有類今日所謂的「趨向符合」(convergence)；普爾斯相信，人類思想史有一種發展潮流，即是朝向一個概括的同意、一個普世的共識(*CP*, 8.12)。我們在下兩章更可看到，對普爾斯來說，真理是科學社群在長期研究之後所達到的理想終點(*CP*, 5.565)。由於思想具有記號的本性，而命題又是思想的歷程及結果，因此，如果我們找出正確的思想方法並遵循到底，則真理就是貫徹這種方法的最後結果(*CP*, 5.553)。如此一來，批判學為了研究真理的形式條件，就必須進一步考察正確的思想方法，亦即有效的推論或論證(*CP*, 2.444n1)。因此，普爾斯表示，批判學主要討論推理或論證的有效性，它研究各種推理過程、各種論證類型，並加以評估，試圖找出正確或良好推理的判準或條件，以帶領我們得到真理(*CP*, 1.191, 2.1)。我們在此可以看出，普爾斯所說的批判學類似今日所說的形式邏輯；而事實上，批判學即是普爾斯所謂狹義的邏輯。

根據普爾斯，基本上，有兩大類的推論：擴充性或綜合性推

論、闡釋性或分析性推論。假推及歸納是擴充性推論，它們可以藉
由發現的歷程在已經系統化的記號體系上增加新的訊息；演繹是闡
釋性推論，它可以增加已經系統化的記號體系的內在關連(*CP*,
2.623)。演繹、假推及歸納是三種基本的推論類型，除此之外，所
有其他的推論類型都是由它們組合或變化而成(*CP*, 5.274)。對於類
比、比喻等其他類型的推論，普爾斯固然也有不少討論(*CP*, 1.69,
2.277)，但是，他最大的心力還是專注於演繹、假推及歸納這三種
基本的推論類型，也在這些領域獲致頗為可觀的成就。本書不擬深
入討論普爾斯關於演繹及歸納的說法，而僅於下一章討論科學方法
論時，介紹其最具原創性的假推法。

　　最後，普爾斯指出，方法學研究知識如何傳遞，研究記號能夠
溝通、發展、理解及接受的形式條件，它研究「運用記號從心靈傳
遞意義到其他心靈的必要條件」(*CP*,1.444)。在這種說明之下，方
法學可以視為一種對於溝通(communication)的形式研究(Liszka, 88
ff)。不過，有關溝通的研究範圍很難明確界定。李斯卡指出，方
法學的範圍令人感到困惑，表面上普爾斯似乎很少專門加以論述，
然而在某個意義下，普爾斯整個哲學又似乎都可畫入其中(Liszka,
78)。然而，若是依據比較狹義的說法，方法學的目標即在於探討
我們必須具備那些形式條件才能獲致真理(*CP*, 2.207, 2.106)；換言
之，方法學乃是在考察探究的形式條件或邏輯條件(Liszka, 79)。
方法學考察我們應該如何最有效地進行探究，如何在科學社群中以
最少的資源得出最大的效果。在這層意義下，以下兩章談的探究理
論及實用主義都屬於方法學的範圍。由於後面的章節可以部分地展
現普爾斯的批判學及方法學，因此，本章接下來將僅以思辨文法學
做為討論的重點。

一、記號的定義

　　思辨文法學探討記號之所以能夠成為記號的一般形式條件，要了解這些條件，我們最好先透過記號的定義來掌握記號的本性。普爾斯曾多次對「記號」一詞下定義，其中最常被引用的是他在一八九七年提出的說法：

> 　　一個記號，或「再現者」(representamen)，是某個東西，它在某一方面代表某一個東西。它乃針對某一個人而言，亦即，它在那個人的心中創造出一個相等的記號，或者也許是一個發展得更多的記號。它創造出的那個記號，我稱之為第一個記號的「意解」(interpretant)。這個記號代表某個東西，亦即其「對象」(object)。它之代表那個對象，並不是在所有的方面，而是關連於某種觀念，而我有時稱之為該再現者的「根底」(ground)。(*CP*, 2.228)

　　在此，我們注意到，普爾斯亦把記號稱為再現者。胡克威指出，普爾斯在研究記號時所使用的方法是：先檢視記號行動的一些核心實例，觀察它們的特性並用抽離法分別它們之所以做為記號的本質特性及附屬特性，然後以此做為概括化的基礎。他的目的不在於分析「記號」一詞的日常用法，而在於建構其應當而有價值的用法。為了與一般用法有所區分，他有時甚至想用「再現者」這個專門術語取代「記號」一詞(Hookway, 121)。依此，普爾斯對於記號的定義乃是一種規制性的定義(stipulative definition)，而非報導性的定義

(reportive definition)。

其次，普爾斯在一九〇八年說：「我把記號定義為任何一個東西，它在一方面被一個對象如此地決定，而在另一方面如此地決定某人心中的一個觀念，以致後一決定（我名之為記號的意解）藉之而被那個對象間接地決定。因此，一個記號與它的對象以及它的意解具有一種三元的關係。」(*CP*, 8.343)這個看起來相當複雜的定義，其實只是要表示記號本質上所具有的一種三元關係。普爾斯在一九〇三年指出：「一個『再現者』是一個具有三元關係的主體，它『對』一個第二者（稱之為其『對象』），『為』一個第三者（稱之為其『意解』），這種三元關係即在於『再現者』決定了它的意解而使之具有同樣的三元關係而對相同的對象為某一意解。」(*CP*, 1.541) 意解本身是一個記號，因此與一個進一步的意解之間存有同樣的三元關係。此外，普爾斯在一九〇二年也說過類似的話：「一個『記號』（或『再現者』）是一個第一者，它與一個第二者（稱之為它的『對象』）具有如此一種真正的三元關係，以至於它能決定一個第三者（稱之為它的『意解』）而使之與它的對象之間具有它本身與這同一個對象之間所具有的相同的三元關係。」(*CP*, 2.274)在上述兩段極為抽象的定義中，我們明白看到普爾斯範疇論對其記號學的直接影響。由於記號關係是一種三元關係，因此，就普爾斯範疇論中所說的三個普遍範疇而言，記號關係是第三性範疇的具體表現，也是最典型的實例。普爾斯說：「在它真正的形式中，第三性是存在於一個記號、它的對象以及解釋的思想（本身即是一個記號）之間的三元關係，而被視為是在構造記號之所以為記號的模式。」❸

---

❸ Charles Sanders Peirce, *The Correspondence between Chalres S.*

　　在確定記號的定義之後，接下來的問題是：什麼東西可以成為記號？普爾斯曾舉了一些例子：「所有的圖像、圖形、自然的呼喊、正有所指的手指、眨眼、某人手帕的打結、記憶、夢境、幻想、概念、指示、代符、徵象、字母、數字、字詞、語句、章節、書籍、圖書館。」(Gorlee, 50)用範疇論的術語來說，可以成為記號的東西，包括第一性範疇的性質、第二性範疇的事實以及第三性範疇的思想、法則及習慣等。事實上，對普爾斯來說，任何經由知覺、思想、想像而能夠被認識到的東西都可以成為記號(*CP*, 8.177)。如此一來，沒有任何東西是在本質上不能成為記號的。反過來說，也沒有任何東西在本質上即是記號。依照前述的定義，任何東西要成為記號，就必須與某個「對象」及某個「意解」構成一種真正的三元關係。簡言之，任何東西，不論它以什麼方式，只要它能傳達有關對象的任何確定的觀念，它就是一個記號(*CP*, 1.540)。這樣一個完整的活動被普爾斯稱為「記號行動」(semiosis, semeiosy, or action of sign) (*CP*, 5.473)；它不能由記號本身完成，而必須結合對象及意解共同來完成。事實上，一個記號之成其為記號，不是由於它本身的任何特質，而是由於它與對象及意解所形成的一種關係使它成為記號。換言之，對普爾斯的記號學來說，重要的不是記號，而是記號行動。

　　此外，普爾斯在他為《哲學與心理學辭典》所寫的一個條目中，對「再現」(representation)一詞有過簡短的說明。他指出，再現或代表「是一種對另一者的關係，而為了某種目的，它被某個心靈看成好像是那個另一者。因此，代言人、代理人、代辯人、經紀

Peirce and Victoria Lady Welby, edited by Charles S. Hardwick (Bloomington: Indiana University Press, 1977), p. 31.

人、代理主教、圖樣、徵兆、籌碼、描述、概念、前提、證詞等等，全都以它們的若干方式，對於那些以那種方式去看它們的心靈，再現其他的東西。」(*CP*, 2.273)同時，普爾斯亦指出「再現者」與「再現」之不同；後者指的是一種動作或關係，而前者則指表現這種動作或關係的東西。依此可知，對普爾斯來說，「記號」之不同於「記號行動」，正如同「再現者」之有異於「再現」；後者乃就具有三元關係的記號與其對象及意解所形成的整體表現而言，前者則偏就與對象及意解具有三元關係的記號本身而言。

由於記號之三元性，在任何一個記號行動中，都必須涉及三個要素：記號本身（第一者）、記號的對象或記號所代表的東西（第二者）、記號的意解或記號在一位解釋者心中所產生的效果（第三者）。這三個要素緊密地關連在一起而形成一種三元關係；普爾斯稱之為一種「真正的」(genuine) 三元關係，意即，它是不可化約的。普爾斯認為，所有不可化約的關係只有三種：一元關係、二元關係與三元關係。真正的二元關係不能化約成任何幾個一元關係的組合，而真正的三元關係亦無法化約為任何幾個二元關係的組合。普爾斯曾經提出一些論證來證明，所有四元以上的關係皆可化約為三元關係的組合；因此，並沒有所謂「真正的」四元關係或更多元的關係。由於記號行動具有真正的三元關係，因此，如果缺少其中任何一個要素，其他的要素即不成立，而整個記號行動亦不成立。例如，如果缺少記號本身，則對象不能成其為對象，而意解亦不能成其為意解；簡言之，此時根本沒有記號行動存在。基於同樣的理由，記號行動中的任何一個要素，如果要成其為記號行動中的一個要素，就必須與其他兩個要素具有真正的三元關係。

根據普爾斯對記號的定義，我們可以看出，任何東西要成為記

號,必須具備四個一般形式條件。首先,它必須關連於某一對象或再現某一對象;其次,它之關連於該對象或再現該對象乃是就著某一方面或根底而言;再者,它必須能決定一個意解,使得它依此意解而被了解;最後,記號的對象、根底及意解必須結合成為一種不可化約的三元關係。換言之,任何一個記號行動必須具備記號之對象、記號之根底、記號之意解及一種真正的三元關係。李斯卡將上述形式條件分別名之為:記號的再現條件(the representative condition)、呈現條件(the presentative condition)、解釋條件(the interpretative condition)及三元條件(the triadic condition)。李斯卡強調,任何一個東西之成為記號,不是因為它具有任何特定的內在特性,而是因為它具備上述四個形式條件。唯有當它具備這些形式條件之後,它的內在特性才開始發生作用而使它成為某一特定類型的記號(Liszka, 18–20)。

「對象」是構成記號行動的一個必要條件。籠統地說,一個記號的對象即是它所再現或代表的東西。若是沒有記號所要再現或代表的對象,記號亦不成其為記號。一幅畫像要成為記號,就必須是對某人(不論是真實的人或虛構的人)的再現。普爾斯所說的對象,涵蓋極廣,幾乎任何東西都可以成為記號的對象。對象可以是真實的,亦可以是虛構的;它可以是能夠被知覺到的東西,亦可以是僅能想像的東西(*CP*, 2.230)。對象可以是一個現存的事物、一個曾經存在過的事物、一個被以為曾經存在的東西,也可以是上述這些東西的集合;對象可以是一種性質、一種關係或一個事實(*CP*, 2.232)。

一個東西之所以成為某個記號的對象乃是出於兩點原因。首先,因為它被這個記號再現成這樣;普爾斯把這樣的結果稱為記號

的直接對象(immediate object)，亦即，在個別的記號使用中所直接再現的對象。其次，因為它提供阻力與限制，而做為再現它的記號行動中的一個決定因素；普爾斯把對象的此一層面稱為記號的動態對象(dynamical object)，它有效力，卻不是直接呈現的對象(*CP*, 8.343)。我們與其把直接對象與動態對象說成是兩種不同的對象，還不如把它們說成是同一對象的不同層面或同一對象在不同角度下所展現的側面。直接對象是由記號再現內容的角度來看的對象，動態對象則是由對象之能發揮某種效力以駕馭記號行動的角度來說的對象。若是就動態對象的層面來看記號與對象的關係，記號是被動的，對象則是主動的；對象影響並決定記號。普爾斯說，記號受到動態對象的壓迫(*CP*, 5.554)；換言之，對象之具有動態對象的這一層面，使得再現它的記號不能毫無限制地任意加以再現。任何記號的對象皆有上述兩個層面，即使一個虛構的對象（像是小說中的人物）亦有其動態對象的層面。此外，一個記號的最終意解乃是記號與其動態對象之間互動歷程的結果，而動態意解是這個記號實際產生的效果，直接意解則是這個記號的直接意義而不考慮其對象以前的任何歷史。

　　普爾斯在一九〇五年說：「一個記號的對象是一回事；它的意義則是另一回事。它的對象即是它所要應用到的事物或情境（不論是多麼不明確的）。它的意義則是它所附加於那個對象的觀念，不論是經由純屬假設的方式、或是做為一個命令、或是做為一個斷言。」(*CP*, 5.6)此外，普爾斯曾經區分「指稱」(nominat)與「意指」(significat)；他指出，一個字詞所指稱的是它的邏輯廣度，它所意指的則是其邏輯深度(*CP*, 5.471)。他所說的「指稱」即是一般所說的「列指」(denote)或「指涉」(refer to)，他所說的" significat "即

是" signify " （皆譯為「意指」）；其間的區分亦相應於「外延」(extension)與「內涵」(intension)、或「指涉」(reference)與「意思」(sense)、或「列指」(denotation)與「意涵」(significance)之區分。我們在此可以明白看出，對普爾斯而言，與其說對象是記號所「意指」的東西，不如說它是記號所「列指」或「指涉」的東西。其次，由於普爾斯認為一個記號的對象不同於其意義，他顯然不會同意以「外延」或「列指」做為一個記號的意義。

記號之再現對象，總是部分地就某一方面加以呈現。就像是我們說爐子是黑色的，乃是部分地就著黑色這種性質來呈現爐子。在此呈現中，我們挑選了對象的某一特性。記號以一種抽象的形式呈現這個被挑選出來的特性，普爾斯將這種抽象的性質或形式稱為記號的「根底」(*CP*, 1.551)。對象的特性與記號的根底是兩個不同的概念，對象的特性乃具體地存在於對象，根底則是由對象抽離出來的純粹形式或觀念(*W*, 1:335)。特性是具體的，根底是抽象的。但是，二者總是一一對應；特性總是一個根底，而根底總是一個特性(*W*, 1:352)。

根底是記號行動的一個必要因素，記號乃以根底為基礎而得以再現對象。普爾斯說：「指涉一個根底的直接作用在於聯合關係者及相關者，因此它之被引進的理由即在於下述這個事實：若是沒有它，則對一個相關者的指涉是不能理解的。」(*W*, 1:353)他又表示，若是沒有性質或對根底之指涉，則根本談不上關係的存在(*W*, 1:522)。記號透過根底呈現對象的特性，一方面藉此而使記號與對象發生某種關連，另一方面則部分地揭示對象的某種意涵(*W*, 1:479)。從後一方面來說，對象亦唯有經由記號方可被認識。因此，對象必須與記號有所區別；一個記號若與其對象相同，則不能

對此對象提供任何新的訊息(Gorlee, 53–54)。

　　談過對象及根底之後，接著來看記號行動的另一個必要因素：「意解」。普爾斯對記號的定義透露了一個重點：任何一個東西，就其本身而言，都不可能是一個記號；因為，任何一個東西，如果要成為一個記號，就必須被解釋或了解成一個記號(*CP*, 2.308)。用一般的話來說這段話的意思即是：要成為記號，就必須能傳達某種意義。用普爾斯的話來說，任何一個記號必須要能決定某種意解，而意解之存在是記號行動成立的必要因素之一。

　　李斯卡指出，普爾斯說的意解有三方面的意思，它可以同時被理解成一個記號行動本身的「歷程」、此一歷程的「產品或結果」、此一歷程對解釋此一記號者所造成的「效果」(Liszka, 25)。普爾斯曾由上述三種不同的角度去定義意解，有時側重效果的層面，而把意解說成是記號行動對解釋者所造成的本質效果(*CP*, 5.484)或恰當的意指效果(*CP*, 5.473)；有時則強調其結果的層面(*CP*, 4.536)，有時強調其歷程的層面(*CP*, 5.484)。雖然意解同時具有此三層面的意涵，但是，為了陳述的方便，以下論及意解時，有時還是會專從某一層面來說。

　　普爾斯在一九〇三年把意解分為三種：直接意解(immediate interpretant)、動態意解(dynamic interpretant)及最終意解(final interpretant)(*CP*, 8.314)；其中的最終意解在一九〇八年又被稱為正規意解(normal interpretant)(*CP*, 8.343)。如果我們就效果的層面來說意解，則籠統地來說，當解釋者把某一個東西看成記號之際，同時就在其心中產生某種效果，而這個效果即名為「意解」。若是我們對此效果進一步分析，則會發現它也有三個不同的層面，普爾斯分別名之為直接意解、動態意解及最終意解。直接意解是記號所意

圖產生或自然會產生的直接效果；動態意解是記號對解釋者實際上所產生的現實效果(*CP*, 8.315)；正規意解（或最終意解）是在思想充分發展之後記號將會對解釋者產生的究極效果(*CP*, 8.343)。若就範疇論來看上述三種意解，則直接意解屬於第一性範疇，與它相關的是感受或性質；動態意解屬於第二性範疇，與它相關的是事實或行動；最終意解屬於第三性範疇，與它相關的是法則或習慣。總之，任何一個記號要成為記號，就必須能造成某種意解，因而亦必定有上述三種不同層面的意解。在普爾斯的記號學中，有關意解的說法相當重要，這是了解其意義理論的關鍵(*CP*, 5.475)。本書第六章論及實用主義與記號學的關係時，將會進一步說明普爾斯的意義理論。

上述這組分類是最基本的，此外，普爾斯亦將動態意解細分為：情感意解(emotional interpretant)、活力意解(energetic interpretant)及邏輯意解(logical interpretant)(*CP*,5. 475)。情感意解是記號在解釋者心中產生的辨識之感。活力意解是解釋者實際的努力，包括內在的及外在的努力；它通常是心靈上的努力，一串思緒或思想的獨白，但也可能是生理上的。依普爾斯的說法，一個記號會在解釋者心中激起另一個後續的記號，此即邏輯意解。而由於邏輯意解本身即是一個記號，如此而可能形成一個無限後續的解釋或思想。為了停止這個無限後退，普爾斯提出「究極的邏輯意解」或「習慣之改變」。他早期將信念視為習慣或行為傾向，因此，一個新的習慣即是解釋者行為傾向的改變(*CP*, 5.476)。根據他的意解理論，一個概念的實用意義即是解釋者接受這個概念後所發生的行動、思想及傾向❹。

---

❹　米薩克指出，普爾斯本人的講法並不一致。他固然由動態意解中的邏

二、記號的類型與分類

　　前面提過，除了考察記號的形式條件之外，思辨文法學的另一項工作即是考察記號的種類。李斯卡指出，普爾斯把這項工作分成兩方面：記號類型學(sign typology)及記號歸類學(sign classification)；前者著重於「區分」不同的類型，後者則藉由一種有系統的架構將各種記號類型組織起來，以顯示其間的親近關係及依存關係(Liszka, 34)。

　　普爾斯在一九〇三年提出三種區分記號類型的方式，更由此而將記號歸為十大類(*CP*, 2.243–264)。到了一九〇六年，他又發現可以提出十種區分記號類型的方式，而把記號歸成六十六大類(*CP*, 1.291, 4.530)。在此，我們僅介紹一九〇三年的說法，這也是學者最常討論的說法❺。若依上述李斯卡的說明，其中三種區分記號類型的方式屬於記號類型學的工作，而將記號歸為十大類則屬記號歸類學的工作。

　　輯意解去說實用意義，但他也明白表示實用主義不是完全針對動態意解的(*CP*, 8.315)。他有時由最終意解去說實用意義(*CP*, 8.185)，有時又似乎由直接意解來說(*CP*, 5.175)。米薩克認為，普爾斯之所以未能確定的理由似乎是因為以解釋者思緒上的改變（無論是三種意解中的那一種）並不足以稱為實踐效果(Misak, 21)。

❺　李斯卡指出，普爾斯曾經提出四種有關記號類型的說法(Liszka, 34–35)。除了此處提到的兩種之外，最早的說法見於一八六七年的〈論新範疇表〉，其中將記號分為三種：象符(icon)、標示(index)及符號(symbol)。符號再分為詞項(term)、命題(proposition)及論證(argument)；而論證再分為演繹、假設及歸納(*CP*,1.558–559)。另一種說法見於一九〇四年，乃是對於一九〇三年說法的擴充。

　　普爾斯在一九○三年指出，我們可以由三種觀點區分記號的類型。第一種觀點是就記號本身而進行區分；在此觀點下，一個記號本身或是一個純然的性質、或是一個現實的存在、或是一個概括的法則。第二種觀點是根據記號與其對象之間的關係而進行區分；在此觀點下，這種關係或是在於記號本身之具有某種特性上、或是在於記號與其對象之間的某種存在關係上、或是在於記號與其意解之間的關係上。第三種觀點是根據記號與其意解之間的關係而進行區分；在此觀點下，一個記號之意解或是把記號再現為一個可能的記號、或是把它再現為一個事實的記號、或是再現為一個理性的記號(*CP*, 2.243)。由這三種觀點，普爾斯提出三種區分記號類型的方式，而在每一種方式之中，他又區分三種記號類型。在上面的敘述中，我們可以看出，普爾斯所說的三個觀點實即對應於三個普遍範疇。換言之，第一種觀點或區分方式乃是由第一性範疇去看記號行動，第二種觀點是由第二性範疇去看記號行動，而第三種觀點則是由第三性範疇去看記號行動。當普爾斯進一步在每一種區分方式中各自分別三種記號類型時，我們看到的仍然是範疇論對其思考模式的影響。此處的關係可用下表顯示：

	第一性	第二性	第三性
記號本身	性質記號	單一記號	法則記號
對象	象符	標示	符號
意解	詞項	命題	論證

　　根據第一種觀點，專就記號的根底進行考察，記號被分為三種：性質記號(qualisign)、單一記號(sinsign)以及法則記號(legisign)。其中的單一記號有時又被稱為「代符」(token or replica)，法則記號有時則被稱為「類型」(type)。首先，說明性質記號。舉例來說，一顆星星之所以可能成為記號，乃因它有許多特性：它是明亮的、它僅於夜晚出現、它似乎指著特定的方向、它帶有歷史的意義或民俗的意涵(Liszka, 35)。任何一個事物若是因為它的性質上的特色而成為記號，即被稱為性質記號。不過，就一個性質本身而言，它之能做為記號，純粹只是一種可能性而已。普爾斯也承認，就一個性質本身而言，它不能實際地做為記號，除非它具現於某一事物之中；不過，理論上，一個性質是否能做為記號，無關於其是否具現，而完全在於其本性(*CP*, 2.244)。

　　其次，任何一個事物若是因為它本身的存在而成為記號，即被稱為單一記號。例如，一盞閃爍的紅燈可以因為它正在閃爍而成為記號，這就是一種單一記號。單一記號主要是單獨的，具有特定的空間或位置。同樣的，普爾斯承認，就一個現實存在者本身而言，它不可能實際地做為一個記號，而唯有經由其性質才可能；在此，它必須包括一個或幾個性質記號(*CP*, 2.245)。

　　最後，任何一個事物若是因為它具有約定俗成的、習慣傾向的、法則化的特性而成為記號，即被稱為法則記號。例如，紅燈經常約定俗成地做為警示之用。普爾斯指出，法則記號通常是人為的；每一個約定俗成的人為記號都是一個法則記號，但是反之則未必。例如，鳥在求偶季節的鳴叫聲即可被視為法則記號的表現。法則記號不是一個單一的存在者，而是一個被認為能夠表意的概括類型。法則記號需要有一些被認為能夠表意的單一記號，亦即，法則

記號唯有經由對其應用之實例才能實際地表意；不過，如果不是法則使之如此，這些單一記號亦不能表意(*CP*, 2.246)。例如，一個小學生因為上課講話而被老師罰寫一百遍「我不應該在上課時講話」，則他寫的只是一個類型或法則記號，雖然他寫了一百個代符或單一記號。只有類型而沒有代符，則不能實際地表意；只有代符而沒有類型，則根本不具表意的能力。

同一個記號有可能同時具有上述三種特性，亦即，一個記號可能同時表現為性質記號、單一記號及法則記號；只不過，通常其中會有某一種特性最為突顯。其次，這三種特性之間亦有某種階層關係。一個性質必定具現於個別事物中，如果這個性質是記號的主要側面，則它是性質記號。每一個個別事物都有某些性質，如果它之做為記號乃是就其個別存在的側面而言，則它是單一記號。一個概括的法則必定具現於具有某些性質的個別事物中，如果它之做為記號乃是就其概括法則的側面而言，則它是法則記號。例如，" THE "這個字是法則記號，因為它主要是藉由約定俗成而能有所意指。當然，這個字是個別事物，不過使它成為記號的因素主要並不在於它的個別性，因為另外再寫一個" THE "，也可以達到同樣的效果。當然，這個字的性質（像是它的形狀及形式）對它做為如此這般的記號亦是必要的，但是使它成為記號的主要因素並不在於這些性質，而是在於這些性質之被約定俗成化，或是說，乃是在於這樣一個實際運作的概括規則：任何懂英文的人看到這個字，則會根據一種規則影響其行為及思想(*CP*, 4.448)。德文的" DAS "與英文的" THE "，在性質上不同，但指涉相同的對象；它們之所以能夠如此，顯然不是由於性質，而是由於約定俗成的規則(Liszka, 36)。

根據第二種觀點，亦即基於記號與其對象的關係，專就記號的對象進行考察，記號被分為三種：象符(icon)、標示(index)及符號(symbol)；普爾斯認為這是一種最根本的記號分類方式(*CP*, 2.275)。他為象符提出的定義是：

> 一個象符是一個記號，它只是藉著它本身的特性而指涉它所指的對象，而不論任何這類對象是否實際存在，它都一樣具有之。固然，除非有這樣的一個對象，這個象符不能表現為一個記號；但是，這與它之做為一個記號的特性毫不相干。任何事物，不論是一個性質、一個存在的個體、或一個法則，只要類似於某一事物而被用來做為這個事物的記號，即是它的象符。(*CP*, 2.247)

普爾斯又說，任何一個記號，如果它之代表某一事物只是由於它類似此事物，即是一個象符(*CP*, 3.362)。因此，他也曾經將象符稱為「相似性」(likeness)(*CP*, 1.558)。簡言之，當任何一個東西藉著類似性而關連於其對象時，我們即稱之為象符。例如，畫像是某人的象符，地圖是某個地理區域的象符。

象符，如同性質記號一樣，皆屬於第一性範疇。就這點而言，象符顯然只是一種可能性，它不能實際地做為一個記號(*CP*, 2.276)。在此，普爾斯指出，象符並不告訴我們關於事物之事實方面的知識。他說：「一個純粹的象符不能傳達任何實證的或事實上的訊息；因為它未保證在自然界中存有任何這類的事物。但是，它具有一種最高的價值，可以使它的解釋者去研究，如果有這樣的一個對象存在，它的性質將是什麼。」(*CP*, 4.447)換言之，象符真正

的作用與價值即在展示一個好像被看做純粹想像的事態的特性(*CP*, 4.448)。例如，當解釋者把記號看成是類似於另一個東西，則記號有助於學得對象的特性。

根據李斯卡的整理，普爾斯還把象符進一步分成不同的類型(Liszka, 37–38)。籠統言之，一個記號之被稱為象符，乃是因為它的性質相似其對象的特性。但是，若經仔細的分析，相似性亦可能有不同的基礎。首先，一個象符之所以相似其對象，可能是因為它同樣具有該對象所具有的若干性質。某人的畫像可被稱為象符，乃是因為畫像具有此人面部所具有的若干特徵。又如，玫瑰是紅的，而畫中的玫瑰也是紅的。普爾斯把這類的象符稱為「形象」(image)。普爾斯強調，在此情況，象符之具有再現的功能，乃是基於它本身做為一個可感覺的事物而具有的那些特性；它本身仍然具有的那些特性，即使自然界不存在它所相似的對象，即使它從未被解釋成記號(*CP*, 2.447)。這表示，一個象符或形象所相似的對象可以是虛構的、想像的。其次，一個象符之所以相似其對象，可能是因為象符內在要素之間的關係與對象內在要素之間的關係具有類似的結構。例如，一幅地圖與實際地區之間在要素的關係上具有類似的結構。普爾斯把這種情況的象符稱為「構象」(diagram)。「類比」(analogy)也是一種典型的構象，它表示某一關係平行於另一關係；例如，甲之對於乙正如同丙之對於丁。最後，一個象符之所以相似其對象，可能是因為它所再現的類似於其對象（在此亦為一個記號）所再現的。普爾斯把這種情況的象符稱為「喻象」(metaphor)(*CP*, 2.277)。例如，「他被子彈擊中而倒地，他的身體像個傾倒的葡萄酒瓶。」在此，血由傷口中流出有如酒由傾倒的瓶口流出一般。喻象不是類比，也不是構象，它不在於表現兩個關係

之間的相似性，而在於用一個在某方面與對象有類似之處的事物去表現對象的某種特性。

象符這種記號乃是藉由與對象的相似而再現其對象，而標示這種記號則是藉由與對象的實際關連而再現其對象；象符靠的是相似性(similarity)，標示靠的是鄰近性(contiguity)。李斯卡指出，普爾斯根據鄰近性的不同形態而把標示分成不同的類型(Liszka, 38)。第一種形態的鄰近性是因果性的(causal or existential)，在此，標示所再現的對象是原因，而標示是其結果(*CP*, 4.531)。濃煙竄起正標示著某處有大火，標示與其指涉對象之間有實際的因果關連。普爾斯舉例說，一個風向儀是風向的標示，而氣壓計降低加上空氣潮濕乃是下雨的標示(*CP*, 2.286)。第二種形態的鄰近性是指示性的(deictic or referential)，在此，可知覺到記號與其對象有種直接的連續。例如，用手指去指物時，手指與被指的對象之間好像存在一條線(*CP*, 2.305)。又如，使用一個指示代名詞，會使我們注意到被提及的對象(*CP*, 4.518)。第三種形態的鄰近性則是出於某種貼標籤或取名字的動作，例如將一個專有名詞與某人關連在一起。

在上述三種形態的標示中，最主要的是因果性的標示；普爾斯在說明標示時，亦是就此形態而言。例如，他為標示提出的定義是：「一個標示是一個記號，它之得以指涉它所指的對象，乃是由於它真正地受到那個對象的影響。」(*CP*, 2.248)這個定義顯然不太適用於第二種及第三種形態的標示。此外，普爾斯亦曾指出，一個路標、一個沒有意指的專有名詞、一個正在指東西的手指，乃是退化的標示(degenerate index)(*CP*, 5.75)。相對於此，因果性的標示則可被視為典型的標示。

普爾斯強調，標示涉及的是個體，而不是類型、集合或概括者

(*CP*, 2.283)。因此,標示的作用主要在於展示對象之存在,而不在於實際描述對象的任何性質(*CP*, 3.361)。不過,由於標示有不同的形態,標示之展示其對象亦有不同的效果。首先,就指示性的標示而言,它的作用僅止於代表它所再現的對象;例如,「甲」代表合約中出現的第一個人。其次,就標籤性的標示而言,一個專有名詞(例如「艾森豪」或「張獻忠」)並未提供對象的任何訊息;除非這個專有名詞亦帶有象符的意味,通常是在外號或渾名的情況,例如「高個兒」或「戽斗」。不過,若就因果性的標示而言,由於標示與其對象具有因果關連,這種標示可以做為判斷其對象事實的基礎。例如,我們可以憑著風向儀而判定風的方向。而且,這種標示能把解釋者的注意力導向其對象。例如,敲門聲使門內的人不得不注意它所標示的對象(*CP*, 2.357)。

針對因果性的標示,普爾斯又說:「一個『標示』是一個再現者,它之實現一個再現者的作用,乃是藉著一種性質,如果它的對象不存在,則它不可能具有這種性質,但是,不論它是否被解釋做再現者,它都一樣具有這個性質。」(*CP*, 5.73) 換言之,這種標示之所以能夠指涉其對象,乃是由於對象使它具有某種性質;這種性質是實際存在的,不論是否有人如此去了解。不過,標示不是一種性質記號,因為它必須依靠於實際存在的對象,而缺乏性質記號所必備的獨立性。但是,由另一方面來說,由於它所指涉的對象是實際存在的,因此,儘管它不對其對象做任何的描述,卻仍能提供有關其對象的某些事實性的訊息(*CP*, 1.369)。對比於此,象符之所以不能提供事實性的訊息,乃是由於它並不必然地指涉任何實際存在的對象。

就記號與其對象的關係而言,除了象符及標示所依靠的相似性

及鄰近性外,記號還可以藉由某種約定俗成的、習慣的、傾向的、法則化的關係而再現其對象;這種記號即被普爾斯名為「符號」(*CP*, 4.447)。他說:「符號是一個記號,它之得以指涉它所指的對象,乃是由於法則(通常是概括觀念的聯結)之運作而使得符號被解釋成是在指涉那個對象。」(*CP*, 2.249)換言之,符號是個「通名或描述,它之意指其對象,乃是藉著這個名稱與其意指的特性之間的觀念之聯結或習慣性的關連。」(*CP*, 1.369)此處的法則或習慣可以是自然的、天生的(例如狗搖尾巴意謂友善),也可以是後天的、人為的(*CP*, 2.297, 2.307)。

普爾斯強調,符號所據以再現其對象的法則或習慣是概括的,符號本身也是概括的;因此,符號有時亦被名曰「概括記號」(*CP*, 5.73)。就符號本身之概括性而言,它本身即是一個概括的類型或法則;也就是說,它是一個法則記號。因此,它必須經由一個代符或單一記號而發揮其作用(*CP*, 2.249)。胡克威指出,沙灘上的旗子意指「此時游泳是安全的」。旗子之使用與潮汐狀態之間沒有任何相似性,而旗子也不是潮汐之直接的因果產物。什麼使旗子有資格意指安全呢?這乃是由於存在一種為了這個目的而使用旗子的概括做法,乃是由於事實上旗子被解釋成具有這個意義。符號代表的毋寧是一種抽象的概括法則,而一面個別的旗子則是這種概括法則的一個代符或單一記號(Hookway, 125)。

普爾斯也指出,不僅符號本身是概括的,它所指涉的對象主要亦是概括的(*CP*, 2.249)。在這點上,李斯卡補充說,符號的對象「通常」是概括的,而普爾斯把這類情況的符號稱為「真正的」符號。此外,當一個符號的對象是實存的個體時,例如「月亮」,則被稱為「單稱的」符號。當一個符號的對象是某種性質時,則被稱

為「抽象的」符號(Liszka, 40)。

符號之所以能夠再現某概括的習慣或法則，主要不是由於某種相似性，亦不是由於某種實際的關連，基本上乃是由於心靈習慣地將這個符號與概括的法則聯結在一起。換言之，符號之所以能夠關連於其對象，主要是藉由「使用符號的心靈」；若是沒有心靈的作用，也就不會有這種關連(*CP*, 2.299)。普爾斯說：「所有的字詞、語句、書籍以及其他的約定俗成的記號都是符號。」(*CP*, 2.292)他舉例說：「任何日常的字詞，像是『贈予』、『鳥』、『結婚』等，都是符號的例子。……它本身並不同一於這些事物。它並沒有拿一隻鳥給我們看，也沒有在我們眼前做出結婚時的贈予動作，而只是假定我們能夠想像那些事物並將世界與它們聯結在一起。」(*CP*, 2.298)他又說：「一條粉筆的痕跡像一條線，雖然沒有人用它做為記號。一座風向儀會隨風轉動，不論是否有人注意它。但是，"man"這個字與男人沒有任何特殊的關係，除非它被認定具有這樣的關係。」(from Liszka, 39)一個符號之所以能夠成為記號而再現其對象，根本的原因在於它被解釋者（使用符號的心靈）認定為或理解為具有這樣的作用(*CP*, 2.307)。換言之，符號之具有再現其對象的作用，乃是由於心靈有一種將這個符號與其對象聯結的習慣(*CP*, 4.531)。因此，符號可以說是心靈的產物(*CP*, 4.464)。

不過，在此必須注意，雖然對於符號的再現功能而言，解釋者心中的觀念乃是必要的，但是，符號之如此地再現，仍然是由它所再現的對象來決定的。符號所再現的乃是思想的對象，而這個對象是由符號在解釋者的心中所喚起的。因此，符號之具有再現的功能，乃是藉著在解釋者的心中喚起另一個記號，而這個記號的對象是這個符號的對象。在此，我們亦可由對象之決定記號的角度，而

對此處的分類方式做一回顧。普爾斯認為，經由對於記號本質之分析，我們知道，每一個記號都是被它的對象決定的。由於決定方式的不同，我們可以分別三種記號。首先，如果是由於記號分享了對象的特性，而被對象決定，則此記號可名為「象符」。其次，如果是由於記號之個別的存在乃是實在地關連於個別的對象，而被對象決定，則此記號可名為「標示」。最後，如果是由於習慣或自然的傾向而使記號被解釋成是在指涉對象，而被對象決定，則此記號可名為「符號」。符號是相當重要的，它提供我們思考思想的某些獨特的方法，若是沒有符號，這些方法是不可能的。例如，它使我們能夠抽象、計算。但是，由於符號完全立基於已經固定形成的習慣，而未提出任何觀察，再由於知識即是習慣，因此，符號並不能增加我們的知識。在另一方面，標示則對其對象的實在性與鄰近性提供積極的保證，雖然它不能洞察其對象的本性(*CP*, 4.531)。

　　其次，值得注意的是，以上三種記號類型並非相互排斥的，同一個記號可能同時是象符，又是標示或符號。以魯賓遜在海灘發現的足跡為例，它是某人足部的象符，對魯賓遜來說，它標示著有人侵入島上，它也做為符號而喚起人的觀念(*CP*, 4.531)。米薩克指出，普爾斯雖然強調符號與目的的關係，而謂我們可以使用符號而達到在解釋者心中造成某種特定效果的目的，但是這點亦非符號的專利。事實上，我們也可以用象符及標示使解釋者心中產生某種效果。約定俗成對符號（如字詞）是必要的，但是，對象符（如畫像）及標示（如指物的手指）來說，約定俗成也是必要的。只不過，約定俗成不是象符及標示最主要的特性。相似性對象符最為主要，因果關連對標示最為主要，而約定俗成對符號最為主要。換言之，三種記號類型只是對於意義的各個側面之不同的偏重而已

(Misak, 18)。

　　接下來，討論第三種分類方式。根據這種觀點，亦即基於記號與其意解之間的關係，記號分為三種：詞項(rheme or seme)、題項(dicent or pheme) 以及 論項 (argument or delome)(*CP*, 2.250, 4.538)。首先，「一個『詞項』是一個記號，對其意解而言，它是一個具有性質上的可能性的記號，亦即，被了解成是在再現如此這般的一種可能對象。」(*CP*, 2.250)換言之，一個詞項傾向於使其意解的重點放在記號的性質側面，而非其存在側面或法則側面。依普爾斯看來，像「人類」這種「名詞」(term)即是典型的詞項(*CP*, 8.337)。名詞有各種不同的類型，包括專有名詞、指示代名詞、人稱代名詞、關係代名詞、抽象名詞及普通名詞。李斯卡指出，「人類」是一個普通名詞，對於了解這個字詞的人，它代表的主要是一些特性，而不是某些特定的個體(Liszka, 40)。由此可以看出，普爾斯在上述引文何以由性質上的可能性去說詞項。就對象而言，詞項指涉的範圍非常含混而不明確(*CP*, 4.539)。由於詞項此處的不明確，它沒有真假可言。它並不提供訊息或做出斷定，而僅展現如此這般的特性。在此脈絡下，普爾斯表示，詞項未決定其對象，亦因而未決定其意解(*CP*, 2.95)。

　　此外，普爾斯又說：「一個命題在去除其主詞之後，所剩下來的就是被稱為它的述詞的一個詞項。」(*CP*, 2.95)因此，有些學者將詞項等同於目前所謂的「命題函數」(Ayer, 147)。例如，「張三在跑步」是一個命題，我們去除其中的主詞「張三」，剩下來的「⋯⋯在跑步」即是一個詞項。不過，我們必須注意，普爾斯所說的主詞比一般說的範圍更廣。以「張三殺了李四」這個命題為例，一般所謂的主詞只指「張三」，但是對普爾斯來說，「張三」與「李

四」都是主詞。因此，在這樣的命題中，如果要找出其中的詞項，就必須把這兩個主詞都去掉；如此，剩下的詞項就是「……殺了……」。在上述兩個例子中，前者表達某種一元關係，後者則表達某種二元關係。事實上，普爾斯即依此觀點而將詞項分為三種：一元詞項(monadic rhema)、二元詞項(dyadic rhema)、三元詞項(triadic rhema)(*CP*, 4.438)。

其次，「一個『題項』是一個記號，對其意解而言，它是一個現實存在的記號。」(*CP*, 2.251)一個題項傾向於使其意解的重點放在記號的現實存在側面，而非記號的性質側面或法則側面。換言之，題項的重點在於宣稱某種對象實際具有某種特性。正是針對這點，普爾斯把「命題」(proposition)視為題項的典範(*CP*, 2.309)。他指出，一個命題，為求被了解，必須被視為包括兩個部分：主詞及述詞(*CP*, 2.312)。一個命題即是透過主詞與述詞的連結，而宣稱某種對象實際具有某種特性。在此脈絡下，他才可說一個命題即等於一個直述句(*CP*, 2.315)，並說命題之異於其他記號的特色在於它有真假可言且非真即假(*CP*, 2.310)。

李斯卡指出，普爾斯依據樣態、性質、分量及形式等方面的不同而對命題進行分類(Liszka, 42)。例如，命題依樣態之不同而被分為可能的、不可能的、偶然的、必然的、實然的。又如，命題之主詞有三種：單稱的、概括的、抽象的，像是「月亮」、「人類」、「紅」；在此，對應於符號之三種類型。其中概括的主詞又分為全稱的或偏稱的(*CP*, 2.324)。

最後，依記號與其意解的關係，除了詞項及題項之外，還有一種記號類型，即是論項。相對來說，一個論項傾向於使其意解的重點放在記號的法則側面，而非其性質側面或存在側面。解釋者在理

解論項時，注意到的重點在於它與其他記號的推論連接或法則連接。一般所謂的「論證」(argument)即是論項的典範，普爾斯說：「論證之意解再現它為一個論證之概括種類的一個實例。」(*CP*, 2.253)換言之，論證是一個法則之記號，因為它再現一個命題推到另一個命題的法則。此外，一般把論證分為演繹與歸納兩種，普爾斯則加上第三種的假推(abduction)(*CP*, 2.96)。

李斯卡指出，正如題項將詞項納入更高層的意解，論項亦將題項納入更高層的意解。以下述這個三段論式的論證為例：「所有的人是哺乳動物。所有的哺乳動物是脊椎動物。因此，所有的人是脊椎動物。」其中做為前提的兩個命題不僅傳達本身的訊息，而且導向另一個命題（結論）所傳達的訊息。首先，如果我們把論證的意解理解成一種論證的結果，則它指的就是論證的結論(*CP*, 2.95, 2.253)。其次，如果我們把論證的意解理解做一種歷程，則它指的就是論證的推論規則或指導原則 (*CP*, 2.263, 4.375)。最後，如果我們把論證的意解理解成一種效果，則它會使解釋者經由本身的自我控制而再現一連串記號的變化(*CP*, 4.538)。以上即是論證意解的三層意義(Liszka, 42–43)。

綜觀詞項、命題及論證，普爾斯曾指出，詞項未決定其對象，亦未決定其意解；命題未決定其意解，但分明地指出它的對象（或名之曰命題之主詞）；論證則分明地再現其意解（或名之曰論證之結論）(*CP*, 2.95)。此外，他又指出，詞項是一種具有取代性的記號，命題是一種能夠提供或傳達訊息的記號（這是對比於某種由之能導出訊息的記號，如象符），論證是一種具有理性說服力的記號(*CP*, 2.309)。

在上述三種分類方式中，把記號分成象符、標示及符號的第二

種分類方式是普爾斯認為最根本的分類方式，也是一般學者最為重視的一種。艾默德指出，其中又以符號最為重要；每一個概括的描述都是符號，由於它是概括的，符號的功能在於再現世界中實在的法則、習慣或概括性。這點很重要，因為普爾斯強調，實用格準這個意義判準乃是用於知性概念。由於知性概念是一種符號，則它的主要功能即在再現實在的習慣、法則或概括性。此外，如同符號之得以具有其再現功能一般，知性概念之得以具有再現的功能，乃是藉著在解釋者的心中創造出另一個類似的記號，而這個記號的對象完全相同於符號本身的對象。由此，我們可以大略得知普爾斯如何根據其記號理論來證成其實用格準(Almeder, 28)。這點會在本書第六章做更詳細的討論。

三、記號的歸類

前面提過，記號類型學與記號歸類學不同；前者在於區分不同的記號類型，後者則將各種類型組織起來以顯示其間的關係。上一節談的是記號類型學，展示普爾斯如何由三種觀點去區分記號的類型，本節則以記號之歸類為主題。

李斯卡指出，普爾斯心目中似乎有兩種歸類學，一者具階層性，一者僅著重類型。他對學問的歸類即具有階層性，其間有如樹狀構造，重點在於顯示不同層次的類別之間的主從關係。在此，乃以植物學及動物學為模範，並以後天的經驗觀察為基礎。記號的歸類則非階層性的，它以數學的歸類為模範，著重類型的形式條件。例如，一個圖形要成為平行四邊形，即必須具備這種幾何類型的所有形式條件。同樣的，任何一個事物要成為記號，即必須具備記號

的形式條件。進一步來說，不同種類的記號會以不同的方式來滿足這些條件(Liszka, 43-44)。

根據李斯卡的分析，普爾斯的記號歸類學有五點指導原則(Liszka, 44-48)。第一點是「組合規則」(the composition rule)。由於記號必須具備再現條件、呈現條件及解釋條件，每一種記號都要在這三方面有所表現。這三方面各自皆又分為三種類型，當然，記號可以僅表現每一方面之中的一個類型。例如，一個記號可能在再現條件上是象符，在呈現條件上是性質記號，在解釋條件上是詞項。

第二點是「限制規則」(the qualification rule)。若是純粹依照排列組合的方式，三種分類方式皆各有進一步的三分，則記號的種類數目可以達到廿七（三的三次方）。但是，由於現象學比記號學更為基本，記號的歸類必須服從現象學或範疇論的原則。性質記號、象符、詞項為第一者，單一記號、標示、命題為第二者，法則記號、符號、論證為第三者。依範疇論的原則，第三者預設第二者及第一者，第二者預設第一者，第一者則僅預設其本身。如此，一個記號的呈現側面不能與比較高一者的再現側面相結合，一個記號的再現側面也不能與比較高一者的解釋側面相結合。換言之，並不是廿七種組合都能符合上述原則。事實上，普爾斯在一九〇三年指出，僅有下述十種組合得以成立(*CP*, 2.254-263)：詞項性象符性的性質記號(rhematic iconic qualisigns)、詞項性象符性的單一記號(rhematic iconic sinsigns)、詞項性標示性的單一記號(rhematic indexical sinsigns)、題項性標示性的單一記號(dicentic indexical sinsigns)、詞項性象符性的法則記號(rhematic iconic legisigns)、詞項性標示性的法則記號(rhematic indexical legisigns)、題項性標示性的法則記號(dicentic indexical legisigns)、詞項性符號性的法則記

號(rhematic symbolic legisigns)、題項性符號性的法則記號(dicentic symbolic legisigns)、論證性符號性的法則記號(argumentive symbolic legisigns)。此外，由限制規則可以進一步推出下述幾項要點(Liszka, 45)：一、性質記號必定以象符的方式再現其對象。二、性質記號必定以詞項的方式被理解。三、象符必定以詞項的方式被理解。四、論證只能以符號的方式再現其對象。

　　第三點是「主導規則」(the dominance rule)：雖然每一個記號都必須具備三方面的形式條件，但是，其中某一方面可能最為突顯或重要。例如，某一個詞項性象符性的性質記號，它之做為性質記號的重要性可能高於它之做為一個詞項性的象符。如此一來，平常談到記號時，可以用三側面中的某個側面來代表整個記號。例如，普爾斯即以象符、標示及符號做為最基本的三分，並經常以之代表整個記號(Liszka, 46)。

　　第四點是「實例規則」(the instantiation rule)：任何一種記號都必須表現在單一記號中。一個性質記號要實際表現出記號的作用，就必須具現於某個單一記號中。同樣的，一個法則記號要實際表現出記號的作用，亦必須藉由一個應用的實例；這個實例名為代符，而代符即是一個單一記號(*CP*, 2.244, 2.246)。值得提醒的是，一個性質記號必須具現於單一記號中，但是它之所以具有再現作用的根據乃是基於它的性質，而不是基於它之出現於某個特定的時空中(Liszka, 46)。

　　第五點是「涵蓋規則」(the inclusion rule)：在記號的相同側面之內，高一層的類別涵蓋了低一層的類別。因此，一個單一記號必定涵蓋一個性質記號，而一個法則記號必定涵蓋一個單一記號，並因而間接地涵蓋一個性質記號(*CP*, 2.245-246)。同樣的，一個標

示必定涵蓋一個象符，而一個符號必定涵蓋一個標示，並因而間接地涵蓋一個象符(*CP*, 2.248-249)。一個命題必定涵蓋一個詞項，而一個論證必定涵蓋一個命題，並因而間接地涵蓋一個詞項(*CP*, 2.251,2.253)。換言之，根據涵蓋規則，舉例來說，沒有所謂的純粹符號這種東西，因為一個符號必須同時包括一個標示及象符。被包含的記號可能被主要記號用來做為傳達訊息的工具或指涉對象的工具。當一個符號包含一個標示，這點使這個符號得以有所指涉；而當一個符號包含一個象符，這點使它得以有所意指(*CP*, 2.293)。由涵蓋規則可以推出一個要點：前面提到的十個種類的記號，列在後面的記號直接或間接地包含前面的記號(Liszka, 46)。

值得補充的是，涵蓋規則及實例規則可以應用到記號的某些支類。僅僅做為一個法則記號的代符的單一記號有異於一個單純的單一記號，後者乃是做為再現其對象的基礎。同樣的，一個僅僅做為一個符號的代符的標示亦有異於一個單純的標示，一個僅僅做為一個論證的代符的命題亦有異於一個單純的命題(*CP*, 2.265)。當性質記號、象符及詞項各自分別直接地包含在單一記號、標示及命題時，並各自分別間接地包含在法則記號、符號及論證時，即會創造出其他的記號支類。例如，普爾斯把日常的命題歸類為題項性符號性的法則記號，但是當命題用來做為論證的前提時，則這個題項性符號性的法則記號即獲得一種新的力量(*CP*, 2.262, 2.265)。這個命題之包含在論證中有異於它之做為單純地陳述事實的命題，前者因而可以被視為命題這類記號的一個支類(Liszka, 47)。

介紹五個歸類規則之後，以下簡略說明普爾斯歸類出來的十種記號(Liszka, 48-52)。為了展示主導規則，我們用括弧來突顯各種記號所具有的主導側面。其次，為了符合涵蓋規則，十種記號排列

的順序亦是不可變動的。最後，值得提醒的是，由於記號歸類學的目的在於顯示不同記號類型的可能結合，因此，這十種記號之間的分界在實際狀況中並不是清晰可判的。

一、詞項性象符性的「性質記號」。這種記號主要是由於其本身具有的性質而得以成為記號。不過，在實際的狀況中，它必須具現於一個詞項性象符性的單一記號之中(*CP*, 2.255)。這種記號的序位最低，因此所有其他種類的記號皆直接或間接地包含它。這種記號有如對於性質之感受，其中並未確定性質的來源，其對象極為含混不明。性質符號總是以象符的方式呈現自身，對於它的理解亦因而著重於其本身性質的側面，而非其指涉的對象。換言之，它的呈現功能遠高於其再現功能。

二、詞項性「象符性」的「單一記號」。這種記號是一種象符，它乃是由於它的個別性而能夠再現其對象與它的相似。例如，現存的耶穌雕像有許多尊，樣貌都不相同，而蘇格拉底的雕像僅流傳一尊，則我們會認為目前僅存的蘇格拉底雕像就是他實際的樣子。又由於它是以詞項的方式來理解，則其重點即在於相似的特性。這種記號包含性質記號，因為任何一個單一記號皆有其性質。不過，儘管此性質在某種程度上有助於記號之再現其對象，但是主要的因素還是在於這個記號的個別性。

三、「詞項性」「標示性」的「單一記號」。這種記號是一種標示，它主要在於指示出一個對象，而不太表示出對象的內涵。例如，當人們突然遇到危險而不自覺就發出的叫聲(*CP*, 2.256)。這種叫聲是立即的、自發的，它不同於那些約定俗成的驚呼聲。由於它的未確定性，它是根據其本質特性而以詞項的方式來理解；因此，它所再現的亦相當含混。它包含性質記號，例如，叫聲的音量或頻

率；而這個性質記號能夠以象符的方式再現某個對象，例如，叫聲的高音量可能表示呼叫者有意引起我們的注意。不過，在實際的狀況中，這種記號大多是做為詞項性標示性的法則記號的一個代符；例如，在遇到意外時，中國人所叫的「哎喲」。

四、「題項性」標示性的「單一記號」。這種記號是一種標示，它不僅指示出一個對象，而且能夠呈現對象的某種內涵。它之所以能夠提供這種有關其對象的訊息，乃是因為它實際受到對象的影響。例如，風向儀即是這種記號(*CP*, 2.257)。就這種記號之能呈現其對象的內涵來看，它直接包含一個詞項性象符性的單一記號。就這種記號之能指示其對象來看，它也直接包含一個詞項性標示性的單一記號。

五、詞項性「象符性」的「法則記號」。這種記號依照某種約定俗成的方式再現相似性；例如，地形圖、氣象圖、物價走勢圖都是這種記號(*CP*, 2.258)。法則記號實際上並不存在，它必須具現於單一記號之中。這種記號是根據其本質特性而以詞項的方式來理解；例如，物價走勢圖的曲線代表的意義正相似於物價實際升降所代表的意義。

六、「詞項性」「標示性」的「法則記號」。這種記號是約定俗成的，它主要表現為一個標示。指示代名詞即是典型的例子(*CP*, 2.259)，它被理解成只是單純地指示對象，而儘量不傳達任何關於對象的內涵。做為一種法則記號，它必須具現於詞項性標示性的單一記號之中。

七、「題項性」「標示性」的「法則記號」。這種記號是約定俗成的，它不僅表現為一個標示，而且同時經由約定俗成的法則而透露某些關於對象的訊息。例如，小販的叫賣聲不僅有所指示，亦告

訴我們它所指示的內容(*CP*, 2.260)。為了指示其對象,這種記號包含一個詞項性標示性的法則記號;為了傳達對象的內涵,它包含一個詞項性象符性的法則記號。由於這種記號同時結合這兩方面,因此,它本身是題項性的。同樣的,做為一種法則記號,它必須具現於題項性標示性的單一記號之中。

八、「詞項性」「符號性」的法則記號。這種記號是約定俗成的,它主要是經由某種約定俗成的法則而得以關連於其對象,並且主要在於傳達此對象的概括內涵。普通名詞即是典型的例子(*CP*, 2.260)。「狗」這個字基本上是一個法則記號,它意指狗的某些特性,像是有四條腿、會汪汪叫等等。因此,它以詞項的方式被理解。「狗」這個字表達對象的內涵,而不明確表示這種內涵是針對那些對象而言。做為一種法則記號,它必須具現於詞項性標示性的單一記號之中。它的實例之所以是標示性的,乃是因為個別實例之出現造成它與其對象的聯結。

九、「題項性」「符號性」的法則記號。這種記號是約定俗成的,它建立與其對象的關連,並因而提供此對象的某些訊息。因此,它通常被認為是在陳述事實,故而是以題項的方式被理解。命題是典型的例子(*CP*, 2.261),它將主詞(對象)與述詞(對象的內涵)關連在一起。為了傳達對象的內涵,這種記號包含一個詞項性符號性的法則記號;為了指涉該對象,它包含一個詞項性標示性的法則記號。做為一種法則記號,它必須具現於題項性的單一記號之中。

十、「論證性」符號性的法則記號。這種記號是約定俗成的,它展示其對象的法則特性。論證的推論是典型的例子,它展示一組命題(前提)與另一命題(結論)的關連。做為一種法則記號,它必須具現於題項性的單一記號之中。

第五章　探究理論

　　探究(inquiry)理論是普爾斯哲學體系中相當重要的一環，他在一八九七年說:「從我懂得思考的那一刻起，直到現在，大約四十年的時間，我一直勤奮不輟地研究著各種探究方法，包含那些曾經被運用和正被運用的方法，以及那些應該被運用的方法。」(*CP*, 1.3)他在一八九九年又說，在每一面哲學城市的牆上都應該刻上這句標語:「不要阻礙探究之路」(*CP*, 1.135)。

　　自一八七七年起，普爾斯陸續在《通俗科學月刊》發表一系列總標題為「科學邏輯之說明」的六篇文章，分別為:〈信念之固定〉、〈如何使我們的觀念清楚〉、〈機緣說〉、〈歸納之或然性〉、〈自然的秩序〉以及〈演繹、歸納與假設〉。整體言之，如系列總標題所云，這六篇文章在於說明科學的邏輯;郝斯曼指出，普爾斯此時顯然企圖將實驗科學的邏輯或方法引進哲學，以期哲學能與自然科學並駕齊驅(Hausman, 20)。分別言之，其中的前兩篇不但是普爾斯最廣為世人研讀的文章，亦是一般人了解普爾斯實用主義的主要憑藉。事實上，普爾斯晚年仍指出，這兩篇文章表達了他對實用主義的主張;他在一九〇三年甚至想把這兩篇合在一起而名為〈我對實用主義的辯解〉。不過，平心而論，實用主義的主張主要出現在第二篇的〈如何使我們的觀念清楚〉，至於第一篇則集中在探究歷

程及探究方法上。本章處理普爾斯的探究理論，以下即由〈信念之固定〉開始討論。

一、探究的歷程

在〈信念之固定〉中，普爾斯對探究加以界定。「探究」一詞指的是一種歷程，它由真正的懷疑達到穩定的信念。他說：「懷疑之不安的刺激導致求取信念狀態的努力。我將把這種努力稱為『探究』。」(*CP*, 5.374) 在普爾斯對探究歷程所做的經驗性考察中，「懷疑」與「信念」是兩個關鍵詞語；懷疑是整個探究歷程的起點，而信念則為其終點。以下即來了解他對這兩個名詞的看法。

根據普爾斯的說法，懷疑與信念有下述幾點差異。一、我們可以訴諸主觀的感覺而分別懷疑與信念。普爾斯說：「我們一般都知道我們何時希望提出一個問題，也知道我們何時希望提出一個判斷，因為懷疑的感覺不同於相信的感覺。」(*CP*, 5.370)二、我們可以對懷疑與信念這兩種感覺的特性加以描述，而由此描述中看出其間的差別。普爾斯說：「懷疑是一種不安且不滿足的狀態，我們努力使自己擺脫出來，而進入信念的狀態；後者則是一種安靜且滿足的狀態，對於這種狀態，我們不希望逃避、或改變而相信任何其他的事。相反的，我們堅持之，不僅堅持於相信，更堅持於相信我們事實上所相信的。」(*CP*, 5.372)三、懷疑與信念之間有實踐上的差異(practical difference)。普爾斯指出，信念可以引導我們的欲望，並決定我們的行動；而懷疑則無此種效力(*CP*, 5.371)。當某種狀況出現時，信念使我們依某種方式行動。懷疑沒有這種主動的作用，它只是刺激我們進行探究以消除其本身(*CP*, 5.373)。

由以上的說法，我們可以看出，懷疑與信念都是某種心理狀態。這兩種心理狀態各自有兩個層面❶。就狀態本身而言，懷疑是一種不安且不滿足的狀態，而信念是一種安定且滿足的狀態。就此狀態之作用而言，懷疑刺激我們去消除懷疑以得到某種信念，而信念則使我們在某種情況之下以某種方式去行動。普爾斯說，信念不是一種瞬息即逝的意識狀態，它在本質上是一種延續一段時間的心靈習慣，而且多半未被意識到；像其他的習慣一樣，在沒有遇到某種驚奇的衝擊之前，它是安定而滿足的。至於懷疑，則與信念完全相反；它不是一種習慣，而是習慣的闕如(*CP*, 5.417)。

普爾斯強調他所說的懷疑是真正的懷疑，並批評笛卡兒所說的普遍懷疑是不可能的。他對笛卡兒的批評主要見於一八六八年在《思辨哲學雜誌》發表的兩篇文章：〈論某些被視為人所具有的能力〉以及〈四種無能的結果〉。他在其中的第二篇文章中指出，笛卡兒主義有四個迥異於中世紀士林哲學的主張，而由近代科學與邏輯的立場看來，這四個主張都是有問題的。其中提到，笛卡兒主義的第一個主張即是說，哲學必須以普遍的懷疑為起點(*CP*, 5.264)。笛卡兒在《沈思錄》的〈第一沈思〉中提出普遍懷疑的說法。依據其中的論證，感官可能欺騙我，夢境可能欺騙我，惡魔可能欺騙我；如此，我所確信的一切都可能是不確定而可以被懷疑的。普爾斯則指出，我們不可能以普遍的懷疑做為思考的起點。反之，當我們進行哲學思考之際，我們必須以實際上我們所具有的全部成見為起點。這些成見是我們實際上所相信而未懷疑的，我們不可能藉著一條規則而全部加以懷疑。簡言之，普爾斯所以說普遍的懷疑是不

---

❶　本人在《探究與真理》一書第二章及第三章使用發生狀態與傾向狀態之分別來說明普爾斯所說的懷疑及信念的兩個層面，詳見之。

可能的，主要的理由在於他認為，當我們懷疑之際必然夾帶了許多
並不懷疑的信念。因此，以普遍懷疑為起點，只是自欺欺人的說
法，而不是真正的懷疑。普爾斯強調，在哲學思考中，如果我們不
是真正地懷疑，就不應該假裝去懷疑(*CP*, 5.265)。

　　普爾斯認為，唯有當我們很相信某事會發生而卻未發生時，或
是當我們沒有預期某事會發生而竟然發生時，才會發生真正的懷
疑。換言之，除非我們已驚訝於我們所未預期者之發生、或是驚訝
於我們所預期者之未發生，否則我們不可能處於真正的懷疑狀態。
由此可見，沒有先在的信念即不可能有真正的懷疑；懷疑可能出現
的唯一時刻是當信念破裂之際。普爾斯說：「我們由各種角度都有
理由說，先有信念，而後才有懷疑的能力。懷疑通常是，或許永遠
是，起於驚奇，而這預設了先前的信念；而且，驚奇是伴隨著新奇
的環境而來的。」(*CP*, 5.512)由此可知，在探究過程進行之前，我
們已經有一些先在的信念。

　　普爾斯強調，真正的懷疑乃是來自於外在的新奇經驗。他說：
「真正的懷疑總是有一個外在的源頭，通常來自於驚奇；一個人不
可能憑著一種意志的動作而在心中創造出真正的懷疑。」(*CP*,
5.443) 真正的懷疑源於驚訝，而驚訝源於外在經驗之相反於我們原
先的信念。真正的懷疑不能由意志發動，因為我們事實上不可能憑
著意志要求出現相反於我們原先信念的經驗；換言之，我們不可能
創造驚訝，因而亦不可能創造懷疑。

　　對普爾斯來說，笛卡兒所說的普遍懷疑根本是一種違反心理事
實的說法。而且，這種錯誤根源於一種錯誤的知識觀。笛卡兒誤以為
知識體系之建構有如建高樓，故而錯誤地期望經由普遍懷疑找到絕對
確定的起點，以做為知識結構的基礎。在此，普爾斯以一種「整體

論」(holism)的說法取代笛卡兒的「基礎論」(foundationalism)。

　　依照基礎論的想法，知識體系之建構有如大廈之建構，二者皆需要安穩的「基礎」。萬一這些基礎不穩，整個人類知識的「大廈」就會崩潰。採取基礎論的哲學家們，都曾努力地找尋知識大廈的堅固地基，只是有的人宣稱找到了，而有的人則承認找不到。笛卡兒自認為找到了不容懷疑的基礎，而自認為找不到的人，則很可能像休姆那樣走入懷疑論。但是，他們至少在出發點上是一樣的，亦即，把知識看成一座需要穩固基礎的大廈。

　　普爾斯在此則有不同的看法，對他來說，知識體系不是由一堆命題所組成的靜態建築，而是一個動態的探究歷程。在這個歷程中，我們以真理做為我們終極的目標而向前行進。在行進的過程中，我們的腳下從來沒有踏到穩固不移的岩石。我們是在沼澤中行進，我們唯一能夠確定的就是，腳下的泥沼足以在目前「暫時」支持住我們。這不僅是我們唯一能夠獲得的全部的確定性，也是我們唯一能夠合理地希望獲得的全部的確定性。因為，正是由於這種基礎的薄弱，才使我們一步一步地向前走，一點一點地趨近目標。唯有懷疑及不確定，才能提供追求新知的動力。依照普爾斯的比喻，只要我們的腳下站到了比較穩固的地基，我們就會想要停下來休息，直到這個地基開始動搖，我們又再度被迫前進(*CP*, 5.589) 。依據這種整體論的看法，我們不能離開我們的現實知識，而從外面找尋某種阿基米德點，然後再由此點去評估並證成我們整體的知識。我們必須依據我們現有的知識，固然其中帶有各種不確定的成分，也有各種未經省察的錯誤成分，然而這卻是我們實際所擁有而且唯一能擁有的憑藉。我們不需要像笛卡兒那樣奢求知識可靠性的絕對保證，我們也沒有必要陷入休姆的懷疑論而採取全盤否定的態度。

在上述的說法中，普爾斯明白表現了他的批判常識論(critical commonsensism)。有關批判常識論的主旨，可見於普爾斯於一九〇五年發表的〈批判常識論的六點特色〉，其中指出的六點特色大意如下(*CP*, 5.440–452)：一、它承認有不可懷疑的命題，也承認有不可懷疑的推論；二、它承認有非批判性的根源信念；三、這些信念之被相信不是基於理性，而是基於本能；四、這些非批判性的不可懷疑的信念在本質上是含混不清的；五、批判常識論極其重視懷疑；六、批判常識論對本身的主張嚴厲地加以批評。

簡言之，依照常識論的觀點，笛卡兒所說的普遍懷疑在心理上是不可能做到的事。普爾斯在此指出，當我們在進行哲學思考時，心中已經有許多先入為主而從未懷疑的意見，因為我們並未察覺到它們是可被懷疑的，我們甚至未察覺到它們的存在。如果我們以為我們真的能夠懷疑一切可被懷疑的事物，這只是在欺騙自己。史凱基斯泰對此的詮釋是，普爾斯的「常識論」主張，我們不應該假裝去懷疑那些我們事實上並不懷疑的東西，因為這樣只會把我們帶進全盤懷疑論的死胡同中。但是，普爾斯的常識論也不是未經批判的信仰。他是一個可錯論(fallibilism)者，他主張，任何意見都有可能是錯誤的；因此，他的常識論是「批判的常識論」。由此，任何一個習慣的信念都可以被批評，只要我們找到理由去懷疑它，就應該加以批評。事實上，懷疑的能力就是激發人們探究真理的動力。偏執於習慣的信念會阻礙探究之路，因為這樣經常會遮蓋了真正值得研究的問題。然而，偏執於普遍的懷疑也會阻擋探究之路，因為這種做法只會驅逐我們意識到的信念，而使我們陷於未意識到的偏見中(Skagestad, 32–33)。

由此可知，普爾斯的常識論之所以是「批判的」，乃是因為在

接受我們習慣的信念的同時，他還主張可錯論。普爾斯說：「有三件事是我們永遠不能希望憑著推理而得到的，亦即，絕對的確定性、絕對的精確性、絕對的普遍性。」(*CP*, 1.141) 他又說：「我不會承認，我們絕對確定地知道任何事。」(*CP*, 7.108)依照可錯論的看法，沒有任何一個命題是邏輯上不可能為假的，甚至在知覺及數學中亦復如此(*CP*, 1.150)。

批判常識論及可錯論的相互配合，使我們在探究之路上不至於鑽牛角尖，亦不至於安於現狀。換言之，依批判常識論，我們確實相信太陽明天依然東升，這是我們不能不接受的信念；而依可錯論，我們也應該提醒自己，太陽明天之東升亦不是必然的、絕對確定的，而且，所有我們現在所確信的均有可能為假。批判常識論告訴我們，被我們所接受的那些信念在沒有受到新經驗的衝擊前確實是「不可懷疑的」；但是，可錯論則告訴我們，這並不表示它們是「不會錯的」。

在某種意義上，我們可以把普爾斯看成溫和的懷疑論者，因為他雖然否定絕對的確定性，卻承認有一種實質的確定性(*CP*, 1.152)。不過，這種說法只適用於最後的真理尚未獲得之際。普爾斯相信，經由科學社群長期的探究之後，最終會得到一致的答案(*CP*, 5.407)。米薩克亦指出，普爾斯承認兩種確定性。我們現有的信念具有實質的確定性，它們是「不可懷疑的」。最終的真理具有絕對的或抽象的確定性，它們是「不會錯的」(Misak, 54)。我們並未擁有最終的真理，而僅能以它們做為企慕及追求的對象。換言之，在遙遠未來的理想境地，將會有絕對的確定性，但在這之前，我們有的確定性都只是相對的，我們自以為確定的信念都有可能是錯的。

　　由普爾斯的可錯論可以看出，他之反對笛卡兒普遍懷疑的說法，除了批評其違反心理事實之外，還有更根本的理由。因為，依笛卡兒的說法，探究之起點乃是懷疑一切在邏輯上可能為假的命題，則此探究的終點必須成立一些邏輯上不可能為假的命題，才能稱得上是成功的探究(*CP*, 1.149)。艾默德指出，對普爾斯而言，這樣的探究觀最後導致知識之獲得成為不可能的事；因為，沒有任何命題是邏輯上不可能為假的。雖然笛卡兒認為「我思」是邏輯上不可能為假的，但是普爾斯指出，所有的推理在邏輯上都可能有錯誤，「我思」像其他任何一個命題一樣，都是綜合推論的產物。由於普爾斯相信所有的知識及推理都是可能錯的，終使他認為笛卡兒式的懷疑只是無稽的想像。如果以笛卡兒式的懷疑為起點而進行探究，必定會走向懷疑論。而依普爾斯，探究必須以具有外在根源的懷疑為起點，且以我們並不真正懷疑的命題為終點，而不是以邏輯上不可能為假的命題為終點(Almeder, 6)。

　　普爾斯指出，他的哲學可以描述成，一位物理學家之企圖盡量運用科學方法並加上前輩哲學家努力的成果以推測出宇宙的構造。在此，我們不能要求像數學那般的解證性的證明(demonstrative proof)。他說：「形上學家提出的解證全都是胡說。頂多能做的是提出一個並非毫不可能的假設，它得符合科學觀念發展的一般路線，並且能被未來的觀察者加以檢證或駁斥。」(*CP*, 1.3–1.4)有人批評普爾斯似乎對自己的結論不是絕對確定，普爾斯反諷說，如果批評者繼續看他未來的著作，可能會更生氣，因為他主張可錯論，為了有所發現，他願意承認自己原先知識的不足，而允許自己的哲學一直成長(*CP*, 1.4)。批判常識論以及可錯論說明了知識成長的實情；知識的成長必須以現有的知識體系為基礎，當新的經驗迫使探

究者修改其信念之際，知識體系也在一點一點地修改著。

　　經由普爾斯對笛卡兒之批評，我們對他所說的真正懷疑有了更多的了解，以下則進一步討論普爾斯有關「信念」的說法。普爾斯認為，對信念之持有者而言，他之持有某一信念，固然可以使他在心理上處於安定而滿足的狀態，但更重要的是，這個信念可使他在某種情況中以某種確定的方式去行動。因此，普爾斯強調，「信念之本質在於建立習慣」(*CP*, 5.398)，而「思想之全部功能即在產生行動之習慣」(*CP*, 5.400)。他又說，在某種情境中被動機所引發而準備以某種方式去行動，這就是習慣；而一個審慎的、自我控制的習慣就是信念(*CP*, 5.480)❷。又由於具有某種信念就會在某種情況下產生某種行為，因此，我們可以說，信念是造成某種行為的原因，它是使一個人所以如此行動的原因。艾默德亦指出，普爾斯時常使用「信念」一詞指稱造成特定行為類型的某種心理狀態或感受。這種狀態源出於我們觀念之間的某些習慣性關連(*CP*, 7.354, 7.359)，並且涉及固定的期望習慣(*CP*, 8.270, 8.294)。簡言之，當我們說一個人相信某一命題時，意思就是說，他是在某種狀態，而此狀態的特色是，他具有某些期望，而這些期望是由他的觀念之間

---

❷　普爾斯在一九〇二年所寫的〈信念與判斷〉中對「習慣」及「審慎」有比較詳細的定義。他指出，「習慣」一詞有狹義及廣義，前者較恰當，後者較有用；而他採取後者。狹義的習慣：對比於天性的傾向，故可名之曰「後天的習慣」(acquired habit)。廣義的習慣：一個人、一個動物、一株葡萄樹、一種可結晶的化學質、或任何其他東西的本性之特殊化（不論是先天的或後天的），而使他或它會以下述方式行為或總是傾向於行為：在某種情境，行為會表現某種特性。而「審慎」一詞大致上被定義成，對過去經驗的記憶及個人當前的目的之注意，再加上自我控制(*CP*, 5.538)。

的習慣性關連而造成的(Almeder, 2)。

簡言之，如果我們要知道某人究竟相信什麼，則唯一的方法是去看他的行為方式。普爾斯說：

> 信念之本質即是習慣之成立；而不同的信念是由它們所激起的不同的行動模式而區別開來。如果信念在這方面沒有差異，如果它們是藉著產生同樣的行動規則而平息同樣的懷疑，則在對它們的意識方式中沒有什麼差異可以使它們成為不同的信念，就像在不同的鍵上彈出同一個音調不能算是在彈不同的音調。(*CP*, 5.398)

普爾斯接著指出，若是不能認清這點，則會造成虛假的分別；亦即把沒有真正差異的信念當成不同的信念。如果我們能由行為模式做為了解信念內容的憑藉，不僅可以避免造成虛假的分別，亦不致混淆真正有所差異的信念。事實上，這裡所說的正是普爾斯「實用格準」所要表示的意思，下一章會詳細討論之。

對普爾斯來說，有關某人持有某種信念的陳述並不等於有關實際行為的陳述，而是等同於有關實際行為之「傾向」的陳述。他認為，相信一個命題，這種心理狀態即完全等於準備以審慎的態度使行為合乎這個命題(*CP*, 6.476)。他指出，信念並不使我們立即行動，而是使我們處於某種狀態，在此狀態中，當某種情況發生時，我們將會以某種方式行動(*CP*, 5.373)。因此，我們可以由一個人在某種環境下以某種方式行動之傾向而推知其信念。

普爾斯指出，信念有三個性質：一、它是我們覺察到的東西；二、它止息懷疑之不安；三、它在我們的本性中建立一個行動的規

則，或是簡單地說，一個習慣(*CP*, 5.397)。其中第三個性質顯然是最重要的；普爾斯說法的精髓即在於由行動規則、行動模式、或習慣去說信念，更以此為信念的本質所在。依此，我們亦可說，「行動模式或習慣之成立」是「信念之持有」的必要條件。

　　習慣不是當下的發生狀態，而是一種傾向狀態；亦即，「假如」有某種情境發生，則習慣會使我們在此情境中以某種特定的行為模式回應(*CP*, 5.538)。換言之，就信念之為一種傾向狀態而言，它是「假言的」。不過，習慣之存在決定了某人是否會在某種情境中表現某種行為，亦即決定習慣之具體表現。此外，在止息懷疑之不安的作用上，只要習慣一旦成立，即已足以止息之，而不必等待習慣之具體表現。簡言之，在普爾斯所說的信念三性質中，第三個性質才是信念的根本；它決定了第二個性質，亦即止息了懷疑之不安；它也決定了第一個性質，亦即造成確信之感或安定滿足的心理狀態。

二、探究的方法

　　普爾斯強調探究的唯一目標在於固定信念，而一個永久穩定的信念即是真的。現實上，我們看到許多固定信念的方法，但是，普爾斯並不認為所有的方法都能永久地固定信念。在〈信念之固定〉一文中，普爾斯列舉四種固定信念的方法：「固執法」(the method of tenacity)、「權威法」(the method of authority)、「先驗法」(the a priori method)及「科學方法」(the method of science)。在此，他獨鍾科學方法，而批駁前三種方法。

　　依普爾斯的說法，固執法的特色是，「對一個問題選擇任何一

個我們能想像到的答案，而且不斷地將它重複告訴我們自己，安於
一切可能促成那個信念的事物，並以不滿與憎恨排斥一切可能干擾
它的事物。」(*CP*, 5.377)使用固執法的人有如駝鳥一般，埋首於沙
中而逃避事實；他拒絕去看危險，卻說危險不存在。普爾斯認為，
固執法的最大弱點在於，它在實際上是行不通的。他指出：

> 社會的衝擊即反對之。採取這種方法的人將會發現，其他的
> 人與他的想法不同，而且在某種更清醒的時刻，他很容易想
> 到，他們的意見完全像他自己的意見一樣好，這樣就會動搖
> 他對自己信念的信心。……除非我們使自己成為隱者，否則
> 我們一定會影響彼此的意見；如此一來，問題即成為，如何
> 在社群中，而不只是在個人中，去固定信念。(*CP*, 5.378)

由於我們處身在人群之中，就會碰到與我們不同的信念，這種情況
所產生的社會衝擊是無法以固執法來抵抗的。換言之，普爾斯反對
笛卡兒之以個人做為真理的裁決者；信念之固定不是一個單獨的個
人本身的事，而是一個生活於社群互動中的個人的事。

其次，依普爾斯的說法，權威法的特色在於：由一個強大的組
織規定所謂正確的信念，不斷地加以重複宣揚，用來灌輸並教育其
成員；同時封鎖一切相反的看法，不讓其成員知道任何可能產生懷
疑的事情；使人們對於不尋常的意見感到憎恨及恐慌，對於那些持
反對意見的人同聲譴責，並加以懲罰。這是一個相當有效的方法，
它在古代埃及的法老政權以及中古歐洲的教會系統中，都曾獲致高
度的成功(*CP*, 5.379)。這種方法的成功不僅出於由上而下的壓力，
亦來自於社群成員之間的壓力。此外，它的成功更來自於大眾本身

具有的一種想要成為思想奴隸的衝動(*CP*, 5.380)。

但是，權威法的成功無法維持長久。首先，這種人為規定的效力範圍是有限的，沒有一個組織能規定出每一個人的所有意見。其次，當不同的社群相互接觸時，某一個社群中的人可能會發現同樣的方法在自己的社群所造成的意見正相反於它在別的社群所造成的意見；這不僅使他懷疑自己的意見未必優於他人的意見，更會使他對於建立這些意見的方法本身產生懷疑(*CP*, 5.381)。

依普爾斯的說法，先驗法的特色在於：「不讓天性偏好的活動受到阻礙，然後，在它們的影響下，讓人們一同對話並以不同的見解考慮事情，而逐漸發展出與天性原因相和諧的信念。」(*CP*, 5.382) 普爾斯指出，形上學家最擅長運用先驗法，他們相信某些基本命題的理由主要在於它們是合乎理性的，或是說，他們接受信念系統的理由是由於其中的基本命題似乎合乎理性。換言之，他們並不考慮這些信念是否合乎經驗事實，而只關心他們自己是否傾向於相信它們。在這層意義上，他們所謂的「合乎理性」，實際上即是合乎他們天性的偏好；因此普爾斯有時乾脆稱這種方法為「偏好法」(the method of inclination)(*CP*, 5.382n)。由此看來，先驗法的缺點也是很明顯的，即是過於主觀及隨意。它不但不能消除前兩種方法所帶來的那些偶然及隨意的成分，反而猶有過之；因為，本性的偏好往往是由許多偶然的因素決定的。普爾斯指出，依據偏好而決定信念，這種做法使得探究的工作變成是個人品味的發揮。他並且指出，正是由於這項原因，西方的形上學家一直未能得到共同的結論，而由古至今擺盪於唯心論與唯物論的兩端(*CP*, 5.383)。

在對前三種方法批評之後，普爾斯提出他心目中的理想方法。他指出，要平息懷疑，則必須先找到一種方法，由此方法，我們的

信念可以不被任何與人有關的因素決定，而是被某種「外在的恆常者」(external permanency)決定；這種方法即是科學方法(*CP*, 5.384)。艾耶指出，科學方法之優於其他三種方法，即在於只有它為真理設定了一個公共的標準(Ayer, 19)。普爾斯設定的公共標準即是「外在的恆常者」，亦即「實在者」。科學方法以「實在者之存在」為其基本預設，事實上，任何以真理為目標的探究，亦必須以此為其預設。普爾斯以平易的方式陳述此一預設：

> 實在的事物是存在的，它們的特性完全獨立於我們對它們的意見；那些實在者根據規律的法則影響我們的感官，而且，雖然我們的感覺之不同有如我們與這些對象的關係之不同，但是，藉助於知覺法則，我們能夠由推理確定事物如何實在地及真正地存在；而任何人，如果他有充分的經驗而且對經驗有足夠的推理，即會被引導到唯一真的結論。(*CP*, 5.384)

這裡所說的實在者不受思想的影響，反過來，倒是思想不斷地受到它的影響。普爾斯承認我們每個人對於同一對象的感覺可能不同，但他也肯定有實在的事物，而且這些事物的特性是完全獨立於我們的意見之外，我們的意願對這些實在事物的特性不能左右分毫。其次，外在恆常者對人的影響絕不限於某一個人或某些人，它「必須是影響或可能影響每一個人的某種事物」(*CP*, 5.384)。普爾斯在此明白表示，真理必須是公共的。某一命題之是否為真，不是取決於個人或團體之任意的偏執或喜好，而必須取決於外在的恆常者。若以外在的恆常者做為所有探究者的公共標準，則所有的人都可期望最終將獲得一致的意見。普爾斯更相信，所有的人只要堅持以科學

方法做為探究的方法，即必定能夠達到同樣的實在者，亦能從而獲致同樣的結論。

米薩克指出，普爾斯固然承認每個人對同一對象的感覺會有不同，但是他認為這種不同不會很大，他也肯定外界的實在事物對每一個人所可能造成的影響大致上是相同的，因此，不同的探究者可以得到類似的結論。換言之，在此意義下，外在經驗是公共的。我對同一對象的多次觀察，最後會達到相同的結論。我與其他人對同一對象的觀察，最後也會達到類似的結論。科學家們使用不同的觀察方法及工具，最後可以得到同一結論(Misak, 80)。科學方法之所以優越，一方面在於符合經驗，一方面在於不致與經驗牴觸。合乎經驗的信念能滿足期望，不合乎經驗會帶來驚奇。換言之，它會帶來「最大量的期望」以及「最小量的驚奇」。這完全合乎探究的目的；一方面穩定信念，一方面不致因驚奇而引發懷疑(Misak, 82)。

胡克威指出，普爾斯上述的說法即在表明：一、實在事物獨立於任何個人或團體的意志或意見；二、實在事物是具有足夠經驗而且以正確的方法進行探究的那些人所共同同意的對象；三、這種共識不只限於一個特定的社群，而是包括所有的有理性者；四、這種共識出自於外在的實在事物對我們的感官及意見的影響(Hookway, 44)。此外，胡克威指出，前三種方法全都與實在之假設相衝突。在前兩種方法中，何者為真乃是由個人的意志或團體的意志所決定；而第二種方法雖然可以在承認同一個權威的社群中使其中所有的成員達成共識，卻不能說明所有的有理性者所擁有的共識。至於先驗法，它似乎能提供這種共識，但是它無法滿足實在之假設的第四個性質，因為它並不是基於外在的實在對我們的影響而造成這種共識。因此，普爾斯之選擇這三種方法做為批駁的對象，並不只是

因為它們被廣泛地應用在科學、哲學及日常生活中，而毋寧是由於它們每一個都能用來突顯實在之假設中的不同要素(Hookway, 46)。

　　以上是對於四種方法的簡略說明，接著，我們可以進一步由科學方法與其他三種方法的對比，以觀其特性。首先，普爾斯認為，在他提到的四種方法中，科學方法是唯一能夠呈現對錯之別的方法。他並且指出，經由科學方法，「我能以已知而觀察到的事實為起點，而推進到未知；但是，我這樣做所遵循的規則未必是科學研究所贊同的規則。要測試我是否真的遵循這個方法，並不是直接訴諸我的感受及目的，相反的，測試的本身即涉及這種方法的應用。」(*CP*, 5.385)在此，普爾斯肯定科學方法具有自我修正的功能。在這點上，科學方法迥異於其他三種方法。如果一個人一貫地採取固執法，則他不可能發現他的做法是錯的；因為，根據他所採取的固執法，他可以先入為主地排斥一切與他原初信念有任何牴觸的意見。同樣的，如果一個組織一貫地採取權威法，它也不可能發現它的做法是錯的；因為，依據權威法，組織認為對的即是對的。對於一個採取先驗法的人，情形亦是如此；因為，先驗法的本質就是要他接受他本性所偏好接受的。

　　其次，普爾斯認為，信念之固定不是單屬個人本身的事，而是一個人之生活於社群互動中的事。一個採取權威法的社群並不能控制所有成員的所有意見，那些未被控制而出現的意見即會在該社群中動搖「官方說法」的穩定性。此外，兩個同樣採用權威法的社群可能會規定出不同的「正確意見」，而當這兩個社群接觸時，其中的人們即可能會動搖對自身「正確意見」的信念。至於採取先驗法的人們，他們只是依循個人主觀的偏好而執持信念；但是，人有不

同的偏好,即會產生不同的信念。在此,先驗法只會造成信念的歧異,而無法造成信念的一致。一個採取固執法的人,如果不做一個隱者,則必須處身於一個包含不同信念的社群中,而與持有不同信念的人們互動的結果,即會動搖他自身信念的穩定性。對比於這三種方法,普爾斯認為,科學方法的一個優點即在於,每個人都可以依循它而得到相同的究極結論(*CP*, 5.384)。

接著,普爾斯指出,前三種方法也有科學方法比不上的一些優點。例如,先驗法可以帶來令個人安適的結論,權威法可以使混亂的社會走向安定,而固執法更具有堅定、單純、直接的特性,甚至可以培養剛毅果決的性格(*CP*, 5.386)。但是,在使我們的意見與事實相合這點上,其他三種方法根本無法提供任何保障,而這卻是科學方法的專利。換言之,此處是個價值選擇的問題。如果我們要使自己的意見合乎事實,則必須選擇科學方法。這是一個重大的原則性的價值抉擇,一旦選定,就必須終身奉行之。普爾斯最後更表示,任何相信有真理這麼一回事的人,都應該選擇科學方法(*CP*, 5.387)。

綜括言之,在與其他三種方法對比之下,普爾斯指出科學方法的三個特性。第一、科學方法是唯一能夠呈現對錯之別的方法,而具有自我修正的功能。第二、任何使用科學方法的人,最後都會得到相同的結論,而具有共同的信念;如此更可避免社群之衝擊的問題。第三、唯有科學方法才能使我們的意見或信念與事實相一致。在這三個特性之中,第三點是最根本的。由於科學方法能使我們的信念合乎唯一客觀的事實,因此,所有成功地使用這種方法的人,最後都會得到相同的結論。亦由於科學方法以事實為依歸,因此,它會根據新發現的事實而修改其先前的結論。

當然，科學方法之所以具有上述特性，根本原因即在於前面所說的：它以實在者之存在為其基本假設。換言之，「科學方法能使我們的意見與事實相一致」，這句話不是經驗語句，而是規範語句。希望個人意見與事實相一致的人，就必須接受實在之預設，亦必須採用唯一可以與實在之假設相配合的科學方法，並捨棄前三種與實在之假設有各種衝突的方法。如此一來，我們即不容許以任何個人或團體的意志來決定我們的信念，也不容許以個人自身的喜好來決定信念，而必須由那些我們無法影響的實在者來決定。採用科學方法，即是接受實在之假設，並決心只運用那些有助於實在之知識的探究方法。胡克威指出，依普爾斯的觀點，當我們採取實在之假設，我們即應全心全意、不顧任何利害地追求真理。真理是最後的、恆久穩定的共識，為了它，我們寧可犧牲短期的穩定(Hookway, 51)。

此外，雖然前面一直把實在者說成是一種「假設」，但是普爾斯本人顯然是個實在論者，他承認外在世界是實的。他甚至說，對那些不承認外在世界實在性的觀念論者，若是在街頭遇上醉漢捶上幾拳時，不知還會不會這樣認為? (*CP*, 5.539)

三、探究的目的

普爾斯指出，科學方法的特色在於：唯有它能使我們的意見或信念與事實相一致、使我們得到真理或真的信念。因此，科學方法是理想的探究方法，而真理是探究的理想目標。不過，普爾斯也曾經指出，以真的信念做為探究的目標，乃是一種幻想，而穩固的信念才是探究的目標(*CP*, 5.375)。表面看來，此處似乎有矛盾，但若

能看出其中實屬不同層面的陳述，則無矛盾。簡單說，「實然的終點」不同於「應然的目的」；由經驗性的路向來說，穩固的信念是探究的實然終點；由理想性的路向來說，真的信念是探究的應然目的。

　　在〈信念之固定〉中，下面這段話最足以表明普爾斯經驗性路向的說法：

> 意見之確立乃是探究唯一的目標。或許我們會想像說，這樣對我們來說是不夠的，並說，我們不只是追求一個意見，而是一個真的意見。但是，將此想法加以測試，我們發現它是毫無根據的；因為，只要得到一個穩固的信念，我們就完全滿足了，不論這個信念究竟是真是假。而且，很明顯的是，超出吾人知識領域的東西不能成為吾人之對象，因為對心靈毫無影響的東西不能成為心靈努力的動機。頂多能被主張的是，我們尋求一個我們將「認為」它是真的信念。但是我們認為我們的每一個信念都是真的，因而如此的說法其實只是一種空話。(*CP*, 5.375)

根據普爾斯對探究歷程所做的經驗性考察，一個探究歷程或活動之所以會出現，乃是由於懷疑的刺激。可是當探究者在此活動中得到了穩定的信念，則整個探究歷程即宣告結束。一直要等到另一個新的懷疑的刺激，我們才會進行另一個新的探究活動。依此，普爾斯乃以穩定的信念做為探究的「實然終點」。不論探究者是否以穩定的信念做為他進行探究的理想目的，關鍵是，一旦他獲得穩定的信念，這一個探究歷程即告終止。

　　普爾斯之以穩定的信念做為探究的終點，乃是對探究活動做一心理事實的實然描述。真正的懷疑之出現，不是、也不能由我們自己刻意地造作出來，而必源於外在新奇的經驗。當懷疑出現之後，我們不得不進行探究的活動，以期消除之。而當我們得到穩定的信念之後，懷疑隨之消失，我們亦不得不結束我們相關的探究活動。凡此皆表示探究活動的各個進程都是事實上之必然如此；在此，無關乎個人主觀的意願，也不涉及任何價值的評估。

　　其次，上述引文又提到我們不能說自己追求到的是真的信念；這點亦是對探究歷程所做的實然描述。普爾斯在此是由經驗性的路向指出人類心理上的一個現實限制，亦即，我們在當下的信念狀態中實際上無法分辨自以為真的穩定信念以及客觀上為真的信念；在此情況中，我們把穩定的信念即當成是真的信念。關於這一點，艾耶曾經做過相當精闢的分析。他指出，假若有一個人被要求在一張紙上寫下一些真的命題，而在另一張紙上寫下一些他所堅定相信的命題，並要求這兩張名單是完全相斥的，則此要求根本無法理性地完成。當然，這種要求在邏輯上並不是自相矛盾的；很可能在他所堅定相信的命題中有一些是假的，而顯然有許多真的命題是他所未相信的，因為他根本未曾對它們思考過。然而重點是，他無法以理性的方式去完成此一工作。因為他無法理性地做出下述的判斷：「我堅定相信這些命題，但是它們是假的」，或「這些命題是真的，但是我不相信它們」。這兩個連言句，各自均非自相矛盾的，因為各自均可能是真的。但是，這句話只能由我們去說他，或是由他日後以反省的方式去說他自己，卻不能由他去說他自己當下的狀況。這不僅是由於社會上約定俗成地認為，如果一個人肯定某一命題即表示他相信之。更主要的理由是，如果任何人被要求提出真命

題或假命題的名單，則他完成此一要求的最佳做法即是提出他所堅
決相信者或堅決不相信者(Ayer, 15)。胡克威亦指出，普爾斯一再
主張，我們不能把探究的目標簡單地表白成「真理」。普爾斯在一
八七七年的說法不過是：凡是我們所相信的，我們即相信它是真
的。「只相信你認為是真的東西」，這是一句空話；「只相信是真的
東西」，則是一句不能做到的話(Hookway, 44–45)。

由上述的分析，我們可以確知，普爾斯之反對以真的信念做為
探究的終點，相當實際的一個理由在於，我們在當下的心理上無法
分辨穩定的信念與真的信念。就當下的心理實情而言，我們所堅定
相信的命題即是我們信以為真的命題。因此，普爾斯才會強調：
「頂多能被主張的是，我們尋求一個我們將『認為』它是真的信
念。」但是，由上述的說明中，我們也應該看出一點，即是，普爾
斯並不以為，我們所堅定相信的命題即完全等於事實上為真的命
題。他指出：「真的結論仍然是真的，縱使我們沒有接受它的衝
動；而假的結論仍然是假的，即使我們無法抗拒去相信它的傾
向。」(*CP*, 5.366) 換言之，我們對一個命題之信念，並不能使它成
為一個真的命題。

事實上，普爾斯雖然強調我們在心理上的限制，但是他同時也
強調我們仍然可能由其他的脈絡去分別自以為真的信念與客觀地為
真的信念。他說：

> 在此有兩點極為重要的事必須記住。一、一個人不是絕對地
> 做為一個個體。他的思想是他對他自己所說的，他是對另一
> 個正來到生活中的自我說話。當一個人推理時，他試圖說服
> 的是批判的自我；整個的思想是一個記號，而大多具有語言

> 的本性。二、人的社會圈是一種鬆散結合的人格，在某些方
> 面要比一個個人的層次更高。就是這兩點，使你可能在一種
> 抽象的意思下去分別絕對的真理以及你所不懷疑的信念。
> (*CP*, 5.421)

普爾斯在此係以自我之批判與社群之批判來解釋我們何以能夠以抽象的意義去分別穩定的信念與真的信念。以自我之批判為例，我覺察到我過去所曾經堅定相信的若干信念在目前已經動搖了，由此即可反省到過去所堅定相信的信念只是自以為真而已，未必是客觀地為真。由此，我進一步反省到，我目前所堅定相信的，也可能只是自以為真而已，也有可能在將來被認為是錯的。換言之，經由這一層反省，我們也可體認到命題之被堅定地相信並不等於命題之事實上為真。

簡言之，普爾斯在由經驗性的路向反省實際的探究歷程時，看出探究之終點只能是穩固的信念；因為我們實際上所堅定相信的命題即是我們以為是真的命題。雖然就理論上或邏輯上來說，真的命題不等於被我們所堅定相信的命題，我們以為真的命題不見得即是事實上為真的命題，這也是一般人都能承認的。但是就實際的心理事實及探究的實情而言，我們以為我們所相信的命題即是真的命題；就經驗性的路向來說，我們根本未懷疑者即必須而且事實上被我們視為不會錯的絕對真理。

穩定的信念是探究的「終點」，而合乎事實的信念或真的信念才是探究的「目的」。當我們說探究是以穩定的信念為其終點時，這是一個針對一般意義的探究所做的實然陳述，其中不含任何價值評估的問題。而當我們說探究乃以真的信念為其目的時，這是一個

專就科學探究所做的應然主張，其中含有探究者的價值抉擇。就一般意義的探究而言，只要我們去除懷疑而得到信念，則此探究歷程即告結束。不過，做為一個探究者，我們可以對此實然意義的探究終點加以反省與評估。當我們由於懷疑之刺激而開始進行探究之際，即使我們承認穩定的信念是探究之實然的終點，我們仍然可以反省自己是否願意僅僅以穩定的信念做為我們的目的或應然的終點。此時，我們可以反問自己：我們是否希望我們得到的信念不只是穩定於一時，而更能保持長期的穩定呢？我們是否希望我們得到的信念能夠經得起社群的衝擊而不動搖呢？我們是否希望我們得到的信念是合乎事實的呢？如果我們在此的答案是肯定的，則我們即不能安於只以探究的實然終點做為我們進行探究的目的，而會進一步以合乎事實的信念做為應然的目的。

　　在此，如果我們以合乎事實的信念做為探究的應然目的，則我們是在實然的終點之外，加上了一個價值的抉擇。在此價值抉擇之後，普爾斯認為，我們必定以科學方法做為我們唯一的探究方法。換言之，如果我們單純地僅以信念之固定做為吾人探究之目的，則任何方法都是可以採取的，只要它能具有相關的功效。但是，如果我們以合乎事實的信念或真理做為吾人探究之目的，則唯有科學方法才具有這方面的功效。因此，普爾斯強調，任何一個選定合乎事實的信念做為其探究目的的探究者，必定要完全遵循科學方法，而不可中途改用其他方法(*CP*, 5.387)。普爾斯如此堅持的理由在於，他相信唯有科學方法才能使我們得到合乎事實的信念（這是科學方法的特長或專利），而不只是得到穩定的信念(*CP*, 3.430)。在此，我們看出，一般人之推崇科學，固然多由其能控制自然、造福人類的實際效用處說之，但是，普爾斯之推崇科學則是由於他認為科學

能發現真理，而科學方法之值得推崇亦在於它能夠幫助我們發現真理；換句話說，發現真理是科學方法的特長，也是我們運用科學方法進行探究的目的。究極言之，普爾斯認為，我們只是為了真理本身而追求真理，並不是為了其他的目的。

按理說，我們期望的不只是穩定的信念，而是「在長期中」穩定的信念。普爾斯在此主張，唯有合乎事實的信念或真的信念才是在長期中亦能保持穩定的信念，也才是經得起社群的衝擊而不輕易動搖的信念。如果我們只是以信念之固定為目的而採用其他的探究方法，雖然一時之間可以達到我們的目的，但是在長期中我們終究會發現，如此而得到的信念不能維持穩固，而我們原初的目的終必失落。反之，如果我們不以追求穩定的信念為出發點，而以追求合乎事實的信念為出發點，最後反而能夠得到長期中仍能保持穩定的信念。簡言之，短視地以當下的信念之固定為目標，最後並不能真正達到固定信念的目的；反而以追求真理為目標，才能間接地達成這個目的。

普爾斯對探究活動的反省，同時包含了經驗性的路向與理想性的路向。在經驗性的路向中，他指出探究的實然終點在於穩定的信念；在理想性的路向中，他強調探究的應然目的乃在於合乎事實的信念（亦即真的信念或真理）。做為一個有理性、有主動能力、能夠自我控制的探究者，我們不是憑著本能而盲目地去進行探究以消除懷疑，而應該審慎地選取探究的目的，並且主動地、理性地以科學方法控制探究歷程的進行，以求完成此一目的。換言之，有理性的探究者不必停止於一般探究的實然終點或滿足於當下穩定的信念，而應該以合乎事實的信念做為其探究的理想目的。究極而言，經由科學方法而獲致的信念，不但是合乎事實的信念，更是在長期

中亦能維持穩定的信念。在此，經由科學方法而完成的探究歷程，其實然的終點即是應然的目的，亦表現兩種路向的結合。

四、科學方法論及假推法

科學方法之所以有助於達到探究之目標，乃因它尊重經驗。懷疑的出現是由於經驗，而信念的成立亦是基於經驗。遵循科學方法的人，除了要學習大自然給予的經驗之外，還得尋求對於這些經驗的合理解釋或說明。當然，所有對於經驗的解釋，最後還是必須通過經驗的測試。其次，僅憑著對於經驗的觀察，亦不足以提出解釋。普爾斯指出，如果我們的思想完全直接源於觀察，則整個探究幾乎即成為一種非意願的過程(*CP*, 7.326)。換言之，在科學方法中，除了觀察之外，還要有推理(*W*, 3:40)。

普爾斯之尊重經驗，乃是因為他相信外在之實在，這是科學方法的基本預設。意見之取捨最後乃是取決於外在世界或「外在的恆常者」，而不是取決於主觀的個人，甚至不是取決於人類全體。普爾斯認為，經驗的強制及限制是無法抗拒的，科學家必須要承認經驗的強制力。他在一八九三年提到：

意見之改變是由一些超出人類控制的事例造成的。所有的人都曾如此堅定地相信重物一定比輕物落得更快，以至於任何其他的看法皆被恥笑為荒謬的、怪誕的，甚至是胡說的。然而一旦某些荒謬而怪誕的人能夠成功地說服一些執持常識的人們去觀看他們的實驗（這不是容易的事），則顯然可以看出大自然不會跟從人類的意見，而不論人類的意見多麼沒有異

議。因此，唯一能做的是，人類的意見必須轉移到大自然的
立場。(*CP*, 5.384n)

普爾斯認為，我們可以直接經驗並觀察外在世界(*CP*, 8.144)，
而人類整個知識必須以經驗的觀察做為起點(*CP*, 1.238)。固然經驗
有其強制性，但是我們對於經驗的接受亦非全然被動的、機械化
的，我們的心靈並不是只能接受光線照射的感光紙。換言之，我們
對於經驗的觀察並非全然被動的知覺，其中絕對無法排除理性的作
用。簡言之，觀察是帶有思想及分析的知覺。普爾斯指出：

> 學習近代科學的人之所以成功，乃是由於他們沒有把時間浪
> 費在圖書館及博物館，而是把時間花在實驗室及田野中；在
> 他們的實驗室及田野時，他們不是用空洞的眼睛去注視大自
> 然，亦即，不是用未輔以思想的被動知覺去注視大自然，而
> 是「觀察」，亦即藉助於分析而進行的知覺，並測試理論的建
> 議。(*CP*, 1.34)

對普爾斯而言，科學不是一套系統化知識的成果，而是一種活
動。科學家不能僅憑自己的想法行事，而必須尊重實驗的結果(*CP*,
1.44)。科學家必須記住信念的可錯性，而隨時準備根據經驗而修
正或放棄原有的信念(*CP*, 1.635)。科學方法之所以能達到真的結
論，理由即在於它承認經驗的力量，以實驗測試其假設(*CP*,
2.227)。

由某種角度看來，觀察不是意願可控制的活動(*CP*, 7.326)，因
為觀察必須以經驗為唯一的裁決，觀察者在此不能隨心所欲。但

是，從另外的角度看來，觀察也可以說是一種受意願控制的、注意集中的經驗活動(*CP*, 2.605)；因為觀察不只是被動的知覺，觀察者的心靈是已發展的、有所期望的(*CP*, 5.424, 6.604)。當然，相較於推理而言，觀察可受意願控制的程度就低了許多。

推理是受到自我控制的思想。在推論導出之後，可以被批判，必要時甚至被駁斥；因此而說它是受到控制的。普爾斯認為在任何理性的、自我控制的思考及探究的方法中皆涉及審思的成分，他指出：「說思考是審慎的，即表示它是被控制以求使它合乎一個目的或理想。大家都承認思考是一個主動的運作。」(*CP*, 1.573)如此，探究者在受到經驗束限之餘，仍可能經由推理之控制而獲致積極的知識。

關於推理的控制，這是邏輯研究的範圍。在此，我們要求邏輯提供一些標準，用來控制並批判我們的審思；邏輯告訴我們「應該」如何去推理。簡言之，推理的目標，正如探究的目標一樣，乃是在於固定信念以使之合乎經驗而不要導致驚奇。普爾斯指出，事實就是事實，它與我們想它是怎麼樣並無關係。我們應該知道這些事實，才能避免失望及災難。事實的強制力終必對我們發揮效果，因此愈早知道愈好，這樣才能及早準備。普爾斯明白指出，這就是他推理的整個動機；他希望推理能預期未來出現的事實，而不致造成失望或遭致驚奇(*CP*, 2.173)。簡言之，邏輯規則的任務即在導致穩定的信念，因此，一套好的邏輯要能夠幫助我們不致受到懷疑的衝擊(*CP*, 1.606)。在此可以看出，探究必須有所依循而不能隨意發揮，否則會造成難以估計的浪費(*CP*, 8.240)。

對普爾斯而言，邏輯是一門規範學，它關心的是應該如何推理以達成探究的目標(*CP*, 5.39)。邏輯處理的是那些審慎的或自我控

制的思想，那些能夠被評估並改進的思想。普爾斯說，無意識的推理根本不能稱為推理(*CP*, 7.458)。唯有當結論是審慎地被認可時，才可能談到推理。普爾斯說，推論在本質上是審慎的、自我控制的；如果心理運作是無法控制的、如果結論遇到相悖的批評而無法放棄，則此歷程不具理性推論的本質，不能算是推理(*CP*, 5.108)。普爾斯說，邏輯思想是自我控制的思想，正如道德行為是自我控制的行為(*CP*, 8.191)。

當我們評估推理時，乃是將實際的推理與一個邏輯的理想進行比較，來看它是否屬於正確推理的類別。普爾斯說，我們每個人的心中都有某些規範，亦即正確推理的一般模式，我們在進行推論時，會拿其中的規範做為評估的規則，看看實際的推論是否合乎該規則。若是我們判定合乎該規則，就會有贊同之感，如此，這個推論不僅沒有阻力，更不會受到懷疑的衝擊(*CP*, 1.606)。米薩克指出，對普爾斯而言，這些規範即是可靠的推論規則。所謂可靠的，乃指規則應該能夠幫助我們由真的前提導出真的結論(Misak, 90)。普爾斯認為，一般人所運用的邏輯其實就是相當可靠的方法，我們每個人本能上都大致能判定什麼是好的推理模式，而什麼是不好的(*CP*, 1.606, 1.630, 2.189, 2.204)。這種一般人本能具有的邏輯即是所謂的「隱含的邏輯」，而與邏輯學家所研究的「顯明的邏輯」有所區分。本能的邏輯所具有的可靠性是有限制的，唯有正式而有系統的研究才能增加可靠性(*CP*, 2.178, 2.3)。

相對於其他學問領域來說，普爾斯在邏輯方面投入最多的心力，亦曾多次著手撰寫邏輯方面的專書，像是「找尋方法」(1893)、「如何推理」(1894)、「理性的規則」(1902)、「小邏輯」(1902)等；其中有些擬了大綱，有些也累積部分手稿。他在這方面

的成就相當可觀，不過，以下的討論僅限於推論類型。而且，儘管普爾斯在演繹、歸納、或然性等方面皆有值得參考之處，但是我們以下乃以假推(abduction)為中心進行討論，事實上，學術界也公認這是普爾斯最具原創性之處。

　　普爾斯區分三種推論類型：假推提供信念，演繹及歸納則確保這些信念；這三種基本推理方式在科學方法中均有其地位。此外，類比固然是一種推理方式，但不是基本的，而是歸納與假推的綜合(*CP*, 1.65)。在上述三種基本推論類型中，演繹是闡釋性推論，而假推及歸納是擴充性推論。在闡釋性推論中，結論必然地由前提導出；在擴充性推論中，結論是在擴大前提所說的內容。普爾斯認為，唯有擴充性推論才能引進新的觀念(*CP*,6.475)；他有時更說，唯有假推才能引進新觀念(*CP*, 5.171)。此外，普爾斯亦將假推稱為「假說」(hypothesis)、「逆推」(retroduction)、「設定」(presumption)。

　　普爾斯如何區分上述三種推論類型呢？在一八七八年〈演繹、歸納與假設〉一文中，他試圖由形式加以區分(*CP*, 2.619–623)。一、演繹是由規律(rule)及事例(case)推到結果(result)。例如：由於這袋中所有的豆子是白色的（規律），而且這些豆子出自這袋中（事例）；因此這些豆子是白色的（結果）。二、歸納是由事例及結果推到規律。例如：由於這些豆子出自這袋中（事例），而且這些豆子是白色的（結果）；因此這袋中所有的豆子是白色的（規律）。三、假推是由規律及結果推到事例。例如：由於出自這袋中所有的豆子是白色的（規律），而且這些豆子是白色的（結果）；因此這些豆子出自這袋中（事例）。在此，假設某種經驗是某一規律的事例，假推是對於經驗的一種可能的解釋，其間沒有必然性。不過，

假推亦有其獨特之處，像是它具有解釋的作用(*CP*, 2.625, 2.716)，它能推出無法直接觀察的事實(*CP*, 2.642)。此外，上述形態的假推推論在一八八三年被表達成：由於所有的M全都具有 P1,P2,…,Pn等特性（規律），而且S具有P1,P2,…,Pn等特性（結果）；因此S是一個M（事例）(*CP*, 2.704)。

　　普爾斯在後期把這三種推論類型視為探究的三個階段，假推是第一個階段。他早期僅把假推視為推論的一種類型，然而隨著他對假推之解釋功能的日益重視，假推開始成為科學探究的一個面向及階段(Reilly, 34)。前面提過，探究起於懷疑，而懷疑起於新經驗之衝擊我們原有的期望習慣。在這探究的起點，我們就得提出假設去解釋現象，以平息懷疑(*CP*, 6.469)。普爾斯說：

> 當他發現自己遭遇一個現象並不像他在這類情境原本所預期的時候，他檢查它的特質並注意到這些特質之間的某種顯著的特色或關係，而他突然認出這個特色是他心中已經儲存的某個概念的特色，如此而提出一個理論將會「解釋」（亦即使之成為必然的）在現象中造成驚奇的東西。(*CP*, 2.776)

　　經由假推法而提出的科學解釋，具有若干特性，其中之一即是：一個解釋性的假設使被觀察到的事實成為必然的或高度可能的(*CP*, 7.202)。瑞禮指出，普爾斯之所以說提出的理論「將會」解釋，乃是因為我們還不知道這個理論是否為真。在這個理論尚未經過檢測之前，它只是一種猜測。但是，縱然在這個未經檢測的階段，理論仍然必須與被觀察到的事實具有邏輯的關連。科學家必須認識到，如果這個解釋是正確的話，則必然或非常可能會有被觀察

到的事實(Reilly, 35)。

其次，經由假推法而提出的科學解釋，具有一種反實證主義的特性。對實證主義而言，合法的假設必須要能夠直接加以檢證。但是普爾斯指出，假推乃是由已知推到未知，由已被觀察者推到尚未觀察者。假推法的特性之一即在於：一個解釋性的假設處理的事實是不同於被解釋的事實，而且這些事實經常無法被直接觀察到(*CP*, 2.642)。米薩克指出，由普爾斯的假推法得出來的假設可以是形上假設、對過去的假設、對不可觀察者的假設，它們與那些對於可觀察者的假設一樣有真假可言(Misak, 96)。普爾斯堅信，唯有科學的前提，而非結論，才是必須可直接觀察的(*CP*, 6.2)。資料必須是可觀察的，但對於這些資料的解釋並沒有必要是經驗的假設。

科學的進步，除了由於它尊重經驗的教導之外，尚需要人類的心靈有引進新觀念的能力(*CP*, 5.50)。因此，科學方法必須將經驗與原創思想結合起來。事實上，除了解釋性及原創性之外，很難再對假推法之如何提出假設做進一步的描述。演繹及歸納似乎都可找到固定的程序，唯獨假推法欠缺這種嚴格的進行規則。普爾斯在此訴諸人類的「想像力」(imagination)。他指出，想像力對假推法是不可或缺的。當我們熱切地想要知道真理時，第一步要做的就是去想像那個真理可能是怎麼一回事。在此時，想像力是唯一的憑藉。當然，我們也可以只是呆呆地凝視著現象；但是，在缺乏想像力的情況下，這些現象本身根本無法形成一個合理的整體(*CP*, 1.46)。對普爾斯而言，科學的想像即是在夢想著解釋及法則(*CP*, 1.48)。科學的想像之進行是採取跳躍的方式，其運作是自由而靈活的，雖然並沒有什麼安穩的保障。在形成假設時，並沒有無懈可擊的理由。想像力不是無往不利的，它也許沒有辦法在每一個實例中幫助

我們找到真理，但是科學之進展卻必須依靠它(*CP*, 1.109)。當然，科學的想像亦不是毫無章法地天馬行空，它依然要接受經驗的指導。假推所建議的只不過是「可能的」情況，但這是探究者唯一能理解的建議(*CP*, 5.171)。假推也是唯一能提供新觀念的心靈運作，科學的觀念全都經由假推而來(*CP*, 5.145)。雖然觀察促使探究者提出一個解釋性的假設，而被預測到的經驗加強了這個假設，但是，對於科學的進步來說，真正的貢獻仍然在於假設本身之提出(*CP*, 2.625)。

在選擇假設時，科學家要相信自己的本能(instinct)；本能有助於排除許多無用的可能假設，並有助於直接掌握正確的假設(*CP*, 6.530)。普爾斯指出，雖然對於觀察事實有難以計數的可能解釋，可是我們的心靈只要經過有限次數的猜測後，就能猜出唯一正確的解釋(*CP*, 7.219)。為什麼能夠如此呢？普爾斯相信，人類的心靈與真理之間有種自然親近的關係(*CP*, 7.220)。正如動物的本能使其能夠生存繁衍，人類在自然界長期生存下來，其心靈在此長期的調適中，早已發展出某種能夠滿足其需要的本能(*CP*, 5.603, 6.491)。普爾斯相信，我們經由演化的歷程，已經發展出一種本能或傾向而足以做出好的假推推論(*CP*, 2.753)。但是，我們還是可以經由邏輯的研究而增進我們本能的能力。科學即是對於我們自然本能的開發(*CP*, 6.500, 6.604)。當然，本能只是提出建議及測試的方向，並不表示它就是對的，我們仍然需要進一步以經驗測試之。本能只是幫助我們在許多可能的假設中進行選取，普爾斯指出，就這項工作而言，本能比理性更為確實(*CP*, 5.445)。在此，亦顯現普爾斯批判的常識論的立場。

假推的運作雖然自由靈活，但是要對探究有所助益，仍然需要

符合某些要求、遵守某些規則。一、一個好的假設應該要能夠解釋
我們眼前令人驚奇的觀察(*CP*, 7.202)。二、我們應該選擇那些能夠
被歸納法加以測試的假設(*CP*, 5.599, 7.220)，一個假設應該要能用
實驗加以檢證，有可能用觀察加以檢視(*CP*, 2.786)。三、我們應該
選擇那些比較能夠被否證的假設(*CP*, 1.120)。四、在測試之前，我
們應該先推繹出假設的結論(*CP*, 2.775)。五、我們應該選擇那些在
金錢、時間、思想、精力等方面比較經濟的假設(*CP*, 5.602, 3.528,
2.780)。例如，當探究者的心中有兩個假設時，如果其中一個需要
花兩三天來測試，另一個需要花幾個星期來測試，那麼，第一個假
設會首先被選擇進行測試(*CP*, 5.598)。六、假設愈廣泛愈好，我們
應該選擇涵蓋面比較大的假設(*CP*, 7.221)。七、我們應該選擇那些
能夠將最多事實統合在一個簡單公式之下的假設(*CP*, 7.410)。八、
假設愈簡單愈好，要合乎歐坎原則(*CP*, 5.60)。

　　不過，在舉出這許多建議之餘，普爾斯亦指出，假推出來的結
論仍然只是個猜測，它不一定就是對的。普爾斯認為，假推法唯一
可以用來做為辯解的理由即在於：它是我們唯一可以希望用來得到
合理解釋的途徑(*CP*, 2.777)。普爾斯指出，邏輯學家不僅要追求可
靠性，亦要追求豐富性；假推的可靠性不高，但可增進我們的知識
(*CP*, 8.384, 8.388)。

　　簡言之，假推是「一個解釋性的假設的形成過程」(*CP*,
5.171)。假設只是一種猜測；普爾斯指出，假推並沒有對我們保證
什麼，它只是提出一個供我們試用的假設(*CP*, 5.602)。探究的第一
個階段在於找到一個解釋性的假設，而第二個階段則是由假設演繹
出結論或預測；換言之，演繹法的目的即在於彙整假設的結論。第
三個階段則要確定這些結論是否合乎經驗，我們在此乃使用歸納法

來測試假設。如果通得過經驗的測試，原來的假設就成為我們的信念(*CP*, 2.755, 6.469)。依現代科學哲學的觀點來看，假推屬於「發現的邏輯」(the logic of discovery)，而演繹及歸納則屬於「證成的邏輯」(the logic of justification)。如此，普爾斯的科學觀可略述如下：科學家產生假設，而後以經驗加以測試。形成假設，測試假設，這是科學的兩個主要功能。普爾斯指出：「科學本身是個活生生的過程，它主要忙於猜測，一面忙著形成之，一面忙著測試之。」(*CP*, 1.234)科學要進步即必得滿足兩項條件：一、我們要有可靠的假設來源，二、我們要有測試假設的有效方法。如果我們沒有發現值得測試的正確假設，或是如果我們測試假設的方法會使我們支持錯誤的假設或是否定正確的假設，這都會阻礙真理的發現。

第六章　實用主義

　　普爾斯很早即開始發展實用主義，學者指出，早在一八六八年至一八七三年間，他即同時發展其實用主義以及士林哲學的實在論，並把它們當做一體之兩面(Skagestad, 87)。他在一八七一年對《柏克萊著作集》的書評中就有一段頗富實用主義精神的話：「要避免語言的欺騙，這是一條更好的規則：事物是否實踐地滿足同樣的功能？若是，則讓它們稱以相同的字眼。若否，則讓它們稱以不同的字眼。」(*CP*, 8.34)普爾斯於一八七〇年代初期公開於形上學俱樂部使用「實用主義」一詞，並加以闡釋。當時，這個團體有一位成員格林經常強調貝恩對信念的定義：「信念即是一個人依之而準備行動的依據」。普爾斯認為，實用主義只不過是直接由此定義推出的主張(*CP*, 5.12)。除了貝恩的影響外，普爾斯也指出，他經由對康德第一批判的反省而提出實用格準，並且在字詞起源上根據康德的說法而提出「實用」一詞(*CP*, 5.1)。

　　此外，實驗科學家的思考模式亦對普爾斯的實用主義頗具影響。他在一九〇六年指出，實用主義確定概念意義的方法正是成功的科學家藉以得到高度確定性的那種實驗方法；而這個實驗方法正是《聖經》中一個古老的邏輯法則的特殊應用：「你應該由其成果去知道它們」(*CP*, 5.465)。普爾斯在一九〇五年回顧說，他從六歲

即有專用的實驗室，此後，不僅時常投入實驗工作，交往的朋友又以實驗科學家為主，因此相當了解實驗科學家的思考方式。他指出，他們的思考方式多少受到實驗室經驗的影響。因此，當你對一個典型的實驗科學家說出任何一個斷言時，他只會把你的意思了解成：如果執行某種實驗，則會產生某種經驗。除此之外，他看不出你的斷言有任何意義(*CP*, 5.411)。

就出版的記錄而言，普爾斯的實用主義最初出現於一八七八年的〈如何使我們的觀念清楚〉一文中(*CP*, 5.402)，他日後也因這篇文章而被奉為美國實用主義的始祖。只不過，當時學術界並未重視這篇文章提到的實用格準。一直到一八九八年詹姆士的一次公開演講後，實用主義才引起世人的熱烈關注，並在數年之間增加不少同道。然而，普爾斯常抱怨詹姆士以及其他人所闡述的實用主義並不合乎他的原意(*CP*, 5.3)。因此，他在一九〇〇年之後重新闡釋自己主張的實用主義；一九〇三年在哈佛大學以「實用主義」為題發表七場演講，一九〇五年於《一元論者》發表三篇文章：〈何謂實用主義〉、〈實用主義的議題〉及〈實用主義之辯解序論〉。

此外，為了使他的實用主義與一般認識的實用主義有所區別，他刻意以" pragmaticism "一詞取代原先的" pragmatism "。普爾斯在一九〇五年說明使用此一新名的理由。他說，要使哲學家像科學家一樣相互合作而不是彼此攻訐，至少先要使哲學術語有確定的意義。可以仿效化學那樣，賦予字首及字尾以固定的意義。例如，一個名詞前面加上字首" prope- "，則表示對此名詞意義之擴大而較不明確的衍伸；一個主張的名稱通常以" -ism "為字尾，而" -icism "則表示對此主張更明確的說法。由於「實用主義」一詞被大家用得愈來愈悖離普爾斯的原意，使他認為到了應該與自己的孩子說再見

的時候，故而另外造出" pragmaticism "一詞，用來指稱他本人對實用主義較為精確的說法。他並且認為這個新名詞醜陋到沒有人肯去綁架的地步(*CP*, 5.413–415)。

普爾斯晚年之所以重新闡釋實用主義，除了意圖澄清別人的曲解之外，還有一些內在的原因。首先，他覺得自己早年的闡述方式稍嫌粗糙。其次，他反省到早期說法乃以心理學為基礎，有理論上的弱點，而後期則試圖由非心理學的路向來證成實用主義。本章第一節先說明普爾斯實用主義早期的主旨，第二節陳述晚期說法的若干修改，第三節討論晚期非心理學的證成路向，第四節則綜述實用主義的特性。

一、早期實用主義之主旨

詹姆士與普爾斯所說的實用主義不盡相同，前者偏重於真理問題的處理，後者主要用來處理意義問題。普爾斯的實用主義最初發表於一八七八年的〈如何使我們的觀念清楚〉，顧名思義，他的實用主義是一種使觀念清楚的方法。他指出，這篇文章陳述的實用主義，「不是一個『世界觀』，而是一種反省的方法，其目的在於使觀念清楚。」(*CP*, 5.13n)此外，普爾斯後來提到這篇文章的實用格準時，或者說它是增加我們理解之清楚的一個規則，或者說它是可以使我們得到清楚理解的一個格準(*CP*, 5.402, 5.2)。換言之，使觀念清楚即是使我們對於觀念有更清楚的理解。

普爾斯在這篇文章說：「知道如何使我們的觀念清楚，當然是很重要的，但是它們可能一直如此清楚而卻不是真的。」(*CP*, 5.410)實用主義的作用在於使觀念清楚，而不在使觀念為真；後者

應屬科學方法的目標。普爾斯在一九〇六年指出,實用主義不是一種形上學的主張,它並不企圖決定有關任何事物的任何真理。就其本身而言,它只是一種方法,用來確定困難的字詞以及抽象概念的意義。至於運用這種方法可以造成什麼外在的、間接的效果,則是另一回事(*CP*, 5.464)。

做為一種意義理論,實用主義有其消極的作用,亦有其積極的作用。普爾斯在一九〇四年寫信給詹姆士說:「實用主義沒有解決任何真正的問題。它只是顯示出原先以為的問題不是真正的問題。」(*CP*, 8.25)他於一九〇五年又指出實用主義的用處:

> 它可以使我們看出,幾乎每一個存有論的形上學命題,若不是無意義的廢話(一個字詞被其他字詞定義,而後者又被其他字詞定義,永遠達不到任何實在的概念),就是徹底荒謬的;如此,可以清除這些廢物,而使哲學中剩下的問題都可以用真正科學的觀察方法加以研究。(*CP*, 5.423)

此外,普爾斯在一九〇三年指出,實用主義有兩種作用,它不但能使我們清除所有本質上不清楚的觀念,更可使我們弄清楚那些本質上清楚卻難以理解的觀念(*CP*, 5.206)。

普爾斯在〈如何使我們的觀念清楚〉一文中指出,以往的邏輯學家認為,如果我們對一個觀念的了解,到了不論在何處均可認出它而不致誤以為他者的地步,則它就是一個清楚的觀念。在此,我們對概念的掌握可以使我們不加思索地將它運用於經驗上。普爾斯對這種說法不表同意;首先,這樣的清楚性在現實世界中很少遇到;其次,這樣是把觀念的清楚性歸於主觀的熟悉,而主觀的熟悉

之感很可能完全錯誤(*CP*, 5.389)。

　　除了由熟悉感去解釋清楚性的說法之外，也有人主張，以抽象的字詞對某一觀念提出精確的定義，方能使我們對此觀念有清楚的理解。在此，我們可能對它提出字詞上的定義而將它關連於其他的概念(*CP*, 5.390)。不過，對普爾斯來說，這種方法似乎只告訴我們字詞的字典用法，而沒有提供什麼有意義的訊息(Misak, 36)。批判了傳統的方法之後，普爾斯提出自己的主張，並表示他的方法可以使我們在理解上得到「第三級的清楚」(*CP*, 5.402)。這意謂著前面提到的兩種說法只能分別使我們得到「第一級的清楚」及「第二級的清楚」；級數愈高，清楚的程度也愈高。

　　普爾斯指出，他在〈信念之固定〉一文中所說的原則可以使我們掌握一種更能使觀念清楚的方法。這個原則是：「思想活動是由懷疑之不安所激起，而當信念獲得之際即停止；如此，信念之產生是思想的唯一作用。」(*CP*, 5.394)我們在此看到，普爾斯早期如何以其探究理論中的信念說做為基礎，以建立實用主義的意義論。普爾斯接著舉了兩個例子對上述原則提出進一步的說明。首先，他指出，他所說的「懷疑」與「信念」乃是指任何一個問題的開始與解決。例如，當我需要付出五分錢車資，而我發現我的錢包有一枚五分錢的硬幣以及五枚一分錢的硬幣，那麼，此時只要對於以何種方式付費的問題有一絲的猶豫，即可稱為「懷疑」。在此，我必須決定如何行動，而此決定即是「信念」，因為一旦做成決定，即表示問題得到了解決，亦即是信念之成立。其次，常見的懷疑固然大多出於行動的猶豫，但也不盡如此。例如，我在火車站等車，為了打發時間，我比較火車時刻表上的各個班次以及各種我並未想要經過的路線。這種「虛構的猶豫」，不論是純粹為了娛樂而虛構或是為

了某種崇高的目的而虛構，對於科學探究活動的產生，均佔有重大
的地位。

瑞禮(Francis Reilly)指出，雖然所有的信念皆關連於行動，但
是，我們絕不可誤以為普爾斯主張所有的信念都是實踐的。事實
上，有些信念是實踐上的，有些則是理論上的。就普爾斯在此處舉
的兩個例子來說，瑞禮認為，第一個例子所說的懷疑與信念是實踐
上的，因為它們關心的是一個要被實際做出的行動；而第二個例子
所說的懷疑與信念則是理論上的，它們涉及想像的行動，但是並沒
有要去實現之。換言之，第二個例子所做的決定是關連於行動，但
不是為了行動而做的；第一個例子所做的決定，不但是關連於行
動，而且是為了行動而做的。普爾斯所說的探究，毋寧是就第二個
例子而言；亦即，科學的探究在本質上是理論性的。對普爾斯來
說，實踐的信念與科學無關，因為它的目的就是為了行動，而行動
需要某種盲目的自信；在此，依靠本能與性情的成分要遠超過它對
推理的依賴(Reilly, 17, 162)。

簡言之，依普爾斯的看法，實際的或行動的猶豫以及虛構或想
像的猶豫皆可造成懷疑；相對地來說，在一個實際發生的情境中決
定如何行動，固然形成了信念，而在一個虛構的情境中想像如何去
行動，也應該算是形成了信念，儘管這種行動可能永遠只是存在於
想像之中。關於這一點，亦可由我們前面對於信念本質之分析中看
出。

對普爾斯來說，思想活動的唯一作用乃是為了產生信念。進一
步來看，「信念之本質即是習慣之成立；而不同的信念是由它們所
激起的不同的行動模式而區別開來。」(*CP*, 5.398) 如果信念在這方
面沒有差異，它們就不應該被視為不同的信念。有些信念的不同僅

屬表現模式上的不同，卻經常因此而被誤以為具有本質上的差異。普爾斯指出，把原本無差異者誤以為有差異，這樣所造成的傷害毫不遜於誤把原本有差異者混為一物所造成的傷害；而且，這種錯誤最常發生於與形上學有關的論題中。例如，我們經常會因為文字表達的不同，即以為它們所表達的觀念或意義亦不相同；這種想法也經常會造成錯誤(*CP*, 5.398–399)。

　　普爾斯認為，只要我們能反省到思想之全部功能即在產生行動的習慣，即可避免上述的誤解。任何與思想有關而與其目的無關者，均為思想之外在的添加物，而非其內在部分。既然思想的目的在於產生習慣，那麼，當我們要了解一個思想的意義時，最恰當的方式即是去了解它所產生的習慣。討論至此，我們看到普爾斯在早期如何以其探究理論中的信念說與習慣說去建立其實用主義的主張。簡言之，依普爾斯的看法，一個思想的意義即在於它所產生的習慣。當我們說兩個思想具有不同的意義時，即表示它們所產生的習慣是不同的。然而，我們如何分辨不同的習慣呢？普爾斯的答案是，我們只要去考察，在相同的情境下，它們是否使我們產生不同的行動。詳細說來，「一個習慣是什麼，乃取決於它『何時』以及『如何』導致我們去行動。說到『何時』，每一個行動之刺激均源於知覺；說到『如何』，每一個行動的目的皆在造成某種可感覺到的結果。」(*CP*,5.400) 依此，我們得以分辨意義之不同。

　　上述引文是由情境之出現與行動之產生的關連來了解習慣，其中的「何時」是指「某種情境的出現」，「如何」則指「行動的方式或類型」。換言之，一個習慣使得具有這個習慣的人在某種情境出現之際表現出某種特定類型的行動，而且，更重要的是，「每一個行動的目的都要產生某種可感覺的結果」。如此一來，我們對於習

慣的了解不能僅停止於習慣所導致的行動，更要進一步了解這個行動所產生的結果。而當我們要以確定的語句去表達一習慣的實質內容時，乃是以一系列具有下述形式的條件句表達之：「如果在某種情境下，則會有某種行動的結果」。同樣的，普爾斯之由一個概念所造成的行動習慣去了解這個概念的意義，實際上是根據這個概念在各種可能的情境下對我們所引發出的行動之結果去了解它的意義。而如果用語句的形式來表達，一個概念的意義即在於一系列的條件句，這些條件句所描述的是，如果對此概念加以肯定，在所有可想像的情況中我們的行動會產生何種結果。當我們能以上述這樣一組條件句去表達一個概念的意義時，我們即可經由對此條件句之前件與後件的明確了解，而對此一概念得到相當明確的了解。因為，根據上述引文，刺激我們產生行動的每一個情境都是可知覺的，而每一個行動所產生的結果都是可感覺的；換言之，這些條件句的前件與後件必須以可觀察的詞語表達。

普爾斯對「化體論」的問題加以分析，說明如何運用上述原則分辨不同的觀念。根據基督新教的看法，聖餐中的酒與餅只是「象徵」耶穌的血與肉，它們之滋養我們的靈魂，有如食物之滋養我們的肉體。而根據天主教的看法，聖餐中的酒與餅「其實是」耶穌的血與肉；儘管二者在感覺上有相當的差異。普爾斯在此指出，我們不可能對酒有任何概念，除非我們相信某樣東西是酒或是相信酒具有某些特性。如果我們具有這些信念，那麼，在某種情境下（例如，眼前放了一杯東西），我們會依據我們對酒之種種特性的信念而對我們所相信為酒的東西做出某種行動。普爾斯接著說：

這種行動的情境是某種可感覺的知覺，它的動機在於產生某

種可感覺的結果。如此，我們的行動指涉的完全在於對感官有所影響的東西，我們的習慣與我們的行動具有同樣的影響，我們的信念與我們的習慣具有相同的影響，我們的概念與我們的信念具有相同的影響；因此，酒對我們的意義只不過是對我們的感官具有某種直接的或間接的效果的東西；而說某種東西雖然具有酒的全部可感覺的特性，其實卻是血，這乃是無意義的廢話。……我們對於任何一個事物的觀念「即是」我們對其可感覺效果的觀念；而如果我們幻想還有任何其他的觀念，我們是欺騙自己，並誤把一個只是伴隨著思想的感覺當做是思想本身的一部分。(*CP*, 5.401)

　　經由以上對思想功能、信念本質之反省，再加上他對實驗科學家的思考模式之深入的了解與堅定的信心，普爾斯在一八七八年提出著名的「實用格準」(pragmatic maxim)：「想想看，我們認為我們概念的對象具有那些可想像地帶有實踐影響的效果。那麼，我們對於這些效果的概念即是我們對此對象之概念的全部。」(*CP*, 5.402) 這條規則使我們由一個觀念所可能造成的結果去了解此一觀念的意義，並使我們對此觀念得到最高程度的清楚性。

　　不過，我們必須注意，這種最高程度的清楚性，亦只是相對地來說。普爾斯在一九〇二年指出，實用格準的大用在於使思想得到相對地高度的清楚性(*CP*, 5.3)。依他看來，絕對的、完美的清楚性尚未被任何一個人得到過；他在一九〇三年說：

　　大家都知道，笛卡兒主張，如果一個人只要能夠得到一個完美地清楚而明晰的觀念（萊布尼茲則加上第三個要求，亦

即，它應該是妥當的），則此觀念必定是真的。但是，這樣是太過嚴屬了。因為，到目前為止還沒有任何一個人曾經在理解上達到完美的清楚與明晰，更不用說到妥當了；但是我仍然以為真的觀念已經被得到過。(*CP*, 5.593)

普爾斯本人曾經舉了一些例子，諸如「硬」、「重量」(*CP*, 5.403)、「力量」(*CP*, 5.404)、「實在」(*CP*, 5.405–407)、「鋰」(*CP*, 2.330)、「或然性」(*CP*, 5.20–33)等，說明如何運用實用格準去清楚地了解這些觀念，並分析它們的意義。例如，根據實用格準，當我們說一個東西是「硬的」，我們的意思即指：它不會被其他許多種類的物質磨損。在此，我們對於「硬」這個性質的了解，完全在於它的被想像到的效果。又如，當我們說一個物體是「重的」，意思即是說：如果沒有支撐的力量，則它會落下(*CP*, 5.403)。以下則集中於普爾斯如何運用實用格準去說明「實在」觀念及「真理」觀念。

普爾斯指出，如果把熟悉當成清楚，則實在觀念即是一個最清楚的觀念；因為每一個孩童都能非常自信地使用這個概念，而從未以為自己不了解它。就第二級的清楚而言，儘管有很多人會覺得很難對實在觀念提出一個抽象的定義，不過，這個定義可以藉著比較實在與幻想之間的差異而找出。如此，一個東西的性質如果獨立於你我的想法，即是一個外在的實在；這就是對於實在者的一個抽象定義(*CP*, 5.405)。不過，普爾斯也指出，這個定義有待進一步的說明，否則會引起誤解。因為，我們發現，有一些心靈現象，它們並不獨立於我們的思想，可是我們仍然說它們是實在的。我們之說它們是實在的，乃是就其性質之獨立於任何人的想法而言，而不是就

其本身是否獨立於任何人的思想而言。例如，只要有人真的做了夢，則此夢境做為一個心靈現象而言，乃是實在存在的；因為，儘管夢境不能獨立於此人的思想而存在，但是，就此夢境之具有如此這般的內容而言，卻不是任何人的想法所能決定的。

　　然而，普爾斯認為，不論我們提出多麼令人滿意的抽象定義，它都不能使實在觀念完全清楚。因此，他仍然運用實用格準，以期對實在觀念獲得更清楚的了解。依此方法，實在性的意義，像所有其他的性質一樣，乃是在於具有此性質的事物所產生出來的那些可感覺的效果。普爾斯在此宣稱：「實在事物所具有的唯一效果即在造成信念，因為實在事物所激起的所有感覺乃是以信念的形式進入意識之中。因此，問題是，如何區分真的信念（對實在之信念）以及假的信念（對幻想之信念）。」(*CP*, 5.406) 他進一步指出，分辨真假乃是科學方法的專利。採取固執法的人只能用真理一詞去強調他選取某一信念的決心。對採取權威法的中世紀而言，真理即是宗教的信仰。至於採取先驗法的人，他們只是去找那些合乎其系統或其本性的真理。如此，他們亦容許對某人為真者不必對另一人為真；這樣根本違反真理概念的本義。相對於這三種前科學方法而言，普爾斯指出：「在另一方面，所有的科學信徒都被一個令人愉快的希望鼓舞，亦即，對於運用科學方法所研究的問題，只要研究的歷程推進得夠遠，即會得到一個確定的解答。」(*CP*, 5.407)他以光速的研究為例，說明科學家們如何由不同的途徑進行研究；一開始或許會得出不同的結果，但是當他們不斷改善各自的處理方式及過程時，則其結果亦穩定地趨近於一個「命定的中心」。換言之，研究之進展以一股外在於研究者的力量（在此有如命運之非人力所能違抗），把他們推向一個相同的結論。基於上述的分析，普爾斯

對實在與真理觀念的闡釋是：「這個偉大的希望體現在真理與實在概念之中。註定究極地為全體研究者所同意的意見，即是我們所謂的真理的意義，而在此意見中所再現的對象即是實在者。」(*CP*, 5.407)

由某個角度來看，上面這段話即是普爾斯依據實用格準而對「實在」與「真理」所做的定義。以普爾斯所舉的光速之研究的例子來說，科學家們在研究之初必須相信最後必定有一個唯一的正確的答案，他們不會以為最後的結果將是各說各話的分歧狀況，否則他們不必花那麼多的時間與心力去進行研究，以求取一個確定的結果。這就表示他們相信終必有一個唯一的「真的」答案。當然，在研究之初，各個科學家所得到的答案未必相同，也許沒有任一個人的答案是真的。但是，他們仍然相信經過長期的研究之後，終必會有一個答案是大家所同意的；這就是他們所了解的真理的意義。而這個真的答案所指的事，即是實在的；這就是他們所了解的實在的意義。

經由上述的說明可知，在〈如何使我們的觀念清楚〉一文中，普爾斯先說明實用主義這種方法的理論根據(*CP*, 5.394–401)，接著陳述實用格準這種使觀念清楚的方法(*CP*, 5.402)，最後才提到這種方法的實際應用(*CP*, 5.403–410)。如此，完備地表達了實用主義的三個層面：方法的證成、方法的說明以及方法的應用。普爾斯在一九〇二年指出，在一八七八年的文章中，他做的要比說的好(*CP*,5.3)；這表示他雖然不滿意於原先對實用主義的說明，但是仍然同意原先運用實用主義所得出的一些結論。當普爾斯在後期對其早期的說法提出修正時，他針對的不是方法應用的部分，而是方法的說明與證成的部分。

二、後期實用主義的說明

一八七八年的「實用格準」表達得相當簡潔：「想想看，我們認為我們概念的對象具有那些可想像地帶有實踐影響的效果。那麼，我們對於這些效果的概念即是我們對此對象之概念的全部。」(*CP*, 5.402)這段文字最常為後人引用，也曾不時被普爾斯本人引用(*CP*, 5.2, 5.18)。但是，不少學者批評這段文字不夠明白，而普爾斯本人也不滿意這種表達方式，並在一九〇五年提出下述幾種新的說法：

為了要確定一個知性概念的意義，我們應該考察哪些實踐的結果可以想像是必然地由此概念之為真而導出；而這些結果的總和將構成這個概念的整個意義。(*CP*, 5.9)

一個知性述詞的「整個」意義是，在某些種類的存在條件之下，通常某些種類的事件會發生在經驗過程中。(*CP*, 5.468)

一個「概念」，亦即，字詞或其他表式的理性意義，完全在於它對生活行為的可想像的影響；如此，由於任何不能由實驗導致的事物顯然皆不能與行為有任何直接的影響，如果一個人能夠精確地界定對於一個概念的肯定或否定所蘊涵的一切可想像的實驗現象，他在此對這個概念將會有一個完全的定義，而且「其中絕對沒有更多的東西」。(*CP*, 5.412)

實用主義最初是以格準的形式表達，……在此則對實用主義以陳述句重述如下：任何一個符號的整個知性意義即在於對此符號之接受而來的理性行為的所有概括模式之整體（此乃

有條件地基於所有不同的可能情境與欲望）。(*CP*, 5.438)

　　當然，僅由這幾段文字，並不容易看出前後期說法的差異。為了彰顯前後期的不同，仍需加上其他的說明。在這點上，我們以下主要參考米薩克的意見。簡言之，根據他的詮釋，普爾斯後期對於實用主義的說明，主要在於修改早期說法的兩點不妥之處。第一點，早期實用格準的說法把實用意義說成是概念的全部意義，後期則表示其實它只不過是概念意義的一個側面，儘管是最重要的一個側面。第二點，早期實用格準的說法把實踐後果侷限於可感覺的結果，這樣的說法較適用於科學概念，為了更廣泛的適用範圍，早期的說法在後期必須修改。

　　就第一點來說，普爾斯後期經常表示懊悔於一八七八年的實用格準中忽略意義的各個側面，卻僅專注於行動及感覺經驗(*CP*, 5.3, 5.198)。傳統的意義論主要是由內涵及外延去說概念的意義；外延是概念所指涉的對象，內涵是此一概念指涉之對象所必須具備的一些本質特性。普爾斯在傳統說法之外另闢蹊徑，由概念的實踐效果去說其意義。他堅信，實用格準所顯現的意義不僅是最重要的，而且能為我們提供最高程度的清楚理解，因而值得標舉出來，特別加以闡揚。普爾斯的目的並不在取消傳統的說法，他也願意承認，內涵及外延亦是概念意義的兩個側面，而他所說的實用意義亦僅是概念意義的一個側面。只不過，在早期的表達中，實用意義似乎成為概念的全部意義。

　　前面提過，依普爾斯，記號行動是個三元關係，其中涉及記號、對象及解釋者；這三個要素對應於普爾斯對記號的分類。若就記號與其對象的關係而進行分類，記號分為象符、標示及符號。首

先，象符乃藉著相似性或類似性而展現其對象；例如，畫像是某人的象符，地圖是某個地理區域的象符。象符的意義主要在其內涵或性質；畫像之所以是某人的象符，主要是因為畫像的一些性質類似於某人的一些性質。其次，標示乃藉著某種實際的因果關連而指涉其對象；例如，濃煙是大火之標示，病徵是疾病之標示。標示的特色在於能夠引起解釋者對標示對象之注意；例如敲門聲使人注意到有人敲門，手指的方向使人注意它所指的對象。因此，標示的意義主要在其外延或對象。最後，符號之意指其對象，乃是藉著它與其對象之間的某種習慣性的關連。字詞、語句及所有約定俗成的記號都是符號，它們之所以能夠指涉其對象，乃是由於心靈習慣性地將符號與其對象聯結起來。換言之，符號的意義主要在於解釋者心中的習慣規則。因此，普爾斯指出，符號具有知性意涵。

　　普爾斯在一九〇〇年以「內在意義」(internal meaning)說象符及內涵，以「外在意義」(external meaning)說標示及外延，而謂符號具有「實用意義」(pragmatic meaning)。他並且指出，符號的實用意義與「目的」有關(*CP*, 8.119)。例如，「狗」這個字已被約定俗成地用來指某種動物，這就表示使用中文的人已經在心中習慣性地把這個字關連於某種動物。發言者知道聽眾心中有這種習慣規則，即可依此規則使用這個符號，而在聽眾心中造成某種特定的效果。換句話說，如果發言者的目的是要在解釋者心中造成某種特定的效果，即可依其心中的習慣規則去使用某符號。

　　依普爾斯早期對於實用主義的說明，我們對於一個概念所可能導出的經驗後果的認識就是我們對於它的「全部」認識。米薩克指出，這種強調語法的表達有些過頭了，應該把「全部」改為「部分」。因為，由實踐後果來看的只不過是實用意義，而在實用意義

之外，還有內在意義及外在意義(Misak, 12)。不過，由前面引述的普爾斯在後期所表達的實用格準，我們依然看到他以概念的實踐後果做為我們對此概念的「全部」認識。因此，如果我們承認意義的不同側面，則實用格準所說的「全部」僅能是就實用意義側面而說的全部，而非就所有側面的意義而說的全部。如此一來，對此概念的全部認識在後期其實即是指對此概念之實用側面的全部認識。這就像是邏輯實證論者之說形上學命題是沒有意義的，其實只是指它們沒有認知意義，而不表示它們沒有其他側面的意義。

就第二點來說，普爾斯在一九〇五年指出，實用主義最早以下述格準的形式表達：對於你們概念的對象，考察你們認為它有什麼結果，則你們對於這些結果的概念即是你們對此對象的整個概念。在此則對實用主義以陳述句重述如下：「任何一個符號的整個知性意涵即在於對此符號之接受而來的理性行為的所有概括模式之整體。」(CP, 5.438)理性行為可以是一種行為傾向，也可以只是思想之行為。如此，實用主義所說的實踐效果主要是針對解釋者心中的思想聯結。米薩克強調，這點表現出普爾斯後期實用格準與前期最大的不同：實踐效果不必是可觀察的，不必涉及某人之感官經驗。而且，實用主義的這種改變與普爾斯這時期發展的意解理論有關(Misak, 19)。

前面提過，普爾斯把意解分為三種：直接意解、動態意解及最終意解。直接意解是記號所意圖產生或自然會產生的直接效果，動態意解是記號對解釋者實際上所產生的效果，最終意解是終究將被確定為正確解釋的效果。動態意解進一步被分為：情感意解、活力意解及邏輯意解。普爾斯固然由動態意解中的邏輯意解去說實用意義，但他也明白表示實用主義不是完全針對動態意解的(CP,

8.315)。他有時由最終意解去說實用意義(*CP*, 8.185)，有時又似乎由直接意解來說(*CP*, 5.175)。米薩克認為，此處之不確定，正反映語言的一個重要特性：不同種類的概念具有不同種類的內容，因此它們需要不同種類的實踐後果(Misak, 26)。

　　普爾斯在一八七八年所說的實踐後果必須是「某種可感覺到的結果」(*CP*, 5.401)，這種說法可以用於科學概念。對科學概念而言，後果必須是可以感覺經驗的。但是對於數學概念來說，則不然。米薩克覺得，正是因為這樣，早期對實用格準的表達方式必須修改。換言之，對那些意指外在物理世界的概念來說，必須要有「可供經驗觀察」的實踐後果，但對那些並未意指外在世界的概念而言，亦必須要有實踐後果才具有實用意義，只是它們的實踐後果不必是可供感覺經驗觀察到的。例如，數學命題所涉及的對象根本不存在於感官世界中，我們也沒有理由要求它們的實踐後果必須涉及感官經驗。數學命題有可能被應用於外在世界中，但是這並非必要的；它們沒有必要接受科學實驗的測試。簡言之，要具有實用意義，數學概念或邏輯概念必須要有實踐後果，只不過這種實踐後果僅須涉及理論上、觀念上、思想上的實驗，而不必（儘管不是不可能）涉及外在的、感官經驗的、可觀察的實驗。經由上述分析，數學命題及邏輯命題不只是形式的，它們也有內容，因為它們也有實踐後果；只不過，它們需要的實踐後果在類型上不同於經驗命題所需要的實踐後果。而依此標準，大多數的數學命題及邏輯命題都可以具有實用意義。更重要的是，這種經過修改的後期實用格準的說法亦可用於形上命題及倫理命題(Misak, 27–29)。以形上命題為例，普爾斯並不像邏輯實證論者那樣全盤否定形上學，他只是運用實用主義否定某種形態的形上學，卻也用實用主義由形上學中汲取

精華(*CP*, 5.423)。換言之，神學的形上學是不好的，科學的形上學卻是好的；實用格準可以幫我們分辨之(*CP*, 8.191)。

　　普爾斯指出，形上命題與科學命題一樣，皆對經驗世界有所說，也因而都應該有經驗後果。他在一九〇〇年指出，數學命題處理的是個假設性的世界(hypothetical world)，形上命題則處理事實問題(matters of fact)(*CP*, 8.100)。他在一八九八年指出，對神學家來說，形上學的對象是不可觀察的。他批評這是一種落伍的想法，並且強調，形上學其實是一門「觀察性的學問」(observational science)，它以觀察做為基礎。一般人之所以不能認清這點，乃是因為形上學所依據的現象類型太過平常，我們每個人平時即沈浸於其中，以致習焉而不察(*CP*, 6.2, 6.5)。形上學所依據的經驗觀察不同於科學的經驗觀察，後者在本質上涉及特別的新經驗。科學家經過某種特別觀察方法的訓練，他們觀察的現象與日常生活的現象之間有很大的距離，因而需要特別的儀器及技巧。形上學家所觀察的現象則因為就瀰漫在周遭，反倒缺乏對比、無從突顯，容易被忽略而未被發現(*CP*, 5.568, 6.562)。簡言之，就普爾斯心目中的形上學而言，它對經驗世界有所說，只不過它所說的經驗是普遍的經驗。既然對世界有所說，形上命題亦有可能就其可觀察的後果而說其實用意義(Misak, 30–31)。

　　米薩克認為，普爾斯後期實用格準在表達上修改成比較溫和的說法。這種說法讓我們有個判準可以直接將科學命題與非科學命題分別開來，它也使數學命題、邏輯命題，甚至形上命題及倫理命題有可能具有實用意義。既然形上命題也可以有經驗後果，哲學家提出形上命題時，就應該提出具有經驗後果的命題(Misak, 33–34)。按照普爾斯早期的說法，實踐後果必須是可感覺的，這樣的實用主

義非常接近邏輯實證論。若是依米薩克的詮釋，普爾斯後期的實踐效果在範圍上擴大許多，而可應用於形上學及倫理學，相對而言，這樣的實用主義就比較接近詹姆士的形態。

普爾斯在後期固然設法擴大實用格準的適用範圍，不過他也承認實用意義並不是觀念的所有意義，他甚至承認實用主義不見得對所有觀念都是最好的方法。他指出，一個人將會依照其信念而行動，只要他的信念具有實踐的後果。唯一的懷疑是，這是否即為信念之全部，如果信念並不影響行為，它是否即是空洞的。例如，相信正方形的對角線與其邊乃不可共量，這個信念對行為有什麼可能的影響？我們很難說可共量與不可共量之間有任何客觀的實踐差異 (*CP*,5.32)。他說：「我了解的實用主義這種方法，不是用來確定所有觀念的意義，而只是用來確定我所謂的『知性概念』的意義，亦即，它們的結構是關乎客觀事實的論證所依靠的那些概念。」(*CP*, 5.467) 這表示實用主義乃是專門針對知性概念的意義而提出的。他又說：「實用主義並不是要指出所有記號的意義何在，而只是要提出一個方法以決定知性概念（亦即，推理所依靠的那些概念）的意義。」(*CP*, 5.8)簡言之，實用主義不是一般的意義理論，而是一種特別的意義理論；它最適用的對象是知性概念，而它提出的初衷原本亦在確定知性概念之意義。這點在下一節的討論中會更清楚地呈現。

三、後期實用主義的證成

普爾斯在一八七八年是以心理學的事實為基礎來證成實用主義，不過，當他在一九〇三年首次公開宣講對實用主義重新反省後

的成果時，即明白表示他對心理學路向的不滿，並對一八七八年的
文章加以批判：

> 如何「證明」一個概念的可能的實踐後果即構成這個概念的
> 總和呢？這個格準在我原先那篇文章所根據的論證是：「信
> 念」主要在於審慎地準備採取我們所相信的公式做為行動的
> 指導。如果這真的是信念的本性，則我們相信的這個命題本
> 身無疑地只不過是一個行為的格準。我相信這是相當明顯
> 的。但是，我們如何知道信念只不過是根據所相信的公式而
> 審慎地準備行動？我原先那篇文章將此推回到一個心理學的
> 原則。依此，真理概念乃是由一個想要一貫地行動、想要有
> 一個明確的意圖的原初衝動而發展出來。但是，首先，這個
> 表達不夠清楚；其次，令人不滿的是它把某些根本的東西歸
> 約到心理學的事實。因為，如果這個衝動不是有利的或適合
> 的，則人能改變他的本性，或是他不想改變時環境亦會改變
> 之。為什麼進化要使人心如此地構造？這是我們今天必須問
> 的問題，而所有試圖將邏輯的根本立基於心理學上的企圖在
> 本質上都是浮淺的。(*CP*, 5.27–28)

換言之，原先的說法奠基於心理學對信念本質的實然分析，可是普
爾斯所說的實用格準並不是一個實然的陳述，而是一個應然的格
準。因此，普爾斯後期試圖由非心理學的路向證成實用主義。前後
期的說法在核心論點上並無二致，皆以「習慣」概念做為解釋意義
的樞紐。其間差異只在於前期係由心理學的角度去說習慣，後期則
由範疇論及記號學等角度說之。

籠統言之，普爾斯在後期對實用主義的證成，採取的是非心理學的路向。分別言之，他有時是由範疇論的角度，可見於一九〇五年的一段文字中(CP, 5.5-10)；有時是由規範學的角度，可見於一九〇三年《實用主義講演錄》的第一講(CP, 5.26-40)；有時則是由記號學的角度，可見於一九〇六年的〈實用主義綜述〉一文(CP, 5.464-496)。這三個角度之間有密切的理論關連，也有邏輯上的先後關係。簡言之，在普爾斯非心理學路向的證成中，始於範疇論的角度，續以規範學的角度，而以記號學的角度為其總歸趨。普爾斯在一九〇七年說：「實用主義只不過是一條確定字詞意義的規則。……因此，它必須完完全全地奠基於我們對於記號的理解。」(MS, 322; from Misak, 16)事實上，普爾斯意欲指出，實用主義乃是由其記號學衍生出來的一個理論。以下首先討論範疇論與實用主義之間的關連，由此以觀普爾斯如何運用其範疇論進行意義的分析，並證成其實用主義的意義論。

普爾斯在一九〇五年指出，實用主義不是根據某些特別的情境而提出的，它是以體系的方式加以設計與建構的。就像一位土木工程師一樣，在建造橋樑、船隻、房屋之前，他會考慮各種材料的不同性質，並且加以測試；然後才將這些材料以詳細考慮過的方式組合起來。同樣的，在建構實用主義的主張時，必須考察各種不可分解的概念之性質以及這些概念的組合方式。如此，根據此一主張的目的，而以那些有益其目的之達成的恰當概念去建構出這種主張。普爾斯認為，如此一來，即證明它是真的。他更充滿自信地說，對它之為真，固然也有其他一些附帶的肯定方式；不過，沒有另一個獨立的方式能夠如此嚴格地證明之(CP, 5.5)。這裡所說的不可分解的概念，指的就是範疇。範疇的考察，即如同建材的檢驗一般，乃

是在建構實用主義之前，必須完成的預備工作。普爾斯以範疇論為
基礎，先分析出記號之各種可能的意義，然後再根據實用主義之目
的，選出最足以助成此目的之達成的意義做為記號之真正的意義，
如此而建構實用主義的主張。然而，實用主義的目的是什麼呢？

　　普爾斯認為，實用主義的目的或它所期望完成的工作，在於藉
由概念意義之確定而結束那些觀察事實所無法解決的長期哲學爭
論。他說：

> 實用主義主張，在這些爭論中的兩造必定是相互誤解的。他
> 們或者是對同樣的字詞賦予不同的意義，或者是使用沒有任
> 何明確意義的字詞。因此，在此需要有一種方法來確定一個
> 概念、主張、命題、字詞、或其他記號的真正意義。一個記
> 號的對象是一回事；它的意義是另一回事。它的對象是它所
> 要應用到的東西或情境，而不論是如何地不確定。它的意義
> 是它所附著於其對象的觀念，不論是經由純屬猜想的方式、
> 或做為一個命令、或做為一個斷言。(CP, 5.6)

　　普爾斯又說：「實用主義並不是要指出所有記號的意義何在，
而只是要提出一個方法以決定知性概念（亦即推理所依靠的那些概
念）的意義。」(CP, 5.8)問題是，我們應該如何去了解知性概念的
意義，而且這種了解方式將有助於平息哲學上的爭論？在此，普爾
斯係以其範疇論為基礎而進行概念意義的分析。以下，我們先來看
普爾斯如何分析一般記號的意義，然後再來看他如何確定知性概念
的意義。

　　上述引文提到，一個記號的意義是它所附加於其對象的觀念。

普爾斯在一九〇五年依三個普遍範疇去區分記號附加於其對象上的觀念，由此而分別記號的三種意義。就第一性而言，記號附加於對象上的觀念是一個感受性質；就第二性而言，記號附加於對象上的觀念是一個單一事實的觀念；就第三性而言，記號附加於對象上的觀念是另一個記號的觀念。換言之，這三種觀念即是記號可能有的三種意義。普爾斯又指出，任何一個簡單的觀念都是由三類範疇中的一類組成，而在大多數的情況中，一個複合觀念是以其中的一類為主而組成的(*CP*, 5.7)。普爾斯接著在上述三意義中分辨何者是究極的：

> 既然一個記號的根本意義不能是另一個記號的觀念，因為後一記號本身必須有一個意義，而此意義可以藉之而成為原初記號的意義。因此，我們可以結論說，任何一個記號的究極意義，或者在於一個以感受為主的觀念，或者在於一個以作用與被作用為主的觀念。(*CP*, 5.7)

一般說來，我們有可能由第一性或第二性的層面去了解記號的意義，亦有可能由第三性的層面去了解記號的意義。問題是，當我們由第三性的層面去說記號的意義時，我們是以另一個記號的觀念去了解某一個記號的意義，而這另一記號之意義又得訴諸另外的一個記號。如此一來，若是一直以另一個記號的觀念去了解某一個記號的意義，顯然會造成無窮後退的困難。因此，普爾斯不由第三性的層面來說記號的根本意義或究極意義，而由第一性或第二性的層面來說。

以上是根據範疇論而對記號之意義提出一般性的說法。依此，

一個記號的意義，一般說來，可以由三個範疇分別成三個層面；其中有就第一性而言者，有就第二性而言者，亦有就第三性而言者，而唯有前二者方可能做為記號的根本意義或究極意義。我們在此必須注意，以上所說的都是針對一般記號而提出的說法，亦可名之為一般的意義理論。但是，實用主義之提出，並不是為了做為一個一般的意義理論；它不是要去說明一般記號的意義，而是要去說明某種特殊記號（亦即推理所依靠的那些知性概念）的意義，藉此以解決長期以來無法擺平的哲學爭論。在此，我們可以說，實用主義是一種特別的意義理論。它之所以特別，乃是因為它有其特別的目的。關鍵是，我們要由記號意義的那一個層面去確定知性概念的意義，才最能符合實用主義的目的呢？在此，由於普爾斯認為所謂的知性概念即是推理所依靠的概念，而且一切的爭論必涉及推理，因此，他經由對推理之分析而提出對上述問題的回答。

普爾斯認為，所有不是極度含混的推理、所有應該放在哲學討論中的推理，最後均涉及並依靠於精確的必然推理（或所謂數學推理）。這種必然推理即在於對問題的狀況形成一個想法，而附帶著一些容許對此想法加以修改的一般原則，並附帶著一些認為某些事是不可能的一般假定。在容許對此想法修改的狀況下，同時排除那些被認為不可能的因素，而對此想法執行某些實驗，一般說來，這些實驗最後總會導出同樣的結果。例如，數學家知道，不論是以黑色的墨水來寫或以紅色的墨水來寫，同樣的一組數字加起來的結果都是一樣的。理由是，數學家在此的假定是，任何一個比甲大的數字若是與乙相加，必然大於甲與乙的和；而這個假定完全不涉及墨水的顏色。又如，化學家假定，當他在試管中混和兩種液體時，不論這時中國的皇太后是不是打了一個噴嚏，試管中都會出現沉澱；

因為，根據他的經驗，他的實驗從未受到如此遙遠條件的影響(*CP*, 5.8)。基於上述對推理的分析，普爾斯指出，當我們進行推理之際，我們預設了一個想法：亦即，如果我們執行某種意願，我們會反過來經歷某種強制性的知覺。換言之，我們認為，某種行為路線將會導致某種不可避免的經驗；普爾斯把這種想法稱做「實踐的考慮」。他並且指出，如此即證成了下述的實用格準，而對此之信念即構成實用主義：「為了要確定一個知性概念的意義，一個人應該考慮何種實踐結果可想像會必然地由該概念之為真而導出；而這些結果的總和將構成這個概念的全部意義。」(*CP*, 5.9)

在上述說明中，我們看到普爾斯經由對於推理之基本預設的分析，而宣稱他已證成了實用主義。但是，普爾斯並沒有說清楚，這種分析與他在前面基於範疇論而對意義所做的分析之間究竟有什麼關係？在回答這個問題之前，我們先來問一個比較簡單的問題：推理的基本預設究竟應該屬於那一個普遍範疇呢？當我們進行推理之際，我們預設某類事件總是會有某類結果，而不會有其他種類的結果。這種情況正如我們評估論證時，我們預設某種前提總是會導出某種結論，而不會導出其他的結論。這種預設顯然是在指涉某種概括的法則；換言之，它屬於第三性範疇。它指的不可能是第一性的感受性質，因為它不是就某一事物的本身而言。它指的亦不是第二性的單一事實，因為它是概括的，而不能由任何數量的單一事實組成。在確定推理的預設是一種屬於第三性範疇的法則概念後，接下來的問題是，這點特性對於我們之了解知性概念的意義有何關連？普爾斯並未對此提出直接的說明。不過，他的意思似乎是說，由於某種概括的法則是推理的基本預設，因此，我們在推理時，應該考慮何種結果會由某種事件導出；換言之，我們在推理時，應該以第

三性為優先考慮。又由於知性概念是推理所依靠的概念，因此，我們對於知性概念的了解也應該以第三性為優先考慮；亦即，應該考慮何種結果會由此概念之為真而導出，並以這些結果做為它的意義。

換言之，實用主義並不關心感受之性質的意義。像是「紅色」、「藍色」這類字詞，指的只是主觀的感受或感受之性質；這些性質屬於第一性的範疇，而沒有任何超出它們自身之外的內在意涵。普爾斯主張：「對於這種性質的斷述只是它看起來的樣子，而與任何其他東西無關。因此，如果兩個感受性質在任何地方均能交換，影響到的只不過是感受。」他又說：「如果使我們具有藍色感覺的光波總是使我們有紅色的感覺，或是反之，不論這在我們的感受中造成多大的差異，它都不可能影響任何一個論證的力量。」(*CP*, 5.467)在此，軟硬的性質不同於紅藍的性質，紅藍指的只是主觀的感受，而軟硬則進一步表達出事物在刀鋒的壓力下的事實行為；如此，「硬」是一個知性概念，它的意思即是「將會抗拒刀鋒」。普爾斯指出，這樣的知性概念「在本質上帶有某種關於事物（或是有意識者或是無生物）一般行為的涵義，如此，它所傳達的不僅多於任何一個感受，更多於任何一個存在的事實，亦即，習慣行為的可能行動。」(*CP*, 5.467)換言之，知性概念這種記號不只是第一性範疇所說的感受之性質，亦不只是第二性範疇所說的現實之存在，而必須觸及第三性範疇所說的習慣或法則。普爾斯承認，「任何現實發生者的組合均不能完全填滿一個『將會』(would-be)的意義。但是，實用主義主張，對於一個知性概念的斷述的全部意義即包含在下述的肯定之中，在所有可想像的某類環境下，斷述的主詞將會以某種概括的方式行為，亦即，它在被給予的經驗環境中將是真

的。」(*CP*, 5.467) 我們在此明白看出，普爾斯乃是由第三性範疇去說知性概念之意義，並由此而提出實用主義的意義理論。

至此，我們可以看出，普爾斯如何基於他所謂的「實踐的考慮」而導出確定知性概念意義的實用格準。一般說來，一個知性概念，就其做為一個記號而言，我們可以由三個範疇層面分析它所附著於其對象的觀念，而分析其三個不同層面的意義。普爾斯認為，我們在此應該基於實踐的考慮而對知性概念進行意義層面的選取，並「應該」由第三性範疇去說知性概念的意義。然而，問題是，我們為什麼應該基於實踐的考慮而對知性概念進行意義層面的選取呢？在此，如果我們能夠提出堅強的理由，即是對實用格準之成立提出堅強的理由，亦轉而對實用主義之成立提出了堅強的理由。根據上述的解釋，普爾斯的理由似乎在於，我們之所以應該根據實踐的考慮而選取知性概念的意義層面，乃是由於所有的推理皆必須預設實踐的考慮，因此，推理所依靠的知性概念最好亦能符合實踐的考慮。這樣的理由顯然為實用主義之成立提供了某種程度的支持。在此，我們姑且不去問這樣的理由是否足以稱為堅強，更值得注意的是，我們乃是基於理論上的理由而「應該」由實踐考慮進行意義層面之選取，而非事實上「只能」或「必然」如此選取。而我們之所以有權如此做的理由，可以在規範學的證成路向中找到。

在上述說明中，我們注意到實用主義是一種特別的意義理論；它之所以特別，乃是在於它為了要確定一種特別的記號（知性概念）的意義，而特別地由記號的一般意義中選取一個「應該的」的意義做為它「真正的」意義。對於這種「應該的」選取，我們可以由普爾斯一九〇三年在哈佛的一系列針對實用主義的講演中得到更多的了解。在此，他試圖由規範學的討論中為實用主義找尋更堅實

的基礎(*CP*, 5.25–28, 5.34, 5.172, 5.120)。

依普爾斯的說法,規範學有三種:邏輯、倫理學與美學。在理論的優先性上,美學是最基本的;邏輯固然以倫理學為其基礎,而倫理學更轉而以美學為其基礎(*CP*, 5.36)。實用主義屬於邏輯中的方法學一支,因此,做為邏輯的一支,它必須以倫理學為基礎,更轉而以美學為基礎。《普爾斯文輯》第五卷的編者曾經歸納出實用主義的六點要旨,其中的第四點即指出,邏輯乃隸屬於倫理學及美學;一個知性概念的究極意義乃是在於它對審慎的或自我控制的行為所可能有的影響;而所謂審慎的行為即是倫理學上的,而它所實現的目的則是美學上的(*CP*, 5:5–6)。此外,做為邏輯的一支,既然邏輯是一門規範學,實用主義亦是規範學的一支。基於上述的這些關係,規範學的一般特性也是實用主義的特性。

在一九〇二年出版的《哲學與心理學辭典》中,有關實用主義的條文係由普爾斯負責撰寫。這項條文相當重要,因為其中透露出普爾斯對其早期實用主義的重大修改。普爾斯在此處明白指出,他原先在一八七八年的說法中,似乎預設探究乃以行動為其目的。如此一來,我們的探究或審慎的思想似乎即是以個別具體的行動為其目的。普爾斯在一九〇五年指出,如果實用主義真的是把行動當做人生的一切與終極目的,則這將意謂著它的死亡。因為,主張我們只是為了行動而生活,即等於主張沒有所謂的理性的意義這麼一回事(*CP*, 5.429)。

對於普爾斯日後何以反對以心理學的事實做為實用主義的基礎,胡克威有一段說明亦值得我們參考。他說,有人可能會把一八七八年論證的錯誤說成是,它將關於「我們『應該』以什麼做為我們推理的目標」的問題立基於「我們本性上自然以何者為目標」的

主張上。但是，這種批評的基礎不是沒有問題的。事實上，如果
「意見之固定是人類探究者可能追求的全部」是一個心理學的事
實，則還要說「我們應該追求別的目標」，只是一句空話。這乃是
人類在設定探究目標的一個心理上的限制。不過，在普爾斯的後期
著作中，他相信邏輯學家不應太看重這點反應：在他所設定的目標
中，他不應該猜想人類的能力限制如何。尤其普爾斯認為邏輯的結
論不只是適用於人類，而得適用於所有的有理性者，我們似乎應該
把上述的心理事實看做是在描述人類能力的限制，而不應該看成是
理性的極限。何況，當一個人清楚他的探究應該以何者為目標時，
不太可能在意這種目的是在心理上不可能的，或許他會以為這些心
理學上的事實其實不是事實，其錯誤的可能正如他所說的應然標準
一樣的大。換言之，一旦我們的邏輯發展出來，我們可以用它來做
為基礎以重新評估我們現行的心理學信念(Hookway, 53-54)。

　　事實上，普爾斯在上述一九○二年的條目中即已表現對此問題
的進一步反省。他在此時看出，行動尚不足成為究極的目的，行動
本身還需要有其目的。換言之，他在此時不再滿意於以行動這個目
的做為實用主義的理論基礎，而要為實用主義提出一個更究極的基
礎。他指出：

> 如果我們承認行動需要有一個目的，而且那個目的必須是某
> 種屬於概括種類的事物，那麼，這個格準本身的精神（此
> 即，我們必須著眼於我們概念的結果，以求正確地了解它
> 們），將會引導我們走向某種不同於實踐事實的事物，亦即，
> 走向概括的觀念，以做為我們思想的真的解釋者。(CP, 5.3)

在此說法中，實用主義的主旨並沒有改變，亦即，我們必須著眼於我們概念的結果，以求正確地了解它們。然而，其中的預設卻改變了；亦即，特殊的行動不再是我們的究極目的，因為行動仍需以某種概括的東西為其目的。

　　然而這個比行動本身更究極的目的是什麼呢？普爾斯指出，實用格準所關注的實踐事實所能促進的唯一究極的善，乃在於增進具體合理性的發展(*CP*, 5.3)。換言之，「具體合理性的成長」即是普爾斯心目中的最高善，它之所以被尊崇乃是由於其本身即值得被尊崇，而不是由於任何更進一步的理由。

　　前一章曾指出，理想的或科學的探究者乃以真理為其探究的目的；不過，當我們知道真理不過是最高善的一個側面時，我們也同時知道探究的究極目的即在增進宇宙中具體的合理性。如此一來，思想或探究之唯一究極的目的在於增進合理性之發展，而實用格準之所以關注於具體的個別的行動，乃是因為這些行動有助於此一究極目的。換言之，這個格準表面上關注的是實踐事實，實際上關注的是它們所能促進的唯一究極的善；這些實踐事實的價值乃在於它們對具體合理性發展的增進(*CP*, 5.433)。普爾斯相信，究極的目的或究極的善在於以某種方式進行的演化歷程；亦即，它不是在於各個分別孤立的個體反應，而是在於某種概括或連續的東西。在此，涉及普爾斯的綜體論(synechism)，亦即承認宇宙中連續性的存在；其中更認為連續的生成變化、由法則所控制的生成變化、充滿概括觀念的生成變化，都不過只是同一個合理性生長的不同側面而已(*CP*,5.4)。簡言之，概念的意義根本不在於任何個體的反應，而在於那些反應之貢獻於此發展的方式(*CP*, 5.402n, 5.429)。如此一來，概念的結果不再是短視地指行動，而是進一步指行動所歸趨的

究極目的，亦即合理性。

由另一個角度來說，普爾斯在後期看出，邏輯乃是規範學中的一種，它必須依靠於另一門規範學，亦即倫理學，而倫理學亦需轉而依靠於另一門規範學，亦即美學。當我們以合理性做為究極的目的時，我們的行動即「應該」以合理性做為究極目的，而思想亦「應該」以合理性做為究極目的；合理性是概念應該具有的究極目的或結果。普爾斯早年以懷疑與信念做為探究的起點與終點，這可以是一種實然的描述。但是，加上「自我控制」或「審思」的觀念，則此一探究歷程即不只是一種盲目的活動，而必須有一應然目的之選定、恰當方法之採用（以達成此一應然目的）。依據此一觀點，我們對於概念意義之了解，乃是根據何種角度最能助益吾人以達此目的，如此而附加於此一概念以一應然之意義。如此而來之意義，不再是個別行動之組合，而是一種概括的模式。蓋利曾批評普爾斯說，普爾斯之欲以一個概念「全部的」實踐結果去澄清一個概念的意義，乃是一個不可能做到的理想(Gallie, 170)。的確，如果普爾斯真的如此主張的話，這是達不到的理想。不過，普爾斯的原意並非如此，他強調的毋寧是一種概括的模式。

經由以上的說明，我們看出目的概念在實用主義中的重要地位。瑞禮指出，普爾斯早年乃以「行動－回應」等同於意義，而後期之修改乃以「目的」去了解「行動－回應」(Reilly, 18)。波特指出，看出目的在行動中的角色，即是洞見了規範學的角色；而普爾斯之看出目的在行動中的角色，使他得以成功地以比較恰當的方式重述實用格準(Potter, 5)。事實上，普爾斯之選定實用主義一名，原先即在突顯這一方面的意涵。普爾斯在一九○五年回顧說，當他早年提出實用主義這種主張之際，曾經有些朋友勸他將之稱為

「實踐主義」(practicism or practicalism)，不過，他寧可以康德的用語稱之。理由是，他認為「實踐」(praktisch)與「實用」(pragmatisch)二者截然有別；在前者所屬的思想範域中，沒有一個典型實驗科學家的心靈能夠確定他有堅固的立足點；後者則表現與某種確定的人類目的之間的關係。普爾斯之所以選定「實用主義」一名的理由在於這個新的理論有一個最重大的特色，即是它看出在理性認識與理性目的之間存有一種不可分的關連(*CP*, 5.412)。此外，普爾斯指出，實用主義不可等同於現象主義。因為，現象的豐富性即在其可感覺的性質，而實用主義並不想要定義字詞及一般觀念的現象學上的等同物；反之，它想要消除它們感性的要素，而努力定義理性的意涵，並且在字詞或命題的目的性影響中發現其理性的意涵(*CP*, 5.428)。

實用主義這種確定意義的方法究竟如何有助於具體合理性的成長呢？簡言之，它以條件句的方式表現出一種概括的法則，而呈現出宇宙中的第三性、合理性、法則性(*CP*, 5.433)。實用主義將知性概念的意義定位在第三性；如果我們以合理性的增長做為究極的目的，則有助於合理性之彰顯的實用主義自然是我們「應該」採取的意義理論。在此，我們可以看出，普爾斯如何而經由美學、倫理學與邏輯的依存關係而為實用主義提供理論上的支持。這也就是他說的：「要修改或證實實用主義的格準，必須先了解何謂邏輯上的善；而要了解邏輯上的善，必須先了解何謂美學上的善以及道德上的善。」(*CP*, 5.131)整體來說，普爾斯先由規範性的路向指出具體合理性的成長即是究極的目的，它是我們在邏輯中進行審慎思考時的究極目的，也是我們在道德中進行審慎行為時的究極目的。因此，意義問題亦應以此做為最終的考慮，換言之，一個理想的意義

理論如果談不上增進宇宙中的合理性，至少也應該有助於展現宇宙中的合理性。因此，普爾斯提出實用主義以滿足這種要求。我們在此，一方面看到實用主義的證成，另一方面更清楚地看到實用主義實際上就是一種應然的意義理論，而明顯地表現出普爾斯在意義問題上所採取的規範性路向。

普爾斯曾經指出，他的意義理論乃導源於他的記號理論，而且由記號理論加以證成(*CP*, 8.118ff, 8.191)。普爾斯在一九〇六年的〈實用主義綜述〉一文中，主要是由記號學的角度為實用主義提供理論上的根據。前面提過，實用主義並非用來確定所有觀念的意義，而只是用來確定知性概念的意義。普爾斯認為，知性概念是唯一適合被稱為概念的一種記號，它們可以做為關乎客觀事實的論證所依靠的基礎。普爾斯主張，所有的思想都是記號，亦即，心靈上的記號(*CP*, 5.470, 5.476)；知性概念當然也不例外❶。普爾斯指

---

❶　我們可以進一步說，所有表達思想的語文表式也都是記號，如此，表達知性概念的語文表式當然也不例外。這裡說的語文表式包括字詞、命題、及論證；換言之，有的知性概念是以字詞的形式表達，有的知性概念是以命題的形式表達，有的知性概念則是以論證的形式表達。我們知道，普爾斯主張由記號的意解去了解知性概念的意義。而他又區分一個字詞的「指稱」及其「意指」(此處的區分實即一般所謂的外延與內涵之分)；區分一個命題的主詞所列指的，以及其述詞所肯定的；並且區分一個論證之中前提為真的事態，以及被其結論的真所界定的事態(*CP*, 5.471)。因此，從記號的三元性來說，一個表達知性概念的字詞本身是一個「記號」，它所指稱的是其「對象」，它所意指的是其「意解」；一個表達知性概念的命題本身是一個記號，它的主詞所列指的是其對象，它的述詞所肯定的是其意解；一個表達知性概念的論證本身是一個記號，它的前提所表示的事態是其對象，它的結論所表示的事態是其意解。由於普爾斯不由記號之對象說其意義，而

出，記號行動有三個要素：記號本身、記號的對象或記號所代表的東西、記號的意解或記號在解釋者心中所產生的效果，而他主張，如果我們想要解決有關知性概念之意義的問題，唯一的辦法即是去研究記號之「意解」或「恰當的意指效果」(*CP*, 5.475)。事實上，對意解的研究即是對意義的研究，普爾斯記號學對於意解的分析即是一種意義理論；對於一般記號之意解的分析即是一種一般性的意義理論，知性概念乃是一種特別的記號，對於這種特別記號之意解的分析即是一種特別的意義理論。換言之，實用主義這種特別的意義理論仍須以記號學所主張的一般意義理論做為基礎。

前面提過，普爾斯把意解分為直接意解、動態意解及最終意解。「直接意解」是一個容易造成誤解的詞語，乍看之下，很容易把它當成是一個記號實際上對解釋者所造成的直接效果。事實上，根據普爾斯的說法，直接意解完全無關乎記號對解釋者所造成的任何實際效果，它毋寧是指一種可能性(*CP*, 8.315)。普爾斯認為，任何一個記號在被實際解釋之前，必須具備「可解釋性」(interpretability)。對於這種可解釋性，我們可以把它說成是一種「被解釋的可能性或傾向」，甚至可以更精確地把它說成是一種「被以某種方式解釋的可能性或傾向」。換言之，任何一個記號都有其本身獨特的可解釋性，而使得它在實際被解釋時最自然或最適合造成某種效果；而一個記號在本性上最適合造成的可能效果即是這個記號的直接意解。由另一種角度來說，當一個記號對一位解釋者實際上

就記號之意解說其意義，因此，要了解一個具有字詞形式的知性概念的意義，即得觀其意指；要了解一個具有命題形式的知性概念的意義，即得觀其述詞之斷述；要了解一個具有論證形式的知性概念，即得觀其結論所描述的事態。

所產生的效果恰好是這個記號在本性上最自然會造成的效果時，這位解釋者即可謂對此記號有了正確的了解。由於我們對於記號未必都能得到正確的了解，這點反映出，一個記號對解釋者實際造成的效果未必是它在本性上最適合造成的效果。因此，普爾斯在直接意解之外，進一步提出所謂的「動態意解」，這就是一個記號對其解釋者所實際造成的直接效果(*CP*, 4.536)。最後，他又提出所謂的「最終意解」，這是一個記號對相關社群在長期而成功的探究歷程之後將會造成的效果(*CP*, 8.184, 8.343)。在某種意義下，最終意解是一個理想，它是對於一個理想的解釋者所可能造成的效果。這個理想的解釋者乃是由一群探究者組成的，他們不計利害得失，為了真理本身而追求真理，他們使用具有自我修正性的科學方法，對相關問題進行長時期的研究。普爾斯相信，他們最後會得到一個一致同意的究極意見。在這個理想境界中，他們對於一個記號所做的解釋，將會是最終的、究極的、唯一為真的解釋。由另一個角度來說，這個記號在此理想境界中對他們所造成的效果，也將會是最終的、究極的、唯一為真的效果。

　　在上述三種意解中，直接意解指的只是一種可能性，最終意解指的是一種將會達到而尚未達到的理想目標，唯有動態意解指的是一種實際的效果。為了研究意義問題，可能的效果及尚未達到的效果皆無法做為我們實際研究的題材。因此，我們唯有經由表現記號實際效果的動態意解去了解記號的意義。接著，普爾斯進一步把動態意解分為情感意解(emotional interpretant)、活力意解(energetic interpretant)及邏輯意解(logical interpretant)；這些意解都是記號在解釋者心中實際造成的效果。他說：

記號的第一個恰當的意指效果是它所產生的一個感受。幾乎
總是有一個感受，我們把它解釋做為我們對於記號的恰當效
果有所了解的證據，雖然其中的真理基礎經常是很微弱的。
我稱之為「情感意解」，它可以遠超過辨識之感；而在某些事
例中，它是記號產生的唯一的恰當意指效果。如此，一段樂
曲之演奏是一個記號。它所傳達的，且意圖傳達的，乃是作
曲者的音樂觀念；但是，這些通常只在於一系列的感受。如
果一個記號產生任何進一步的恰當的意指效果，它之如此做
乃是經由情感意解的媒介，而這種進一步的效果將總是涉及
一個努力。我稱之為「活力意解」。這個努力可能是一個肌肉
上的努力，例如在架槍命令的情況中；但是更常見的是一種
對於內在世界而做的心靈上的努力。它永遠不可能是一個知
性概念的意義，因為它是一個單一的動作，而知性概念卻具
有概括的本性。(*CP*, 5.475)

一個記號的情感意解可能不只是一種辨識之感，但是基本上，
對於記號的辨識之感乃是情感意解的必要條件。在記號對解釋者所
造成的各種實際效果中，有一種效果使解釋者感到自己對這個記號
有所認識；這就是情感意解所造成的辨識之感。在三種意解中，情
感意解是最基本的一種。首先，情感意解幾乎出現在所有的情況
中，而在某些情況中，它甚至是唯一出現的一種意解。其次，一個
記號如果不以情感意解為媒介，則不可能有其他的意解；換言之，
如果一個記號要對我們有任何進一步的效果之前，先決條件是我們
必須感到我們認識這個記號。如此，當一個記號以情感意解為媒介
時，它才有可能進一步產生活力意解。

　　情感意解的效果在於造成解釋者對記號的辨識之感，而活力意解的效果在於激起解釋者內在的努力或外在的努力。然而，不論是情感意解或活力意解，均不能成為知性概念的意義。根據上段引文，活力意解之所以被普爾斯排除在知性概念意義的候選名單之外的理由是：活力意解，不論是內在的努力或外在的努力，都是一個不具概括性的單一行動，而知性概念卻具有概括的本性。由此可以看出，普爾斯認為，由於知性概念本身的概括性，因此，如果一個記號的意解要成為知性概念的意義，就必須像知性概念本身一樣具有同樣概括的本性(*CP*, 2.292, 8.332)。依據這項必要條件，不僅活力意解是不合格的，情感意解亦是不合格的。情感意解所造成的效果，不論是在基本上造成的辨識之感，或是其他更多的感受，都只是某些單一的主觀感受。如果要把這種單一的主觀感受當成知性概念的意義，顯然是不恰當的。此外，在上段引文中，普爾斯對情感意解的說明是：「記號的第一個恰當的意指效果是它所產生的一個感受。幾乎總是有一個感受，我們把它解釋做為我們對於記號的恰當效果有所了解的證據，雖然其中的真理基礎經常是很微弱的。」這段話的意思是說，記號的情感意解可以使我們對此記號有一辨識之感，但是，我們並不能由這種辨識之感而說我們對此記號有真的認識。換言之，我們是否感到我們對記號有所認識，這是一回事，而我們對記號的認識是否為真，則是另一回事。普爾斯似乎也根據這點而把情感意解排除在知性概念意義的候選名單之外。

　　在討論完情感意解與活力意解，而判定它們皆不足以成為知性概念的意義之後，普爾斯訴諸「邏輯意解」這種意指效果，以尋求最後的解決之道。他說：「在確定這種效果的本性之前，為它取個名字將會方便些，而我將稱之為『邏輯意解』，而暫時不去決定這

個名詞是否應該指一個概括概念的意義之外的任何東西。」(*CP*, 5.476) 由這句話可以看出，普爾斯在提出「邏輯意解」這個名詞時，一開始就明白指出，它基本上是指概括概念的意義。不過，這樣的說法，除了表示此一名詞的用法之外，並沒有提供任何實質上的內容知識。因此，我們必須問：邏輯意解的本性是什麼？為什麼具有這種本性的意指效果最適合做為知性概念的意義？

首先，普爾斯是由習慣去說邏輯意解的本性。對比於他之由感受說情感意解，而由行動說活力意解，普爾斯是由習慣去說邏輯意解的本性。我們可以看出，他是由第一性的範疇說情感意解，由第二性的範疇說活力意解，而由第三性的範疇說邏輯意解。依此路向，普爾斯對於邏輯意解這種意指效果進一步做了以下的說明：

> 我們是否應該說這種效果可以是一個思想，亦即，一個心靈上的記號？無疑地，它可以是如此；只是，如果這個記號是屬於知性的種類（事實上將必須屬於），則它本身必須具有一個邏輯意解；如此以致它不能是這個概念的「究極的」邏輯意解。我們可以證明，「習慣變化」是唯一能夠如此被產生的心靈效果，而且它不是一個記號而是具有概括的應用；習慣變化意指修改一個人的行動傾向，或是出於以前的經驗，或是出於他在以前的意志或動作之執行，或是出於這兩種原因之混合。當「習慣」一詞被正確地使用時，它並不包括自然的傾向。(*CP*, 5.476)

由這段一九〇六年的文字中，我們可以看出，普爾斯此時對意義問題的看法基本上仍然延續他早年的主張。在一八七八年的〈如

何使我們的觀念清楚〉一文中，普爾斯經由信念本質之分析，而主張一個思想的意義即在於它所產生的習慣，並由此而導出他的實用格準。在上述引文中，普爾斯是由記號學的角度去說知性概念的意義，先指出邏輯意解即是知性概念的意義，再指出邏輯意解的本質即在於習慣變化。雖然前後兩種說法的出發點不同，一是由信念的本質說，一是由記號之邏輯意解的本質說，但是，以習慣做為核心概念的這種說法則是一樣的❷。

　　普爾斯相信，由於知性概念是概括的，則這種記號在解釋者心靈所造成的恰當的意指效果亦必須是概括的。換言之，知性概念的邏輯意解必須是概括的。此外，普爾斯固然是由邏輯意解去說明知性概念這類記號的意義，但這並不表示邏輯意解即是知性概念的意義。如果一個記號的邏輯意解本身即是一個記號，則它也需要有一個邏輯意解做為它的意義。如果第二個邏輯意解也是一個記號，則它又需要一個邏輯意解。因此，為了避免無限後退，一個記號得有一個「究極的」邏輯意解做為它的意義；這個邏輯意解本身不是一個記號，因此不需要另一個邏輯意解做為它的意義，亦因而被稱為究極的。而依普爾斯的說法，一個記號所表達的習慣或第三性即是它的意義，也就是它的究極的邏輯意解(*CP*, 8.184)。在此，一般的邏輯意解不能說是記號的意義，而只能說它表達了原先記號所表達的相同意義。簡言之，為了避免無限後退，一個記號的意義本身不能再是一個記號。如果一個記號在解釋者心中造成的邏輯意解是一

❷　普爾斯在後期明確表示，把邏輯建立在心理學上的做法是非常不穩固及不安全的(*CP*, 5.485)。而且，他指出，習慣不必是一個心理事實；植物會表現某種習慣，河流也會表現某種習慣。此外，生理學家可以毫不提及心靈而對習慣做出定義(*CP*, 5.492)。如此，普爾斯之由習慣去說意義，並不表示他必須以心理學為基礎。

個記號，則此邏輯意解不能說是原先記號的意義，而只能說是表達了原先記號的意義；亦即，它本身還需要有一個邏輯意解做為它所表達的意義。問題是，它所表達的意義究竟是什麼呢？依普爾斯，這就是習慣或第三性；或名之曰究極的邏輯意解。在此，這是原先記號所要表達的意義，也是這個原先記號的邏輯意解（其本身亦為一個記號）所要表達的意義。最後，普爾斯指出，究極的邏輯意解即是知性概念所表達的習慣或第三性，這也就是知性概念這種記號的恰當意義。因此，要了解知性概念的恰當意義，我們應該由它表達的習慣去了解它；而這點正是實用主義的主旨。

　　普爾斯主張，一個知性概念的意義（或曰究極的邏輯意解）即是它所表達的習慣或第三性。不過，普爾斯如何得出這樣的結論呢？換言之，以習慣做為究極的邏輯意解的理論根據何在？簡言之，習慣是概括的，邏輯意解也是概括的；習慣具有未來的時態，邏輯意解也具有未來的時態。事實上，普爾斯曾經明白指出，邏輯意解的未來時態是以條件句的形式表達出來的：「並不是所有的記號都具有邏輯意解，而只是知性概念或與之類似者；而這些或者是概括的，或者是密切地關連於概括者。這表示，邏輯意解的未來時態是一種條件句的語態：『將會』。」(*CP*, 5.482)他相信，只要能夠找出一些高度抽象而其意義的本性卻毫無問題的概念並加以研究，就可以進一步了解邏輯意解如何及為什麼在所有的情況中皆是一個帶有未來時態的條件句。普爾斯本人在數學中找到有許多這種概念，並且發現它們皆有下述的形式：「根據如此這般的概括規則而前進。那麼，如果如此這般的概念是可應用到如此這般的對象，這個操作會有如此這般的概括結果；反之亦然。」(*CP*, 5.483) 由此可知，普爾斯是由實例的分析中得出上述的結論：邏輯意解必以帶有

未來時態的概括性條件句表達；他是由數學概念導出這個規則，並由其他概念的應用進一步加以肯定(*CP*, 5.487)。事實上，普爾斯也是由此路向而斷定習慣即是邏輯意解的本質；換言之，如果我們確定邏輯意解具有概括性、未來性、條件性，則習慣即成為唯一合格的本質。他說：

> 在做了上述暫時的假定之後，我問自己，由於我們已經看出，邏輯意解在其指涉的可能性上是概括的（亦即，它所指涉的或相關的乃是所有可能具有某種描述的東西），具有概括指涉的心理事實之範疇有那些呢？我能發現到的只有四個：概念、欲望（包括希望、恐懼等）、期望、及習慣。我相信在此沒有什麼重大的遺漏。不過，說邏輯意解是一個概念，並不是對其本性之說明；我們已經知道，它是一個概念。同樣的批評亦可用到欲望及期望上，因為，除了經由與一個概念的關連之外，此二者皆非概括的。此外，就欲望而言，如果有必要，我們可以很容易表明，邏輯意解是活力意解的一個效果，如同說後者是情感意解的一個效果。不過，欲望是努力的原因，而非其效果。至於期望，它之所以被排除乃是由於它不是條件的。有的期望被誤以為是一個條件的期望，事實上這只是一個判斷：在某種條件下，將會有一個期望；在期望被實際產生出來之後，期望本身沒有任何條件性，而邏輯意解卻有。因此，只有習慣剩下來做為邏輯意解的本質。(*CP*, 5.486)

此外，普爾斯亦由內在心靈的活動方式去說明他為什麼以習慣

做為知性概念的究極邏輯意解。他指出，知性概念會使我們在內在
世界的活動皆採取實驗的形式，如此而使得解釋者形成一種習慣，
亦即，每當他欲求某種既定的結果時，他就以某種既定的方法行
動。普爾斯認為：「真實而活生生的邏輯結論『是』那個習慣；語
言文字只不過表達它而已。我並不否認，一個概念、命題、或論證
可以是一個邏輯意解。我只是主張，它不能是最終的邏輯意解，理
由是：它本身是一種記號，而這種記號本身即有一個邏輯意解。」
(CP, 5.491)換言之，唯有習慣，雖然它也可以做為記號，其本身不
再有邏輯意解，故而能夠稱得上是究極的邏輯意解。普爾斯接著
說：「結合動機與狀況的習慣，乃以行動做為它的活力意解；但
是，行動不可能是一個邏輯意解，因為它缺乏概括性。」這段話充
分說明他後期何以不由行動本身而由習慣去說實用主義的理由。此
外，普爾斯指出，概念之做為一個邏輯意解，只是不完美地做為一
個邏輯意解。它多少挾雜了文字定義的本性，因此，如同文字定義
之劣於真實定義，概念亦劣於習慣。審慎地形成的自我分析的習慣
是活生生的定義，它是真正的、最終的邏輯意解。因此，能夠以文
字表達出的一種對於概念的最完美的說明，即在於描述出這個概念
所可能產生的習慣。而對這種習慣的描述，唯有去描述在某種特定
的狀況及動機下所產生的行動(CP, 5.491)。在這段說明中，普爾斯
固然強烈地表達他為什麼以習慣（而不以語文記號）做為「究極
的」邏輯意解的理由，但是這個主張的立論根據在於：知性概念實
際上會在解釋者的心中形成一種習慣。

討論至此，我們可以看出普爾斯如何由記號的分析為實用主義
的意義論提供理論上的支持。首先，普爾斯指出，記號行動有三個
要素：記號本身、記號的對象或記號所代表的東西、記號的意解或

記號在解釋者心中所產生的效果。我們顯然不能由記號本身去說記
號的意義，而普爾斯又反對由記號的對象去說其意義(*CP*, 5.6)；如
此一來，我們只有從記號的意解去說其意義。其次，普爾斯把意解
分為三種：直接意解、動態意解、最終意解。直接意解指的只是一
種可能性，最終意解指的是一種尚未達到的理想目標，唯有動態意
解指的是一種實際的效果。為了研究意義問題，可能的效果及尚未
達到的效果皆無法做為我們實際研究的題材。因此，我們唯有經由
表現記號實際效果的動態意解去了解記號的意義。接著，普爾斯進
一步把動態意解分為情感意解、活力意解、及邏輯意解；這些意解
是記號在解釋者心中實際造成的效果。不過，並不是每一個記號都
能同時造成這三種效果；有些記號只能造成情感意解而無法造成活
力意解與邏輯意解，有些記號只能造成情感意解與活力意解而無法
造成邏輯意解。換言之，有些記號只具有情感意義，有些還具有活
力意義，而唯有知性概念才具有邏輯意義或知性意義。籠統地說，
一個知性概念固然可能同時具有這三種意義，不過，依其特色而
言，我們應該由其邏輯意解去了解其恰當的意義；因此，嚴格說
來，只能由邏輯意解去了解知性概念的意義。最後，普爾斯指出，
究極的邏輯意解即是知性概念所表達的習慣或第三性，這也就是知
性概念這種記號的恰當意義。因此，要了解知性概念的恰當意義，
我們應該由它表達的習慣去了解它；而這點正是實用主義的主旨。
如此一來，實用主義經由記號的分析得到理論上的支持；換言之，
實用主義由記號學得到某種證成。

四、實用主義的特性

我們在上一節看到，在記號學的證成路向中，普爾斯由習慣去說邏輯意解之本質，更由邏輯意解去說知性概念之意義，如此而對實用主義的意義論提供理論上的支持。事實上，我們也可以由這種證成路向中看出實用主義的一些重要特性。換言之，我們可以經由普爾斯對習慣特性之說明，而進一步確定知性概念的意義的特性。

不論是早期或後期，普爾斯始終均以「習慣」為出發點去思考意義問題。根據他的看法，當我們說一個人具有某種習慣時，我們的意思其實是說：「在某種情況之下，他會有某種行動產生」，或是說：「如果某種情況出現，則他會做出某種行動」。依此觀點，一個習慣所包括的即是在所有可想像的情境之下，它可能導致的各個行動之總和。如此，我們可以用一系列具有下述形式的條件句表達習慣：「如果在某種情境下，則會有某種行動」。

實用主義以條件句的形態去了解知性概念的意義，如此，實用格準的主旨可以表達如下：當我們要清楚地了解一個語文表式的知性意義時，我們應該把它轉譯成一組條件句，這些條件句中的前件所陳述的是某些將被執行的動作，其中的後件所陳述的則是在這個語文表式為真的情況下執行這些動作將會且應該會發生的結果；而我們對於這些條件句的了解，即是我們對於這個語文表式的全部了解，也就是這個語文表式完全的知性意義。

在此，值得進一步考慮的是，這些條件句的前件所陳述的那些動作是否必須被實際地執行？換言之，在前件所陳述的動作或情境並未實際出現之前，我們是否能了解相關語文表式的意義呢？關於

這點，普爾斯在早期與晚期似乎有著截然不同的看法。他在一八七八年的文章中明白表示：「一個硬的東西與一個軟的東西，在沒有測試之前，它們之間絕對沒有任何差異。」(*CP*, 5.403)在此，強調的是實際的測試，以及由此測試而來的實際效果。以鑽石為例，當一顆鑽石在尚未測試其硬度之前即被火燒掉時，它原先究竟是軟的或硬的呢？普爾斯在一八七八年的回答是，你可以說它是軟的，也可以說它是硬的，都不算錯；因為，這只是語言表達的問題罷了。但是，他在一九〇五年的〈實用主義的議題〉一文中對此例子重加討論並修改自己原先的看法。在此，他明白表示，在條件句的前件所陳述的動作或情境尚未實際出現之前，我們即可說某一顆鑽石是硬的；這樣的說法已表達了命題的意義，而不只是語言表達上的方便。因為，我們說一顆鑽石是硬的，這句話的意思即是說：如果我們「將會」執行某些動作，則某些可感覺的結果「將會」發生；其中並沒有要求實際的出現(*CP*, 5.457)。由這點改變，我們可以看出上述條件句的假設性格。換言之，條件句的前件所陳述的動作或情境只要是可能的即可，而不必是實際的。

此外，我們可以由普爾斯在後期對此一例子的說明中看出更重要的一點。面對一顆從未被測試即已焚化的鑽石，普爾斯認為，做為一個實用主義者，他能知道這顆鑽石原先是硬的；換言之，我們知道，如果我們曾以金鋼沙刮之，也不會有任何刮痕。為什麼可以如此呢？理由是，「這顆鑽石原來是硬的」這個命題可以看做是由下述兩個前提導出的結論：一、「這個物體是一顆鑽石」；二、「所有的鑽石都是硬的」。當我們判斷某一物為鑽石時，我們是根據對其亮度、形狀等的知覺。這個判斷有點像是對此物的假設，而如果此物不合乎對所有鑽石皆為真的法則時，則此假設即被否定。我們

可以假定所有的鑽石都是硬的是一條由歸納確立的法則,如果某物看起來像是鑽石而摸起來居然是軟的,我們只會否定它是鑽石,而不會否定所有的鑽石都是硬的這條法則。這條概括的法則並不只是綜述對一顆顆鑽石曾經做過的觀察事實,它代表一個真理,它對所有的鑽石皆為真,不論是實際的或可能的鑽石。普爾斯認為它是一條運作於自然中的一般原則(Hookway, 242)。

換言之,當我們進一步反省實用格準時,我們應該注意到,那些表達某一概念或命題之意義的條件句,事實上是在陳述關於概念或命題之對象的支配法則。例如,表達「這是一顆鑽石」此一命題之意義的一組條件句(像是,「如果你用金剛沙刮之,它不會有任何刮痕」),意涵著一個類似法則的概括陳述:「所有的鑽石都是硬的」。因此,普爾斯說,任何一個概念或命題之意義即是對於由這個命題之肯定而本質上預測的所有實驗現象之概括的描述(*CP*, 5.427, 8.195)。他又指出:「說一個東西是硬的、或是紅色的、或是重的、或是具有某種重量、或是具有任何其他的性質,即是說它是服膺於法則,並因而是一個指涉未來的陳述。」(*CP*, 5.450)

我們在前面看到普爾斯用習慣概念去說明意義,在此處又看到他以法則概念去說明意義。艾默德指出,對普爾斯來說,這兩個概念是相同的。由某種角度來說,宇宙的法則即是宇宙所帶有的習慣。因此,如果命題之意義基本上是在陳述支配對象之性質的法則,則由此可說,一個命題的意義只不過是它所包含的習慣(*CP*, 5.400, 5.18, 2.148)。由此看來,普爾斯在範疇論所說的「第三性」即是隱含地表示於一個概念或命題之意義中的法則或習慣,或是說明命題之意義的法則或習慣。依此,所有命題的意義之中都帶有第三性,因為我們所有的命題都表達某種法則,而且有關那些對象之

陳述的意義是藉著這個法則而表達出來。因此，說明概念及命題之意義的，乃是吾人經驗之似法則的特性；因為說明構成意義之性質或描述的，乃是吾人經驗之似法則的特性。事實上，普爾斯宣稱，最後，表達在條件句中的乃是法則本身，它構成一個命題的究極意義(*CP*, 5.491)。艾默德進一步指出，普爾斯如此說的理由在於，邏輯的解釋項乃是藉著另一個邏輯的解釋項而使其本身有意義，如果我們想要避免邏輯的解釋項的無窮後退，我們必須在最後的分析中主張，究極的意義（究極的邏輯的解釋項）正是那些邏輯的解釋項（條件句）所表達的法則。由另一個角度來說，一個命題的意義是由一組表達一個法則的條件陳述而表達，如此，一個命題的意義是究極地由法則或習慣的存在而導出。對普爾斯而言，意義不是法則；反之，法則是意義的基礎，或對有意義的命題之存在的說明(Almeder, 15-16)。

普爾斯在一九〇五年強調實用主義的未來性格而說：

> 每一個命題的理性意義皆在於未來。何以如此呢？一個命題的意義，本身即是一個命題。固然，一個命題的意義與此命題並無不同；前者是後者的轉譯(translation)。但是，一個命題可以用不同的形式轉譯，其中那一個形式才足以稱為它真正的意義呢？根據實用主義者，它就是命題可以藉之而對人類行為有所應用的那種形式，但是不是在某些特定的情境中或為了某些特定的目標；反之，這個形式可以在每一個情境中、為了每一個目的，最直接地應用到自我控制上。正是因為這點，實用主義者將意義定位在未來的時間中；因為未來的行為是唯一可容自我控制的行為。為了要使這個被當做命

題意義的命題形式能夠應用到與此命題有關的所有情境及所有目的，它必須是在概括地描述此一命題之肯定在實質上所預測的所有實驗現象。因為一個實驗現象即是此命題所肯定的下述事實：某種行動將會有某種實驗結果；而實驗結果是唯一能影響人類行為的結果。無疑的，某種不變的觀念可能比它對人的影響更大；但是這只是因為某種等同於實驗的經驗使他對此觀念之為真有最親切的認識。每當一個人有目的地行動，他總是依於對某種經驗現象的信念而行動。因此，一個命題所蘊涵的實驗現象之總合即構成它對人類行為的整個影響。(*CP*, 5.427)

普爾斯之所以強調實用主義的未來性格，主要的理由在於條件句所涵藏的期望成分與自我控制的成分。就期望的成分而言，根據胡克威的詮釋，如果我相信某種酒是甜的，則我期望，在某種情境下，如果我去喝它，則我將會有某種獨特的感覺。如果我相信在試管中的液體是酸的，則我將期望，如果我放入藍色的石蕊試紙，則此試紙會變紅。信念提供這類帶有條件的預測，這類預測加上我們的欲望而使得某些行動成為理性的；我們的行動如此而被信念所引導。這種條件句指出，某些經驗會跟著某種行動而來。如果我知道從一個信念可能導出那些這類的預測，則我可以更清楚地掌握這個信念的內容(Hookway, 50)。就自我控制的成分而言，普爾斯在上述引文中強調的理由是，由於唯有未來的行為才允許自我控制，因此他將知性概念的意義定位在可容自我控制的未來。這種對於意義的看法，與其說是出於一種實然的分析，毋寧說是出於一種應然的選取。

第七章　形上學

　　普爾斯的形上學被《普爾斯文輯》的編者稱為「科學的」形上學(*CP*, 6:v)，它就第三性來研究第三性(*CP*, 5.121)。在普爾斯的學問架構中，形上學以邏輯為基礎，後者又以倫理學為基礎。普爾斯把形上學分為三支：存有論、宗教（心靈形上學）及宇宙論(*CP*, 1.192)。本章討論範圍以普爾斯的形上學為主，重點放在他的宇宙論及上帝觀。在本章涉及的範圍內，普爾斯提出不少重要主張，諸如：強調連續性的綜體論(synechism)、強烈反對必然主義(necessitarianism)的機緣論(tychism)、以神聖之愛為演化動力的愛力論(agapism)。

　　普爾斯對於形上問題的思考開始甚早，不過，較密集的思考時期是在一八八〇年代至一八九〇年代這廿年中。他在這方面的著作亦不少，除了散見於早中晚各期的文稿之外，最集中的發表時期則是自一八九一年至一八九三年，他在《一元論者》雜誌上發表一系列五篇文章：〈理論之建築架構〉、〈必然說之檢視〉、〈心靈之法則〉、〈人之如鏡的本質〉及〈演化之愛〉，此乃其形上學的重要文章。在跨入廿世紀之後，普爾斯於一九〇六年前後寫了〈有關我的上帝信念問題之回答〉，這篇文稿比較有系統地表達他的上帝觀。一九〇八年則發表〈關於上帝實在性的一個被忽略的論證〉，這是

普爾斯最後一篇有關宗教的論文。

一、機緣及連續性

在《一元論者》系列的第一篇文章〈理論之建築架構〉中，普爾斯指出，哲學理論與建築原理之間有類似之處：除非思想在形式上有一個緊密關連的概念架構，否則就無法進展，正如同必須要有一幅縝密的建築結構圖，否則無法建構出堅固的房屋。有趣的是，當普爾斯試圖以建築架構的形態去推展其思想體系的同時，他也正在擴建米爾福的鄉居別墅，並親手畫了不少設計圖(Corrington, 168)。

建築師用鋼筋水泥來建構房屋，普爾斯則依循康德的路數以範疇來支持其哲學體系的架構。在這些範疇中，法則範疇是最優先的。不論是科學家或一般人，極少否認我們所處的宇宙是一個有條理可循的世界。因為有條理，所以可以理解、可以掌握、可以預測。然而，更進一步的問題是，宇宙的法則是怎麼出現的？它們是先天地而生的嗎？在此，普爾斯引進了演化論的觀點。他說：「要去說明自然法則並說明一般的齊一性，唯一可能的方式即是把它們設想成演化的結果。這樣，它們被設想成不是絕對的，不是精確地被遵守的。它讓自然仍有不確定、自發、或絕對機緣的成分。」(*CP*, 6.13)

對普爾斯來說，宇宙是在演化的進程中，它由純粹不確定的異質狀態走向法則日益突顯的規範狀態。不過，在法則的成長中，永遠保有機緣的成分。換言之，法則不是絕對的、普遍的，法則是由經驗中概括出來的。法則是概括的習慣，它永遠允許例外的出現。

宇宙實際展現了絕對的機緣，機緣並不是出於認識者的心中，而是宇宙的客觀特性。即使在演化的理想盡頭，仍然會出現新的變異。

　　任何一個法則都是各種有機及無機形式的演化之產物。成長是宇宙不可化約的一個部分，在各種層級的演化歷程中都表現了成長的存在。基於此點，普爾斯強烈抨擊斯賓塞之以機械論解釋演化論，理由是，單單憑著完全以動力因做為基礎的機械原理，並不能夠說明宇宙中成長的存在或新奇性的存在(*CP*, 6.14)。

　　普爾斯說：「根據達爾文的理論，演化之發生乃是藉由兩個因素的動作。第一，遺傳，此一原理使後代近似其父母，同時又留有偶然變異的空間，其中經常出現的是微小的變異，極少出現較大的變異；第二，物種的出生率無法趕上死亡率則會毀滅。」(*CP*, 6.15)達爾文的《物種源始》出版之後，引起極為熱烈的迴響，其中有忘情的支持，也有一味的反對。對普爾斯來說，這兩種態度都不可取；他固然接受達爾文的部分說法，但也從科學及哲學的角度提出批評(Potter, 171)。普爾斯認為達爾文的說法優於斯賓塞，因為他承認變異的可能，因而使得機緣原理得以成為演化的核心。不過，達爾文的視野仍然不夠深遠，至少缺乏某種目的觀，而無法透顯成長的內在動力。普爾斯認為，在這點上，法國演化論者拉馬克(Jean-Baptiste Lamarck, 1744–1829)的說法倒是可以提供佐助。拉馬克相信，自然界擁有一種朝向完美的力量，它引導著由低等階段到高等階段的演化歷程，最後達到人類的演化。他認為，各種模式的演化皆表現出某種源於造物主的目的。

　　普爾斯在此注意的重點是：有機體的某種現存特性究竟從何而來？拉馬克認為，個體可以經由學習而獲得某種新的特性，並且可以把這個後天培養出來的特性遺傳給其後代。普爾斯說：「拉馬克

的理論也認為，物種的發展乃是藉由一長串感覺不到的改變而發生，但是它認為，那些改變乃是發生於個體的一生之中，乃是出於努力及練習，並認為，在此歷程中，生殖的地位僅僅在於保存這些修改。」(*CP*, 6.16)這種說法突顯意志及努力的作用足以將不好的情境轉變成好的。有機體能夠修改其行為，並增加新的習慣。更奇妙的是，這些新的習慣有時可以經由某種神秘的過程而成為物種的遺傳模式。普爾斯注意其中的目的因素，並注意目的在形成個體習慣，甚或集體習慣上所扮演的角色。

除了達爾文的演化論及拉馬克的演化論，普爾斯在〈理論之建築架構〉一文中還提到克殷(Clarence King)的演化論，其中強調外在環境的劇烈變動對演化的影響(*CP*, 6.17)。相對來說，達爾文的演化論強調演化改變中的偶然性，拉馬克強調有機體的內在努力，克殷強調外在環境的影響。普爾斯似乎想要把這三種說法熔為一爐而提出自己的演化論。波特指出，演化論有兩個層面，一是做為「科學」的假設，目標在於說明「物種」的發展，一是做為「哲學」的假設，目標在於說明「整個宇宙」的發展。普爾斯很清楚這兩個層面的分別，並以前一層面的演化論為基礎，發展後一層面的演化論(Potter, 172)。

對於整個宇宙演化的起點及終點，普爾斯在〈理論之建築架構〉一文的結尾提出他的看法，表現一種獨特的宇宙論❶。簡言之，根據這種宇宙論，無限久遠以前，宇宙在一開始，處於混沌

---

❶ 就普爾斯的全部著作而言，論及宇宙起點的文獻要遠比論及宇宙終點的文獻來得多。但是，波特指出，這並不表示宇宙起點的說法對普爾斯的哲學比較重要。反之，宇宙終點的問題可能還與普爾斯其他的哲學主張，例如探究終點的問題，有更密切的關連(Potter, 191)。

(chaos)狀態，它是一種未人格化的感受，其間沒有關連，亦無規律，或許亦無所謂的存在。這種感受雖然處於純粹任意的狀態，但其中應該已有概括化的傾向；當概括化傾向逐漸增強之際，其他方向的表現也逐漸消逝。如此，開始有了習慣傾向，再加上其他的演化原理，即可開展出宇宙全盤的規律性。不過，必須記得一點，不論何時，宇宙總是會保有純粹的機緣，直到無限遙遠的未來，直到世界變成一個絕對完美的、合理的、對稱的系統，而心靈到那時也終於成為結晶體(*CP*, 6.33)。

此外，普爾斯在一八九〇年左右的《謎題之猜解》中亦對其演化宇宙論有所說明。他指出，在一開始，從不確定性的孕育之處，亦即原初充滿機緣的混沌狀態，藉由第一性原理，已經出現了某種東西。這可以稱為宇宙的第一道閃光，而藉由習慣原理，出現第二道閃光。接著，出現其他各種愈來愈密切結合的連續狀態，再加上它們本身趨向結合的習慣及傾向，最後使得事件結合在一起像是一股連續不斷的水流(*CP*, 1.412)。

根據上述的說法，宇宙最初的狀態乃是一種純粹的可能及未定。不過，這種可能及未定亦非漫無方向的；宇宙要由純粹的可能朝向具體的存在發展，原初的混沌感受也要朝向規律的習慣發展。換言之，在宇宙的演化中，概括化的傾向逐漸增強，而純粹任意的狀態逐漸減弱；在這過程中，具體的存在出現，也發展出彼此之間的關連，而彼此相關連的群體則進一步造就出習慣及法則。宇宙是由純粹的混沌演化為條理分明的世界。我們現在所處的世界仍在演化中，但它至少已演化到了有條理可循的地步，到了人類可以理解而科學可以研究並預測的地步。普爾斯更樂觀地相信，順著自然的路向，宇宙最後將演化成一個完美的系統。不過，他同時強調，在

演化的過程中，純粹機緣一直存在著，甚至扮演著刺激演化的角色。接下來的問題則在於：當宇宙發展到完美終點時，是否還容許有一絲的機緣或變異？這時的宇宙是否停止所有的變化及成長而成為一個完美卻死寂的結晶體？

　　就一般的意義來看，演化及完美是不相容的(*CP*, 7.380)。按理說，在宇宙達到完美的終點處，不應該再有演化可言，也不應該再容許混亂、新奇、機緣。不過，如此一來，宇宙演化的目標，從某種角度來看，似乎即在於擺脫機緣，即在於停止成長、排除新奇。更令人難以接受的是，依此觀點，宇宙的最終理想即是固定不動、全盤死寂。因此，有的學者不認為這種觀點合乎普爾斯的哲學觀，更進而試圖指出機緣與完美是可能相容的。寇林頓強調，普爾斯所說的在「無限遙遠的未來」的宇宙終點，只不過是一種「將會」出現的狀況，它只是我們對完美的一種永遠達不到的理想或希望，如此一來，現實上即永遠容許機緣的存在。甚至，更進一步來看，即使在這最終將會達到的完美系統中，成長及變化亦是可能的；普爾斯固然曾用結晶體做比喻，並不表示宇宙的終點是如一般結晶體那樣靜寂的(Corrington, 173)。

　　在〈理論之建築架構〉一文中，普爾斯表明自然法則乃是演化的產物，而且，各個層級的第三性範疇皆容許某種成長及變化。在此，普爾斯不僅明白宣示其機緣論，也透露其獨特的演化論及目的論的宇宙觀。接下來，在〈必然說之檢視〉一文中，普爾斯攻擊了當時盛行的機械論的宇宙觀。依照機械論的說法，宇宙中所有的事件均可用機械法則充分說明，而不需要訴諸機緣或目的等概念。當然，近代自然科學的蓬勃發展對於必然說及機械論更加推波助瀾，如此一來，整個世界的活動似乎都可藉由因果原理而得到解釋。不

過，普爾斯則反對這種以機械論及必然主義為核心的科學主義。他強調科學仍有其限制，自然科學得出的結論乃是概括的、或然的，完全精確的描述是做不到的。強調科學萬能的科學主義者經由科學的成功而獲得了信心，普爾斯則是經由對科學本質的深入剖析而反對必然主義，而主張機緣論。換言之，對普爾斯而言，一位真正的科學家應該要看到宇宙中存有成長、自發、新奇及機緣。

在〈必然說之檢視〉中，普爾斯對哲學史做了一番回顧，他指出，古希臘的原子論者德謨克里圖斯相信世界是由散列的原子構成，這些原子的運動完全依照嚴格的機械原理及因果原理。不過，後來的伊壁鳩魯則認為，原子的運動受到某種神秘而自發的宇宙力量的影響。依普爾斯看來，伊壁鳩魯對原子論的修正相當可取，可惜的是，十九世紀的科學家及機械論者都未能正視之，卻回到早期那種素樸的觀點(*CP*, 6.36)。

依普爾斯的說法，必然主義主張，任一時刻存在著的事物狀態，再加上若干不會變更的法則，即完全決定所有其他時刻的事物狀態。如此一來，只要知道宇宙開始那一剎那的狀態以及若干機械法則，具有足夠能力的心靈即可由這些資料推繹出我們在目前所進行的每一個動作細節(*CP*, 6.37)。必然主義者似乎把機械法則看成是不容改變的先天原理，普爾斯則不像必然主義那樣主張法則的不變性；對他來說，法則是可變的，法則隨著宇宙的成長而有所改變。

必然主義有其吸引人的一面，因為它使人們對於完全掌握自然、掌握未來有著更大的信心，也使人們更樂觀地相信自己生存於一個安穩的宇宙中。不過，普爾斯則指出，必然主義的說法並不符合我們對於世界的觀察。普爾斯強調，固然我們可以明確地在世界

中觀察到規律性(regularity)，但是我們並沒有觀察到必然性(necessity)。

　　整個規律性是部分的，規律性絕不可能是一點不差地精準的或普遍的。事實上，在化學理論中運用得非常成功的概率論，正是因為在實際事例中發現到偏離法則的狀況，而促使數學家發展出概率論。對於任何一種成員繁多的現象，諸如容器內的分子，我們必須依據概率的分析，而不能幻想去找到現象本身真正的事物狀態。所以如此，不是因為我們未能成功地達到精確的標準，而是因為世界根本不是依照必然或機械的法則在運作。

　　在檢視任何一個自然法則時，我們必須先去查看它是否能夠精確而普遍地被應用。問題是，普爾斯指出，如果我們試圖證實任何一個自然法則，我們會發現，當觀察愈精細時，偏離法則的不規律狀況益發明確(*CP*, 6.46)。事實上，當我們更密切地注意一個法則及其對一類現象的應用時，我們愈可能發現到這些偏離。對精確的追求會導致不精確；普爾斯的洞見在後來海森堡提出的測不準原理中得到了支持。

　　普爾斯指出，仔細考察任何一種涉及時間因素的科學，都可看出，每一個地方顯現出來的主要事實即是成長及日益增加的複雜性(*CP*, 6.58)。可是，成長及日益增加的複雜性卻無法用必然主義的原理加以說明。現象之成長乃是透過自發之力量，後者提供創造性變異的空間。沒有機緣，就沒有成長。同理，複雜性之所以可能增加，正是因為出現了新的選擇的可能。這些可能的選擇乃是機緣的產物。總而言之，必然主義之所以不成立，不僅是因為它無法說明實際的情況，還因為它沒有運用恰當的科學方法來研究其主題。宇宙並非由動力因全權支配，各式各樣的新奇仍存於宇宙中。

　　主張必然主義的人也經常相信唯物論，以唯物機械論的路數，依循嚴格的因果法則，去說明整個宇宙的運行。在此觀點下，演化亦不過被視為機械原理再一次的展示，所有後起的狀態都是被早先的狀態所決定的，沒有什麼東西是真正新奇的。對普爾斯來說，這種觀點不僅導致整個科學的探究活動趨於死寂，更會嚴重貶低心靈在世界中所扮演的角色。普爾斯主張，比起物質來說，心靈是世界更為基本的特性。心靈經由目的因而發揮作用，對世界中各式各樣的動力因施加壓力。寇林頓提醒我們，普爾斯並未主張目的因比動力因更為基本，亦未把動力因視為目的因的一種分支；普爾斯同時承認目的因及動力因的地位，但不認為其中任何一個具有絕對的優先性(Corrington, 177)。不過，普爾斯也指出，心靈是唯一可自我理解的東西，亦是存在的源泉(*CP*, 6.61)。心靈支持著物質，使得物質表現活力。如此，心靈使所有的存在具有活力，並經由感受而將它們結合在一起。在此觀點下，世界中萬事萬物之間的關係可以視為經由心靈的力量來克服彼此之間的距離及疏離。靈魂及肉體之間的連接可以視為一種典範的表現，世界中的任何兩個東西皆可以此為範本。靈魂是肉體的活力原理，而不是一個分離的原理或特別的實體。在此，普爾斯的看法顯然不同於笛卡兒的心物二元論。

　　在談到法則及機緣時，一般的想法是把法則視為優先的，先接受法則的存在，然後才去說明機緣的出現。不過，普爾斯指出，法則是有待說明的，所有被說明的東西皆必須被其他東西說明，因此，法則必須被非法則或機緣說明(*CP*, 6.613)。普爾斯並不像一般人那樣把法則視為當然的，反而想要了解法則如何成立。對他來說，機緣的存在乃先於法則。

　　前面曾經提到，宇宙始於一種原初的混沌感受。普爾斯所說的

感受是個非常廣的概念，它決不僅限於人類的情感，所有的關係都是某種形式的感受。感受有一種擴張及成長的傾向；因此，感受似乎違反了能量不滅定律之主張能量不會被創造亦不會毀滅(*CP*, 6.613)。感受則能夠被創造，並且把它們的能力加到世界中。普爾斯所說的創造不是像基督教創世紀所謂的一次完畢的動作，或許偏好一次決定一切的必然主義比較會接受這種創造觀。普爾斯認為，創造是一種持續不斷的歷程。在一個持續演化的世界中，每一刻都有新的實在被創造而加進來。

關於宇宙的起點，普爾斯認為，這個最原初的存有之胚芽狀態，它先於一切的存在，但是一開始即有了分殊化的力量。要推究宇宙的究極起點是件很困難的事，籠統地說，在第二性及第三性的世界之前，有種原初的空無(primal nothingness)。普爾斯指出，雖然名之為原初，其實這種空無還不夠原初，雖然它已先於無限久遠的絕對時間起點，在它之前仍然有一種更原始的空無，其中沒有多樣性，只有一種不確定的分殊性，它不過是空無之分殊化的一種傾向(*CP*,6.612)。簡言之，最原初的空無只是一種朝向分殊的傾向，次原初的空無則包含分殊的各種可能。換言之，如果以次原初的空無做為宇宙的起點，則必然主義者可以說一切的可能皆已存於此起點中，宇宙後來的發展不過是把這些可能性實現出來罷了。普爾斯以最原初的空無為宇宙的起點，一方面讓必然主義沒有可乘之機，另一方面則表明宇宙在一開始即有一種停不下來的本性促使宇宙萬事萬物存在。此外，機緣在最原初的空無中亦已有了，並且持續不斷地推動著可能性進入到現實。

宇宙在次序上乃始於絕對的機緣，經過發展，單純的傾向本身成為各種現實的可能，然後再發展為現實存在，最後再形成習慣。

在最原初的空無中，有絕對的機緣；法則乃是由此絕對機緣而來。科學的世界必須有既存的法則，不過，科學家必須正視宇宙並看出，機緣不僅存在於事件之間的縫隙中，亦存在於宇宙演化的整個過程中。在最原初的空無及次原初的空無中就已有的創造力量一直持續運作於整個宇宙中，並且推翻了能量不滅定律。真正的科學家不但要看出宇宙中的法則，更要看到宇宙中的機緣。若不是因為絕對形式及相對形式的機緣，它們提供新變異能夠發生的空間，則根本不會有演化。法則本身是習慣的產物，而習慣是由機緣而來，若是沒有機緣這種基本的實在，則不可能會有法則。

　　普爾斯強調，朝向分殊的傾向要比混沌更為根本。要說明分殊性，就要回溯到混沌的後面，回到原本尚未分殊的空無處，這就是可分殊的傾向，它先在於分殊(*CP*, 6.613)。換言之，最原初的空無只是一種傾向，次原初的空無是一片混沌；前者使後者成為可能。感受支撐著最原初的空無及次原初的空無；宇宙的核心是一種最濃密的感受狀態，其中沒有記憶，亦無習慣，其中卻有一種內在的傾向，去將感受與感受結合在一起。在此，普爾斯引進強調連續性的綜體論，處理感受朝向連接及關係的傾向。

　　普爾斯在〈心靈之法則〉中主張連續性是宇宙的基本特性，並特別就其在心靈層面的展現來加以釐清。在本文中，普爾斯首先指出，機緣論必定產生一種演化的宇宙論，其中自然的所有規律性及心靈的一切規律性均被視為成長的產物，機緣論並且必定產生一種謝林(Schelling)式的唯心論，而把物質當做只不過是一種特殊化而部分壞死的心靈(*CP*, 6.102)。換言之，所有的實在物，其根本皆為精神的、心靈的；物質不過是「枯竭的心靈」(effete mind)(*CP*, 6.25)。

　　寇林頓指出，這裡所說的一種謝林式的唯心論乃是一種泛心靈論 (panpsychism)及一種同一哲學(identity philosophy)。物質本身沒有自主性，它不過是部分壞死的心靈。普爾斯主張朝向同一性的運動，一方面顯現他對笛卡兒心物二元論的反對，另一方面表現他之強調連續性法則是自然的一大特色。這並不是說自然是單一的整體或一切連續體的連續體，而是說，世界是由無量數的連續形式所組成的，每當感受及心靈出現之處，即出現連續性。寇林頓指出，在某些段落中，普爾斯似乎將感受等同於心靈，彷彿心靈的首要法則即在於達到感受擴展的境地(Corrington, 181)。

　　簡言之，綜體論即在指出存在於世界各層級之中及之間的連續性。普爾斯的綜體論以連續性為核心概念，他更以為他對連續性的發現可以做為處理哲學問題的萬能鑰匙(MS, 949; from Orange, 41)❷。心靈法則是連續性法則的一個特別的應用，換言之，它是連續性法則在心靈方面的表現。以連續性為本質的心靈法則告訴我們，觀念有一種傾向，即是去擴展並形成互相連接的橋樑。記號渴望參與更多的記號系列，同樣的，感受也是不安定的，一直朝向更大的相干層級。普爾斯指出，對心靈現象進行邏輯分析，將會看出，只有唯一一個心靈法則，亦即，觀念傾向持續不斷的擴展，並對其他某些具有可影響關係的觀念造成影響。在擴展的過程中，觀念失去強度，尤其是對其他觀念的影響力，不過，得到的是概括性，並且與其他觀念結合在一起(*CP*, 6.104)。

---

❷　郝斯曼認為，綜體論是普爾斯哲學體系四大主幹之一，其他三大主幹是實用主義、記號學及現象學。綜體論是普爾斯實用主義的基礎，是其範疇論對此世界的應用，也是他形上學的核心。郝斯曼指出，對普爾斯來說，實在不僅是連續的，也是一直在演化的。因此，他的形上學可稱為演化實在論(Hausman, 2)。

普爾斯將感受的本質與倫理學連在一起。倫理學的基礎有兩方面。一方面是自我控制,它把個體的意志與解釋社群的需要加以調和。另一個更深層的方面是同情的感受(the feeling of sympathy),它打破了各個自我之間的鴻溝。普爾斯指出,感受不僅是關係的機制,它更豐富地揭露了其他心靈的生命(*CP*, 6.106)。由於感受及心靈性(mentality)這兩個詞語講的幾乎是同一回事,因此,心靈乃是經由同情而非類比的運作,才能接觸其他的知覺中心。寇林頓指出,這種對於感受及同情的強調,使普爾斯的倫理學相當接近叔本華的形態,後者認為同情是倫理學唯一的基礎。兩者不同之處在於,普爾斯說的感受是理性的,正如世界亦大多是理性的,對叔本華來說,就意志的深層來說,世界根本是非理性的,亦全然無關乎人類的需求(Corrington, 182)。

普爾斯認為時間是某種連續體的一部分,他將時間視為一個無限的序列,其中的每一個成員皆與其前件及後件混和在一起。換言之,現在與過去是由無限小的實在步驟結合在一起的(*CP*, 6.109)。這些步驟是實在的,因為時間的結構不是由人類的心靈製造出來的,亦不受限於人類心靈。普爾斯對於心靈及心外之物的想法非常廣泛。心靈法則顯示,時間的生命是一種連續體的生命,其中各個時刻參與了其周圍的時刻。時間比較像是一種移動的感受之流,而不像一系列分散而孤立的時刻。

意識亦同樣是由一個無限的感受序列構成的,這些感受有擴展出去的內在傾向。如此,「私有感受」幾乎成為矛盾的語詞。感受,做為世界的關係結構,從一開始就是社會性的。而且,這些感受對其自身的傾向並非無感的。普爾斯指出:「事實上,這個無限小地向外擴展的意識直接感受它以擴展為其內容。」(*CP*, 6.111)感

受是自覺的，而且似乎想要進一步擴大其關係網絡。在某種觀點下，感受是有目的性的，故而表現得傾向於某種目標。

觀念、感受、意識、潛意識，皆表現了心靈法則。而心靈法則，做為綜體論這個一般原理的一個展現，強調的是，心靈中的任何一個項目皆不會與心靈中的其他項目一直保持彼此孤離的狀態。寇林頓指出，我們不能斷定普爾斯是否主張一種嚴格的內在關係說，亦即，任何一個感受與宇宙中其他所有的感受皆連接在一起；不過，我們可以確定的是，他反對任何形式的原子論把世界打散成不相關連的個別存在。世界不僅展現真實的概括性，更展現這些概括性本身如何渴求一個更進一步整合的境界(Corrington, 183)。

普爾斯不是由持續分畫一條線去談無限小，他的重點不在於如何在一條線的兩點之間找第三個點，不在於分畫，而在於如何表明先前狀態、目前狀態、後續狀態之間的關連。綜體論不在主張分畫，而在主張各個時刻（而非剎那）之間如何經由無限小的步驟而結合起來。綜體論或連續性運作的兩個基本實例即是時間及感受。

普爾斯指出，過去的某些方面仍然存在於現在，它對現在與未來仍有影響力。連續性法則說明各個時刻如何彼此結合在一起，它否定時間之流中有任何絕對的斷裂。在此意義下，現在是非常豐富的，它一半是過去，一半是未來 *(CP,* 6.126)。不過，若就可能性而言，未來優於現在；若就已有之感受來說，過去則是最豐富的。

在感受及時間中，我們清楚看到連續性法則的具體表現。二者中，感受比時間更為基本。理由是，感受除了時間的向度，還有空間的向度。更重要的是，感受是宇宙中關係的最基本的底層結構。在所有心靈性的事物中，感受最有可能擴展並形成關連的網絡。因此，感受是有時間性的、空間性的、關係性的，它是連續性法則的

究極展現。說感受具有時間性及關係性，並不難了解，然而說感受具有空間性，則不易接受。普爾斯把感受說成一種實質的、主觀的、具有空間性的廣表；他也承認，這個想法很難理解，因為一般人僅接受有所謂客觀的廣表。普爾斯指出，我們其實不是對巨大有所感受，反而應該說我們的感受是巨大的，正如我們之說感受的對象是巨大的(*CP*, 6.133)。巨大的對象具有客觀的廣表，而巨大的感受則具有主觀的廣表；此處的感受及對象是一樣巨大的。

只要在心靈之間存有任何一種關係，即有感受的散布。對普爾斯來說，其他心靈的存在根本不是問題。各個心靈早已經由感受而有所關連，因此根本不需要解釋一個心靈如何知道另一個心靈的存在或如何知道另一個心靈的想法。心靈的內容是觀念，此處的觀念當然不是分散的感覺與料。觀念是概括的，這種概括性使觀念與感受有所關連。普爾斯指出，一個觀念由三個要素組成。第一個要素是它做為一種感受的「內在性質」；第二個要素是它用來影響其他觀念的「能量」，這種能量對於此時此地而言是無限的，對過去則是有限而相對的；第三個要素是一種「傾向」，一個觀念有一種結合其他觀念的傾向(*CP*, 6.135)。寇林頓指出，在普爾斯對觀念要素的分析中，我們再度看到三個範疇的應用。對觀念來說，感受之性質是概念化之前的一般的可能性，亦即是觀念的第一性。能量則為觀念的第二性，它的此時此地性(here-and-nowness)使它對過去的某一段成為有限而相對的。傾向是觀念的第三性，觀念有一種更大的概括化的傾向，使觀念形成一個系列；就人類的層次來說，這種系列即是記號系列。總之，觀念可被視為在感受生命之內的聚合時刻，它們具有動力及發生關係的力量而使它們成為演化成長及變化的代理人(Corrington, 185)。

　　談到心靈的問題，自然會想到人格(personality)的問題。最深層及最原始的感受承載者是前人格的(prepersonal)，唯有到了有能力自我意識、自我控制的程度，才有可能去說一個就其本身具有個別實在性的人格。由感受及觀念說到人格，人格不是全新的概念，它乃是由先前的概念重新組合出來的。普爾斯指出，人格乃是觀念之間的某種協調或關連(coordination or connection) (*CP*, 6.155)。當心靈的觀念具有某種形態的組合架構時，即展現了人格的存在。這種組合架構的必要條件是自我控制以及在時間歷程中發生。根本沒有所謂非時間性的人格。人類的人格是完全時間性的，這種剛出現的、易碎的組合架構必須加以滋養，方能抗拒衰敗和惰性的力量。

　　普爾斯指出，他所說的協調比一般的理解要更進一步，協調意謂著一種觀念間的目的性和諧(teleological harmony)。以協調去說人格時，這種目的性不只是對於一個預先確定的目標所做的有目的的追求；這是人格的特色。一個現在有意識的概括觀念，它對未來行動已有的確定程度是它目前所未意識到的(*CP*, 6.156)。普爾斯接受的那種目的論，不是古希臘哲學家所說的那種固有不變的內在目的性，而是要能容許開放的未來。他注意到，要談人格，就得有個開放的未來，而且，唯有在一個容得下自我控制及自我發展的目的論結構中，未來才可能保持開放。當心靈有力量經由自我控制而重新訂定自己的目標時，這個心靈即成為一個人格。這些具發展性及目的性的結構是在無意識的概括觀念中結合出來的，它們在適當的時刻會突顯於意識中。

　　簡言之，普爾斯認為，人格是由前人格的感受逐漸發展出來的。當心靈的觀念間的相互協調達到自覺而自我控制的程度時，人

格即像是一個新的性質出現於世界中。不過,這個新的性質並非全新的,因為它已預見於先前的感受及觀念中,當然它也不只是單純的重新組合。寇林頓指出,同樣的道理似乎也可以用在普爾斯的上帝觀。普爾斯自覺地採取一種擬人化的宇宙觀,縱使宇宙不完全像一個人,但它至少明顯表現出人格的主要特性,而且,往愈複雜的演化層級進行,表現得亦愈強。在某種意義下,上帝即位於這些層級的頂端,而做為人格的典範表現(Corrington, 187)。

普爾斯一系列形上學論文的第四篇〈人之如鏡的本質〉,其中重新定義原子論,指出原子間的互動乃以心靈性為基礎,以找出精神界及物質界的新關連。普爾斯認為,原子不是一個不可穿透的質點,更不是一個具有特定空間架構的堅硬表面。他說,在邏輯上,我們沒有任何權利去假設原子或分子具有絕對的不可穿透性或空間的獨佔性(*CP*, 6.242)。普爾斯不贊成用空間的意象去設想原子或相應分子結構的傳統想法,他援引的倒是波士高維澈(Roger Boscovich, 1711–1787)的能量原子論,而主張原子乃是能量的中心或各個能量的交會點(*CP*, 6.242)。原子的能量固然具有空間上的參數,但是並未侷限於任何既存的構造。

這些做為能量中心的原子之間可以發生更密切的關連,並進一步結合成某種簡單的原生質(protoplasm)。普爾斯認為,這種原生質具備泛心靈論世界觀的所有本質特性,尤其值得一提的是,原生質能夠成長、繁殖、形成習慣,並且能夠感受。普爾斯更指出,原生質不僅能夠感受,而且執行心靈所有的作用,亦即,其感受能夠成長,其習慣能協調而進入更複雜的層級(*CP*, 6.255)。原生質與其周圍的原生質產生互動,並且使其外面的世界成為其內在感受世界的一部分。在任何分子結構中,尤其是那些表現成長及習慣的分子

結構，並沒有絕對的界限。表面看來簡單的原生質其實是一個心靈
互動極複雜的領域，這種互動使它的環境變成其內在發展的一部
分。

習慣永遠不會是完全精準而分毫不差的，習慣必須隨著複雜變
動的環境而加以調適。一邊是充滿機緣的混沌，另一邊是充滿秩序
及法則的條理分明的宇宙，而在這兩端中間即是習慣的領域(*CP*,
6.262)。世界乃是經由概括的習慣而得到現有的秩序。在習慣與感
受之間有個有趣的連接。一個既存的習慣在未受攪擾之際，感受亦
較弱。不過，當習慣被機緣或新奇打破時，感受則增強。由此可
知，愈複雜的有機體有愈複雜的習慣，亦因而愈會受到攪動。換言
之，愈高層的有機體在感受的分量及強度上亦愈大。就我們所知的
世界來說，大概除了上帝以外，人類的感受性最強，亦最容易改變
習慣。對普爾斯來說，由原生質的感受及習慣到人類的感受及習慣
之間，存有連續不斷的發展。

普爾斯指出，由外在來看一事物，我們考慮的是它與它物之間
的作用及反作用的因果關係，在此觀點下，它看起來是物質。若是
由內在來看它，注意的是它直接的感受性格，在此觀點下，它看起
來是意識。這兩種觀點可以結合起來，只要我們記得，機械法則就
像所有的心靈規則，只不過是後天的習慣，而這種習慣動作只不過
是一種概括化，而概括化只不過是感受的擴展(*CP*, 6.268)。要完全
了解事物，必須不偏廢任何一面，不僅由外在觀之，亦要由內在觀
之。如此，內在與外在不是絕對的畫分，而主觀與客觀之間亦不存
在絕對的分野。在人類的層級，外在的因果互動及內在的感受可謂
達到了巔峰。

一八九三年，普爾斯發表形上學系列論文的最後一篇：〈演化

之愛〉，其中結合他對同情及演化的獨到說法，也透露他的社會哲學以及人類社群的演化觀。普爾斯認為整個十九世紀是「經濟的世紀」，其中的經濟理論則是一種「貪婪的福音」，而他的演化論即在對治這種貪婪的哲學。在此，普爾斯採取《新約・約翰福音》的立場，他指出，世界的本質必定是神聖之愛，而這種愛遍布於世界的各個角落及各種層級。普爾斯指出，希臘字" eros "所指的愛不同於此，因為它指的是在下者向在上者的愛。比較恰當的希臘字是" agape "，這是上帝對在下者的愛或對不值得被愛者的愛。在各個演化層級中，宇宙皆展現了這種愛(*CP*, 6.288)。自我之成為自我，亦是當它回應這種神聖之愛的出現時。整個宇宙的動力亦是來自於這種神聖之愛。宇宙表現成長，而這種成長唯有經由機緣及法則的辯證表現才有可能。支持這種辯證歷程的即是宇宙之愛，它滋養了世界中所有的成長。

依普爾斯看來，我們之所以無法看到這種到處展現的神聖之愛，乃是因為我們採信貪婪哲學的說法，而以自我之愛及生存競爭來了解一切(*CP*, 6.291)。他認為，達爾文的《物種源始》亦不過是在宣揚貪婪的福音，只不過是把政治與經濟方面的進步觀推展到動物及植物的領域。達爾文的演化論之所以能夠盛行，部分是由於它與當時流行的一些主張有若干本質上的雷同，例如經濟方面的強調自由競爭、倫理方面流行的效益主義。普爾斯認為，效益主義以最大多數人的最大幸福為道德判準，其實就是適者生存原則的倫理學版本。因此，穆勒的信徒很容易接受達爾文的演化論，並相互唱和(*CP*, 6.297)。普爾斯又指出，達爾文強調生存競爭，其實就是在宣揚人人為己，這根本違背耶穌在山上的訓示(*CP*, 6.293)。在此，普爾斯主張神聖之愛，並將愛與協調凌駕於物競天擇及物種繁衍的歷

程之上，以「愛的福音」代替「貪婪的福音」。

　　普爾斯指出，演化有三種模式：以「偶然的變異」進行的演化、以「機械的必然性」進行的演化、以「創造的愛」進行的演化，他分別名之為「偶然的演化」(tychastic evolution, or tychasm)、「必然的演化」(anancastic evolution, or anancasm)、「愛力的演化」(agapastic evolution, or agapasm)，主張不同模式的重要性的學說則名為「偶然演化論」(tychasticism)、「必然演化論」(anancasticism)、「愛力演化論」(agapasticism)(*CP*, 6.302)。達爾文的說法是一種偶然演化論，這種演化論雖然正確地看到了機緣，但未能看出目的之重要。必然演化論不但未能能看出機緣，亦未能看到目的。拉馬克的說法比較接近第三種演化論，這種演化論突顯目的及同情等要素。

　　在上述幾種演化論中，普爾斯本人主張的當然是第三種，他認為，前兩種演化論所說的演化沒有表現任何真正的進展(advance)。依達爾文的演化論，目前存在的只是存活下來的，此中並未表示任何進展或目的之達成。對必然演化論來說，目前的生物構造只不過是依據機械法則進行出來的結果。唯有愛力演化論才可能談真正的進展，這種進展之可能乃是基於一種源出於心靈連續性的積極同情，而表現在各種形式的演化中(*CP*, 6.304)。寇林頓指出，普爾斯此處的說法顯然是以其泛心靈論為基礎。萬一宇宙只不過是死寂的物質，則演化即不能是心靈或同情的作用，而綜體論也不能成立。泛心靈論主張心靈的遍在性，因而支持各式各樣的連續性均展現於世界中。演化之愛或創造之愛是綜體論的重大表現，因為經由演化之愛才能真正促進整體的成長。當心靈之間能夠相互溝通時，演化即會加速，而心靈的溝通不只是透過記號，更是藉由直接

的同情。這種直接的同情增進集體心靈的深度及廣度，而當集體心靈的力量成長時，個別成員的後代可以獲得更多前代所學習到的特性(Corrington, 196)。在此觀點下，人類在宇宙中的角色即在於擴展同情及社群的感受。

二、上帝觀

歐倫吉(Donna M. Orange)指出，在普爾斯的哲學生涯中，宗教問題一直在他的關心範圍內，而他的上帝觀與宗教哲學也密切地關連於他哲學的其餘部分，諸如他的實在論、範疇論、記號學等(Orange, vii)。在早期的著作中，我們零星地看到普爾斯對宗教及上帝的看法。他在一八七八年已運用實用格準，根據宗教信仰之有無對行為之影響後果來評估上帝概念(CP, 6.396)。魯一士於一八八五年出版《哲學之宗教層面》，普爾斯立即撰文加以評論，其中亦運用實用主義來說全知(omniscience)的意義。他指出，上帝的全知，依我們人類的理解來說，指的即是知識發展到最後，不會留下任何未回答的問題 (CP, 8.44)。在此，上帝的全知被理解為，經由永不止息的探究，最後將會達到的完美知識理想。同時，普爾斯亦將上帝等同於「朝向目的之傾向」(CP, 8.44)。如此，上帝乃內在於整個宇宙的演化過程，並使此演化具有目的。

普爾斯於一八八四年開始發展其演化宇宙論，具體的成果分別見於一八九○年左右撰寫的《謎題之猜解》以及稍後發表於《一元論者》的五篇論文，其中出現更多宗教哲學的討論。歐倫吉指出，普爾斯這個時期的上帝觀顯然奠基於其演化宇宙論及更早的範疇論，而且普爾斯亦自覺此點。其次，普爾斯原先在一八六八年及一

八七八年已經將上帝視為完美知識的理想目的或絕對目的，到了一八八五年及一八九〇年代，他更進一步將上帝視為實在，視為絕對的第二者，而做為演化所邁向的目標。例如，他在一八九二年把絕對者(the Absolute)視為演化歷程的目的。至此，做為宗教信仰對象的上帝等同於形而上的絕對者(Orange, 40–41, 43)。此外，在十九世紀結束之際，普爾斯更以規範學中所說的「最高善」(summum bonum)去指稱上帝(Orange, 56)。簡言之，在普爾斯的思想發展中，上帝起初被視為探究的終極結果、科學社群在長期探究後得到的真理，最後又被視為宇宙演化的終極結果、理想目的、最高善。

大體來說，多少受到魯一士的影響，普爾斯在一八九〇年代常將上帝稱為絕對者。在《謎題之猜解》中，普爾斯指出，上帝做為宇宙的創造者，乃是絕對的第一者(the Absolute First)；在宇宙的終點，上帝完全顯現，乃是絕對的第二者；至於每一個在某個可測量的時間點所呈現的宇宙狀態則為第三者(*CP*, 1.362)。如此，上帝是宇宙的起點及終點，絕對者亦是萬物的起點及終點。在同一段文字中，普爾斯又表示，如果我們相信，整個宇宙在無限遙遠的未來所趨向的狀態與它在無限遙遠的過去的那種狀態之間有一般特性的差異，則我們是用兩個不同的實在點去說絕對者，並且展現演化論的立場(*CP*, 1.362)。如此，在經過互古的演化歷程後，做為起點的上帝或絕對者與做為終點的上帝或絕對者已經有了一些不同的特性。簡言之，整個宇宙在演化，上帝本身亦在演化。上帝與宇宙的關係是何種形態呢？普爾斯在一八九三年發表的〈宗教與科學的結合〉中表示，上帝是「在周遭一切之內的某種東西」(*CP*, 6.429)。由此可見，他並未將上帝等同於天地萬物。上帝在天地萬物之內；

上帝在宇宙開始之際即在其中，在宇宙的終點亦復如是。上帝伴隨著並鼓動著宇宙一起演化。此外，在一九〇六年〈有關我的上帝信念問題之回答〉這篇文稿中，普爾斯繼續強調上帝的創造性。他認為，與其說上帝是宇宙過去的創造者，不如說祂是現在的創造者；創造的活動性是上帝的本質(*CP*, 6.505–506)。

　　魯一士於一九〇一年出版兩大卷的《世界與個人》，普爾斯寫了書評，並於次年寫信給魯一士。他說：「你對個人與上帝關係的描述是崇高的，並足以在生命中與死亡的時刻讓靈魂滿足。我覺得，個人只是在宇宙的揭示中盡其職分，除了他為普遍意義所擔負的片段之外，個人並不重要。」(MS, L385; from Orange, 59)在宇宙這本大書中，個人只是一個字詞。個體只是一個元件，僅有相對的獨立性及自足性。普爾斯不承認究極的個體性；一本書固然要靠字詞組成，但是沒有任何一個單一的字詞是究極的。這個論點適用於人類，亦適用於上帝，故而普爾斯不講上帝的「存在」(existence)，而只講上帝的「實在性」(reality)。

　　在《世界與個人》的第一卷中，魯一士提出一種獨特的觀點來說明能知及所知的關係，亦即把所知或思想說成能知或知者的目的或計畫。普爾斯頗為欣賞這種觀點，因為它打破了一個常見的誤解：亦即把一個人去做某事的「意圖」與一個字的「意義」當做完全無關的兩回事(*CP*, 1.343)。如果意義與意圖或目的是相關連的，則個人為普遍意義所擔負的一小片段的意義或許亦可視為部分地實現了上帝的目的或計畫。普爾斯在一九〇五年又表示，任何人只要讀過《世界與個人》，即可了解「目的正是演化的祖國」；普爾斯更因魯一士將意義與目的結合，而推崇他是唯一表現實用主義精髓的哲學家(MS, 283–284; from Orange, 62)。在普爾斯的詮釋下，魯一

士說的絕對者與其著重於起初的創造計畫，毋寧是在強調演化的目的、結果。歐倫吉指出，雖然普爾斯與魯一士都在說絕對者，但是普爾斯本人很清楚彼此有不同的著重點；魯一士著重於起點處，普爾斯則著重於終點處(Orange, 62)。無論如何，普爾斯對待絕對觀念論的友善態度與詹姆士是迥然有異的。詹姆士將絕對觀念論所說的絕對者視為大敵，更就此而與魯一士爭論不息。諷刺的是，普爾斯在一九〇五年與其他實用主義者畫清界限，原因之一乃是因為他們不願承認絕對者(MS, 284; from Orange, 71)。事實上，一直到一九〇九年，普爾斯還明白宣稱自己仍然認可魯一士提出的絕對者之「實在性」（而非其「存在」）(MS, 630; from Orange, 63)。

　　普爾斯在一九〇三年又從記號學的角度來強調上帝的目的性，他說：「宇宙是一個巨大的再現者，它是上帝目的之大符號，而以活生生的實在物執行出它的結論。」(*CP*, 5.119)根據普爾斯的記號學，所有的思想皆以記號或再現者表現。簡言之，記號對某人代表某物的某方面；它在此人心中所產生的被稱為「意解」（其本身亦為一新的記號），它所代表的某物即為其「對象」，它所代表的某方面即為其「根底」。普爾斯以宇宙為一大記號，則它的對象即是上帝的心靈或目的。

　　從前面提到的演化宇宙論可知，宇宙的演化是由混沌走向秩序、由機緣走向法則。換言之，合理性是宇宙演化的目的。上帝做為宇宙演化的目的，故其本質即是臻於至善之境的具體合理性(the summum bonum of concrete reasonableness)。普爾斯之所以如此認為的理由是，我們可以體會到，我們能夠訓練自己的理性愈來愈符合在經驗中的某種第三性。因此，我們以理想的合理性做為究極的目的，而此點若不成立，則我們根本無法談邏輯上的好與壞(*CP*,

5.160)。此外，普爾斯亦認為，做為最高善的合理性亦是在演化歷程中被創造出來的(*CP*, 2.118)。在演化的終點，上帝完全開顯出來，合理性也完全開顯而達到最高善的境地。普爾斯提到的「理性之發展」(*CP*, 1.615)，有可能被理解為兩種意思：一是指原本具足的理性在發展過程中逐步展現或表露其自己，一是指理性是演化最終的理想結果。歐倫吉認為普爾斯的說法可以同時容納這兩種意思：「最高善是已經有的同時又是尚未有的，是起點亦是終點，或許像所有的目的因一樣，在意圖上是最初的，在完成上是最後的。」(Orange, 66)

普爾斯在一九〇五年指出，他是以具體的態度去看待最高善，並把創造看成一個正在進行的歷程。因此，我們的理想即在於如何在整個創造的歷程中去盡我們應盡的本分、去實踐我們各自應該負擔的一部分工作。在此實踐中，我們可以感到自己是執行上帝交付的任務(*CP*, 8.138n4)。當我們盡力增進宇宙中的合理性時，我們不只是在表現及實現上帝的目的，我們亦在增進上帝的開顯及成長。

歐倫吉指出，普爾斯晚年經常以擬人論(anthropomorphism)去說宇宙及上帝；他以此做為另一種談論宇宙合理性的方式，並做為他的批判常識論的一種表現。此外，當普爾斯想要表示他有異於其他實用主義者時，他一般會自稱為「擬人論者」；他認為其他的實用主義者主張的經驗主義已經過了頭了，甚至否定絕對者的實在性(Orange, 70)。普爾斯關於擬人論的說法主要見於一九〇三年在劍橋的實用主義系列演講中，不過，最完整的說法則見於同年的一篇書評中。普爾斯在此書評中指出，要去探究是否有個上帝，這並非科學的做法；唯一合理的問題是問我們有的是那一種上帝，對這問題最自然的答案是一種擬人化的上帝。普爾斯強調，這裡說的擬人

是就心靈而言；他認為，我們能夠理解上帝的心靈，否則，整個科學都必定是欺騙及陷阱(*CP*, 8.168)。普爾斯又指出，正如同一個人若是長期親炙偉大的人格則其行為會深受感染，正如同鑽研亞里斯多德的著作會使人熟悉亞氏，那麼，一個長期冥想觀照宇宙的人若是在行為上受到的影響有如受到偉大人格或著作的影響，則他所說的上帝就是指一種類比於人心的心靈。當然，說上帝的「心靈」也僅是類比的說法，因為究實而言，沒有任何一種人類屬性可以直接應用到上帝身上(*CP*, 6.502)。普爾斯在劍橋的演講中提到，所有對於自然現象的科學解釋都有一個假設，即是，自然界有某種東西是人類理性所能類比的；整個近代科學之能成功地應用而造福人類，實即見證了此一假設(*CP*, 1.316)。對普爾斯來說，科學與宗教沒有任何衝突。在某種意義上，科學是在研究上帝的作品。科學能夠對未來做出正確的預測，這點證明我們確實能夠一窺宇宙的合理性，甚至可以說，一窺上帝的理性心靈。換言之，當我們做出正確預測時，即表示我們掌握到一小段上帝的想法(*CP*, 6.502)。

至此可知，普爾斯說的擬人論，其實是擬人心論。我們以人類之有心靈去設想上帝之有心靈，並認為其間有可類比之處；當然，其間的重點還是在目的性。事實上，普爾斯早在一八九三年即指出，人類心靈與上帝心靈有近似之處，二者之間存有連續性(*CP*, 6.307)。不過，普爾斯也強調，上帝的心靈及目的乃是深不可測的(MS, 862; from Orange, 42)。此外，歐倫吉進一步指出，普爾斯的擬人論同時顯示出他的形上唯心論。所有的實在物，其根本皆為精神的、心靈的；物質不過是「枯竭的心靈」(*CP*, 6.25)。以心靈去說萬物，其實亦在強調整個宇宙具有積極主動的目的。

到了一九〇五年，普爾斯寫信給詹姆士表示自己主張單一神論

(theism)。他說：

> 宗教是我唯一的安慰。我「現在是」單一神論者，不像你是
> 異教徒。異教雖也是宗教，不過，在我心中它跟沒有宗教差
> 不多。你所說的有限上帝無疑一定有對手。存在即在於互
> 動。它必然是一整個種類。……真正的單一神論者所說的上
> 帝是一個只能被我們含混地認識的存有；但是祂的本質是實
> 在性。……每當我們想要去思考祂到底是什麼時，即會落入
> 矛盾，因為祂超出人類的理解。那是我們「全部」所愛慕及
> 崇拜的，而這種愛慕的崇拜即是祂的「存有」（並不是「存
> 在」而是創造）的最佳證明。你說的有限上帝可能很可敬，
> 但祂們是進行批評的創造物。真正的「理想」是活生生的
> 「力量」。(MS, L224; from Orange, 72)

　　詹姆士為了彰顯人類在宇宙中的地位，他主張上帝的能力是有
限的，因而需要人類做為上帝的夥伴，並肩克服世間的罪惡。普爾
斯反對這種有限上帝觀。他主張上帝必須是無限的，因為，如果上
帝是有限的，即有對手，而會導致多神論。唯有一個無限的上帝才
能維持單一神的地位，而唯有一個單一的神才能使宇宙成為和諧的
整體。普爾斯亦反對說上帝是「存在」的，因為這種說法把上帝看
成只是一個具體存在的個別事物，不過是芸芸萬物中的一個存在，
而與其他萬物進行互動。在這種存在的互動中，沒有任何一個存在
能夠是真正至高無上的(*CP*, 8.262)。為了避免這些流弊，普爾斯主
張說上帝是「實在」的。依據普爾斯在一九〇六年左右對「實在」
所做的定義，任何一件實在事物的特性決不會因為任何人對它的想

法或可能的想法而有絲毫的改變，人們對實在事物的特性絕對無法加以更動(*CP*, 6.495)。上帝的實在是創造的歷程，也是理想；理想是最實在的，真的理想也是活躍的力量。究極的理想如果是不實在的，所有的探究都將是荒謬的，因為追求的目標將是空洞的、虛幻的。

在說明上帝是實在的、無限的、有目的性的、創造的、成長的之後，我們仍然有兩點需要強調。首先，對普爾斯來說，上帝是個假設，這是他一生未改的看法。一直到一九〇八年的〈關於上帝實在性的一個被忽略的論證〉，他還是不斷提到上帝是個假設(*CP*, 6.467)。歐倫吉強調，對普爾斯來說，「上帝確實是一個極端吸引人、幾乎不得不接受的假推性假設，它是我們無法抗拒相信的理性本能的一個含混產物，今日他可以稱之為已高度確定的假設，但依然是假設。」(Orange, 58)不過，普爾斯也明白表示自己相信上帝的實在性，他更認為幾乎每一個人都或多或少地相信(*CP*, 6.496)；這表示上帝是一種本能信念。雖然這種信念並非出於演繹論證的結論，但它也不是毫無根由的。普爾斯認為，要確定上帝的信仰，必須回到自己的內心，回到一種愛的體驗(*CP*, 6.501)。上帝是一種真的理想，是我們愛慕及崇拜的理想(*CP*, 8.262)。真的理想就有活生生的力量，我們愛慕的對象也是活生生的。普爾斯在一九〇六年左右指出，上帝是活生生的存有，這固然是個假設，但是，由宇宙持續不斷地被創造的過程中所顯現的美麗與可愛，早已含混卻有力地支持著這個假設(*CP*, 6.505)。此外，前面也提到，普爾斯指出，整個近代科學之能成功地應用而造福人類，實即見證了此一假設(*CP*, 1.316)。

其次，普爾斯認為，上帝這個觀念必定是含混的。他在〈有關

我的上帝信念問題之回答〉中指出,「上帝」(God)是一個含混的日常用語,「至上的存有」(Supreme Being)則較為精確。不過,普爾斯贊成在此處使用含混的語詞,因為它留有更多發揮的空間。事實上,他認為所有的宗教語言及斷言都是含混的(*CP*, 6.494)。歐倫吉指出,對普爾斯而言,含混是一個重要的邏輯概念。普爾斯認為我們必須承認有真實的含混,正如同承認有真實的可能性一樣(*CP*, 5.453)。含混不同於歧義,無法用簡單的區別來解決。含混是真實的不確定性,這是理想、概括者、尚未完全達成的目標所共有的特性。含混亦不同於意義之缺乏,它仍可就其對行為的影響處而具有其實用主義的意義(Orange, 72)。儘管我們可以藉著本能而認識上帝,但是藉由思想卻只能含混地認識祂。普爾斯在一九〇五年指出,我們對於無限者(上帝)的觀念極為含混,每當想使其精確時,就會落入矛盾(*CP*, 8.262)。當然,這並不表示,我們什麼都不必做。普爾斯在一九〇九年說,大概每一個人都會相信上帝,因此唯一的工作在於如何相信得較不粗糙(MS, 641; from Orange, 58)。換言之,儘管承認上帝這個觀念具有本質上的含混,但我們仍得設法使之更為清楚。在此,即是以實用主義做為方法,考察上帝概念對人生行為的影響而弄清楚其意義(*CP*, 8.262)。

第八章　結論

　　普爾斯的一生過得並不順暢，後半生尤其坎坷。相對於生活層面的混亂難堪，他留給後人的思想遺產卻是異常豐富。《普爾斯著作編年集》的總主編費希在一九五九年就被哈佛大學哲學系任命為普爾斯傳記的官方作者，並以半個世紀以上的時間埋首於普爾斯的研究。他對普爾斯思想成就的評語值得一觀：

　　誰是美國至今產生的最具原創性、最多才多藝的智者呢？無庸置疑，答案是「普爾斯」，因為任何不及他的人都差他太遠而不足道。他是數學家、天文學家、化學家、測地學家、測量學家、製圖學家、度量衡學家、光譜學家、工程師、發明家；心理學家、語言學家、辭典編纂者、科學史學者、數理經濟學家、醫藥研究者、書評家、戲劇家、演員、短篇小說作者；現象學家、記號學家、邏輯學家、修辭學家、形上學家。略舉數例，他是美國第一位現代實驗心理學家，第一位使用光線波長做為計量單位的度量衡學家，他發明球體的五點投影法，也是至今所知最早想到並設計交換電路計算機的人，他又是「研究經濟」的創立者。他是美國唯一建構體系的哲學家，並在邏輯、數學及各種科學領域中既傑出又多

產。就這點而言，整個哲學史中縱然有足以與他匹配者，也
數不出兩個以上。(Brent, 2)

　　依普爾斯對學問的分類，學問分為發現之學、整理之學及實踐
之學，而他在這三方面皆有貢獻。例如，他對於學問的分類即屬整
理之學，他在測量方面的長期工作即屬實踐之學。當然，在他最看
重的發現之學方面，他的投入最多，成就也最突出。發現之學分為
三種：數學、哲學與特殊科學。普爾斯在特殊科學（經驗科學）方
面的成就，包括他對光度測定、重力測定的研究，以及化學的研
究。他在數學方面的成就，包括了對於連續性及無限的研究。至於
哲學方面，更有許多原創性的主張。本書主要以普爾斯的哲學為題
材，不討論整理之學與實踐之學，亦不涉及發現之學中的數學與特
殊科學。

　　哲學被普爾斯分為現象學、規範學及形上學，而規範學亦有三
個分支：邏輯（或記號學）、倫理學與美學。本書第二章談及普爾
斯的現象學，第七章談及其形上學，第三章至第六章則屬規範學的
部分。第三章討論規範學的一般特性，第四章至第六章皆屬邏輯的
範圍。邏輯（或記號學）被普爾斯分為思辨文法學、批判學及方法
學。本書第四章談一般記號學及其中的思辨文法學，第五章的探究
理論有屬方法學的部分，也有屬批判學的部分，第六章的實用主義
則屬方法學。

　　在哲學的各個領域中，邏輯部分在本書所佔篇幅最多，倫理學
與美學最少。各種領域所佔篇幅不一，正反映普爾斯本人相關著作
之多寡。如果一定要給普爾斯按個頭銜，他想必願意被稱為「邏輯
學家」。這裡所說的邏輯，當然不是狹義的邏輯，它指的是有理性

者的思想方法，研究有理性者如何去追求真理、如何去掌握意義進行理解。在此，記號學、科學方法、實用主義都是其中的一環。所有的思想都以記號進行，對記號的研究即是對思想運作的研究。因此，廣義的記號學即是廣義的邏輯。科學方法是最有助於求得真理的方法，而實用主義是最能夠使觀念清楚的方法。因此，科學方法及實用主義皆包含在廣義的邏輯中。當然，他的形上學及現象學都與其邏輯思想有關。例如，邏輯應該以現象學之範疇論為基礎，形上學之確定合理性為宇宙演化的基調，更增強規範學之以合理性之增長做為最高善的說服力。

邏輯學家研究人類如何運用心智以了解此世界，並傳達其了解讓別人了解。在此，關心的當然是正確的了解、正確的傳達。換言之，邏輯學家之思想其思想本身，目的仍在於求得真理；他除了要了解思想者自己，還要了解思想者所處的宇宙。因此，普爾斯固然一生致力於邏輯，卻未曾捨棄形上學的關懷。他在一八八七年，近五十歲之時，曾自述其哲學成就及重心。普爾斯指出，自他能思考以來至今四十年，一直念茲在茲的就是對於探究方法的研究，包括那些使用過的或應該使用的。此外，他對實驗科學研究有長期的實務經驗，對邏輯也有全面而深入的研究，更在演繹邏輯與歸納邏輯方面發展出自己的系統，形上學方面的訓練雖較欠系統，但也發展出自己的看法。他接著說：

> 因此，簡言之，我的哲學可以說成是一個物理學家之企圖做出對宇宙構成的猜測，要在科學方法容許下，並藉助前輩哲學家的所有成就……在此根本沒想到解證的證明。形上學家的解證全都是癡人說夢。頂多能做的只是提出一種假設，它

不是完全沒有一點可能的，它大體符合科學觀念的發展，並
且能夠被未來的觀察者證實或駁斥。(*CP*, 1.3–4)

哲學被普爾斯歸類為發現之學的一支，發現之學在於發現前人
未見之處，則哲學本應提供原創的主張。普爾斯廣泛而深入地研究
其他思想家的著作，以此為基礎，進而在許多領域提出頗具原創性
的哲學主張。在本書第二章處理的現象學部分，普爾斯提出三性的
普遍範疇論，其中亦展現獨到的三元關係邏輯。在本書第三章處理
的規範學部分，普爾斯指出邏輯與倫理學的共通之處、各規範學之
間的依存關係，並且提出以「具體合理性的成長」為究極價值的價
值論。第四章討論的記號學更具原創性，普爾斯是現代記號學的開
創者之一；他由三元關係來看記號的本性，亦與索緒爾的路向明顯
區別。本書第五章處理普爾斯的探究理論，在此，他攻擊笛卡兒的
普遍懷疑說而提出批判常識論，並以整體論的知識觀取代笛卡兒的
基礎論。此外，他又提出可錯論提醒探究者，現在所確信的一切均
有可能為假。在討論探究的目的時，普爾斯提出他的真理觀及實在
觀。在討論探究的方法時，普爾斯提出他的科學方法論，以及最具
原創性的假推法。本書第六章論及普爾斯創立的實用主義，這是一
套獨特的意義理論，與他的記號學、範疇論、規範學結合起來以確
定知性概念的意義。在本書第七章討論的形上學部分，普爾斯提出
強調連續性的綜體論、強烈反對必然主義的機緣論、以神聖之愛為
演化動力的愛力論。

面對如此廣博而富原創性的哲學系統，學術界公認，研究普爾
斯是相當困難的挑戰❶。或許由於這種緣故，學者對於普爾斯的詮

---

❶ 相關的問題詳見拙著《探究與真理》，頁六至十。

釋不時互有衝突。例如，有學者把普爾斯當成徹底的經驗論者，也有學者把他當成玄想的觀念論者(Skagestad, 1)。又如，有人認為普爾斯主張實在論的形上學，有人則認為他主張唯心論的形上學(Almeder, vii)。如此分歧的詮釋，或者使人放棄為普爾斯貼上任何單一的標籤(Misak, 12)，或者使人爭辯究竟只有「一個普爾斯」還是有「兩個普爾斯」(Hausman, xiii–xvi)。

本書基本上同意，普爾斯的哲學體系雖未完成到每一個細節，但是大端已備(Hausman, 2)。普爾斯自視為一位建構嚴密體系的哲學家(Murphey, 2-3)，並窮一生之力發展其思想體系。倘若由微觀的角度深入到普爾斯思想的每一個細節，確實會遇到許多不一致或欠缺之處。但是，如果由宏觀的角度來看普爾斯一生的思想，他還是表現相當一致的特色。與若干學者一樣，本書以同情的理解態度將普爾斯的哲學思想視為一貫的整體(Hausman, vii; Liszka, ix)。在展現普爾斯的哲學時，本書並不著意以傳統的哲學標籤加以識別，重點亦不在於批判其細部的分歧，而在於表現其整體一致之處。因此，有時雖然會談到前後期的不同，但也會指出其間一貫的主張。

宏觀地看普爾斯的哲學，則其一生的努力重點在於邏輯。他廣泛而深入地研究有理性者的思想運作之規則及方式，其目的在於尋求真理，以增進宇宙之具體合理性。然而，以這樣的目的做為最高理想是否恰當？普爾斯以此為其哲學的究極預設，亦盡力表現於其個人自身。普爾斯非常強調自我控制，理由即在於唯有藉著自我控制，才最能達到具體合理性之增長。普爾斯本人在思想方面表現高度的自我控制，不過，值得注意的是，他的自我控制亦僅限於思想上。普爾斯在其他方面，例如：在個人脾氣上、在情感生活上、在待人處世上、在經濟用度上、在研究計畫之執行上、在寫作計畫之

執行上，幾乎看不出任何自我控制的表現。如此而呈現出來的最高理想，至多僅能侷限於思想層面的合理性之增長，這樣顯然是不周全的。普爾斯認為，宇宙演化的理想境地即是一個合理性臻於完美之境的宇宙，他所說的演化之愛即是對此境地之愛慕與追求。問題是，這樣的宇宙與人生是否有偏枯之嫌？合理性是否真的是我們唯一值得追求的目標？這些都是可以質疑的。或許因此，普爾斯在晚年特別提到同情的重要。

　　普爾斯早年深受康德影響，康德以三大批判分別處理知、情、意三方面的問題，以此觀點來看，普爾斯的學問領域雖然亦涵蓋這些層面，但重心則放在第一批判的處理範圍。普爾斯在處理知性問題上，其成就或許可以超越康德，但其他部分則僅聊備一格。不過，儘管普爾斯以合理性之增長做為最高善顯得有些偏枯，儘管其一生之學思努力僅以知性為勝場，但他在此部分其實亦已展現人類對其自身思想反思（思想思想自己）之細密與深刻，其成就甚為可觀。就此而言，他已足以在哲學史上留下不可抹滅之地位及貢獻。

普爾斯年表

1839　九月十日出生於美國麻薩諸塞州的劍橋。父親為班傑
　　　明·普爾斯，母親為莎拉·普爾斯。

1847　開始研究化學，不久並擁有個人的化學實驗室。

1849　進入劍橋中學就讀。

1850　撰寫「化學史」。

1851　開始研究邏輯。

1854　畢業於劍橋中學，就讀狄克威爾學校。

1855　自狄克威爾學校畢業，進入哈佛學院就讀。
　　　開始閱讀德哲席勒的《美學書簡》，接著閱讀康德的
　　　《純粹理性批判》。

1859　自哈佛畢業。
　　　秋季至冬季，為美國海岸測量局任短期助手在緬因州
　　　工作。

1860　春季為海岸測量局在路易斯安那州工作。
　　　秋季重返哈佛，並私下花了半年的時間向阿噶西學習
　　　分類法。

1861　進入哈佛的勞倫斯理學院。
　　　七月一日受聘為海岸測量局的正式助手。

1862　十月十六日，與劍橋的海麗・費伊結婚。

　　　結識詹姆士。

1863　在勞倫斯理學院取得美國在化學方面的第一個理學士
　　　學位。

1865　春季於哈佛發表「科學底邏輯」系列演講。

　　　十一月十二日開始寫「邏輯筆記」，最後一筆寫於一九
　　　〇九年十一月。

1866　十月廿四日至十二月一日，在勞威爾學院發表「科學
　　　底邏輯；或歸納與假設」系列演講。

1867　一月卅日，入選為美國文藝及科學學會的會員。

　　　加入哈佛的望遠鏡天文臺，協助觀察天文的工作。

　　　於《思辨哲學雜誌》發表〈論新範疇表〉。

1868　於《思辨哲學雜誌》發表〈關於某些被宣稱是人的能
　　　力的問題〉、〈四種無能的結果〉、〈邏輯法則有效性的
　　　根據〉。

1869　三月第一次於《國家雜誌》刊出書評，此後陸續於此
　　　刊出三百篇書評，最後一篇刊於一九〇八年十二月。

　　　八月，普爾斯在肯塔基觀察日全蝕。

　　　一八六九年十月至一八七二年十二月，擔任哈佛天文
　　　臺助理，在職位上僅次於主任。

　　　十二月至次年一月，於哈佛的大學講座發表「英國的
　　　邏輯學家」系列演講十五場。

1870　六月十八日至次年三月七日，首次受測量局指派往歐
　　　洲。

　　　十二月陪同他的父親前往西西里觀察一次日全蝕。

1871　哈佛天文臺獲得一座天文光度儀，由普爾斯負責使用。

發表對柏克萊的書評。

1872　一月，創立劍橋形上學俱樂部。

春季（四月八日）至夏季，以執行助理的身分主管測量局。

進行兩項原創性的實驗研究，一項是十一月開始的鐘擺實驗，以期使得重力的測量有更精確的標準，另一項則對光度的測定成立一個新的標準，後一成果於一八七八年出版。

十二月一日，晉升為測量局的助理。辭去哈佛天文臺助理一職。

1875　第二度受測量局指派往歐洲。四月乘船前往利物浦，並在歐洲停留了將近一年半，直至次年八月始返美國。在船上遇見艾波頓，並受邀為《通俗科學月刊》撰文。

四月，前往英國劍橋大學，參觀麥斯威爾新成立的實驗室。

五月，應邀參加英國皇家學會的會議，並與克里福及斯賓塞會面。

九月廿日至廿九日，第一位以美國官方代表的身分於巴黎出席國際大地測量協會。

1876　十月與妻子分居。

1877　四月廿日，入選為美國國家科學學會的會員。

九月十三日至十一月十八日，第三度受測量局指派往

歐洲。

九月廿七日至十月二日，代表美國赴德國司徒加出席國際大地測量協會會議。

於《通俗科學月刊》發表一系列以「科學邏輯之說明」為總標題的六篇文章，於次年結束。其中包括一八七七年的〈信念之固定〉及一八七八年的〈如何使我們的觀念清楚〉；實用主義在後者首度公諸於世。

1878　八月出版《光度測定研究》。

1879　新成立的瓊斯霍浦金斯大學聘普爾斯為兼任的邏輯講師，直至一八八四年。

在該校再成立一個形上學俱樂部，十月廿八日首次集會。

1880　三月十一日，入選為倫敦數學學會的會員。

四月至八月，第四度受測量局指派往歐洲。

六月十四日，於法蘭西學會講演地心引力的價值。

父親去世。

1881　八月，入選為美國科學促進協會的會員。

1883　春季出版《邏輯研究》。

四月廿四日，與原配離婚。

四月卅日與法國女子茱麗葉・芙洛西再婚。

五月至九月，第五度也是最後一次受測量局指派往歐洲。

1884　被瓊斯霍浦金斯大學解聘。

十月，主管測量局下的度量衡組，直至一八八五年二月廿二日。

1885　七月，測量局主管涉及貪瀆，使測量局及普爾斯接受
　　　調查。

1887　於賓夕凡尼亞州的米爾福附近購置鄉居。

1889　協助編纂《世紀辭典》。

1891　十二月卅一日，自海岸大地測量局退職。

　　　一八九一年至一八九三年於《一元論者》發表一系列
　　　五篇文章，表達重要的形上學主張。此外，他為邏輯
　　　重新提供系統性的基礎、重新反省其實用主義、系統
　　　化其範疇論及記號學，都是一八九一年之後的工作。

1892　十一月廿八日至次年一月五日，於勞威爾學院發表
　　　「科學史」系列演講。

1893　歐本寇特出版社宣布要為普爾斯出版《找尋方法》，結
　　　果未完成。

1894　亨利侯特出版社宣布要為普爾斯出版十二卷的《哲學
　　　原理》，因訂戶太少，出版計畫叫停。
　　　《如何推理》被麥克米倫出版社拒絕。

1895　《數學新要素》被歐本寇特出版社拒絕。
　　　擔心因為欠稅而受到賓州法律的制裁，避居紐約三
　　　年。

1896　受聘為聖勞倫斯動力公司的諮詢化學工程師，直至一
　　　九○二年。

1898　二月十日至五月七日，於劍橋的仕紳家中發表「推理
　　　及事物底邏輯」系列演講。
　　　普南出版社宣布要為普爾斯出版《科學史》，但普爾斯
　　　一直未完稿。

返回米爾福，幾乎與世隔絕，靠親友接濟度日。

1901 為鮑德溫主編的《哲學和心理學辭典》撰寫條目。

1902 向卡內基機構申請補助進行邏輯研究，被拒。

在《哲學和心理學辭典》首度公開使用「實用主義化、實用主義」概念。

1903 三月廿六日至五月十七日，在哈佛大學發表「實用主義」系列演講。

十一月廿三日至十二月十七日，在波士頓勞威爾學院發表「若干邏輯論題」系列講演。

1907 四月八日至十三日，於哈佛哲學俱樂部發表「邏輯方法學」系列演講。

1909 最後發表的論文：〈若干驚人的迷宮〉。

1914 四月十九日，去世於賓夕凡尼亞州米爾福附近的鄉居。

參考書目

壹、普爾斯的著作

1. Peirce, Charles Sanders. *Collected Papers of Charles Sanders Peirce*, volumes 1–6, edited by Charles Hartshorne and Paul Weiss, 1931–1935, volumes 7 and 8, edited by A. W. Burks, 1958. Cambridge, Mass.: Belknap Press.

2. ——*Writings of Charles S. Peirce: A Chronological Edition*, volumes 1–5, edited by Max Fisch et al., 1982–1993. Bloomington: Indiana University Press.

3. ——*Chance, Love and Logic*, edited by Morris R. Cohen. New York: Harcourt, Brace & Company, 1923.

4. ——*Philosophical Writings of Peirce*, edited by Justus Buchler. New York: Dover Publications, Inc., 1955. (Original title: *The Philosophy of Peirce: Selected Writings*. London: Routledge & Kegan Paul Ltd., 1940.)

5. ——*Letters to Lady Welby*, edited by Irwin C. Lieb. New Haven: Whitlock, 1953.

6.————*The Correspondence between Charles S. Peirce and Victoria Lady Welby* , edited by Charles S. Hardwick. Bloomington: Indiana University Press, 1977.

7.————*Studies in Logic by Members of the Johns Hopkins University* , edited by Charles S. Peirce; with an introduction by Max Fisch and a preface by A. Eschbach. Amsterdam: John Benjamin's, 1983.

8.————*Essays in the Philosophy of Science* , edited by Vincent Tomas. New York: The Liberal Arts Press, 1957.

9.————*Values in a Universe of Chance: Selected Writings of Charles S. Peirce* , edited by Philip P. Wiener. New York: Doubleday & Co., 1958.

10.————*The New Elements of Mathematics by Charles S. Peirce*, edited by Carolyn Eisele. The Hague: Mouton Publications, Inc., 1976.

11.————*Historical Perspectives on Peirce's Logic of Science: A History of Science* , edited by Carolyn Eisele. Berlin: Mouton Publications, Inc., 1985.

12.————*Charles S. Peirce: Controbutions to the Nation* , edited by Kenneth L. Ketner & James E. Cook, 3 vols. Lubbock: Texas Tech University Press, 1975–79.

13.————*The Essential Peirce: Selected Philosophical Writings* , edited by Nathan Houser and Christian Kloesel. volumes 1–2. Bloomington: Indiana University Press, 1992.

貳、相關論著

1.Almeder, Robert. *The Philosophy of Charles S. Peirce: A Critical Introduction* . Oxford: Basil Blackwell, 1980.

2.Anderson, Douglas R. *Strands of System: The Philosophy of C. S. Peirce* . West Lafayette, Indiana: Purdue University Press, 1995.

3.Apel, Karl-Otto. *Charles S. Peirce: From Pragmatism to Pragmaticism* . Translated by John Michael Krois. Amherst: The University of Massachusetts Press, 1981.

4. Ayer, Alfred Jules. *The Origins of Pragmatism: Studies in the Philosophy of Charles Sanders Peirce and William James* . San Francisco: Freeman, Cooper & Company, 1968.

5.Bernstein, Richard J. ed. *Perspectives on Peirce: Critical Essays on C. S. Peirce* . New Haven: Yale University Press, 1965.

6. Blau, Joseph L. *Men and Movements in American Philosophy* . New York: Prentice-Hall, 1952.

7.Boler, John F. *Charles Peirce and Scholastic Realism: A Study of Peirce's Relation to John Duns Scotus* . Seattle: University of Washington Press, 1963.

8.Brent, Joseph. *Charles Sanders Peirce: A Life* . Bloomington: Indiana University Press, 1993.

9.Brunning, Jacqueline & Forster, Paul. (eds.) *The Rule of Reason: The Philosophy of Charles Sanders Peirce* . Toronto: University of Toronto Press, 1997.

10. Buchler, Justus. *Charles Peirce's Empiricism* . New York: Columbia University Press, 1939. (New York: Octagon Books, 1966, 1980. reprinted.)

11. Cohen, Morris. *American Thought: A Critical Sketch* . Glencoe: The Free Press, 1954.

12. Colapietro, Vincent M. *Peirce's Approach to the Self: A Semiotic Perspective on Human Subjectivity* . Albany: SUNY Press, 1989.

13. Colapietro, Vincent M. & Olshewsky, Thomas M. (eds.) *Peirce's Doctrine of Signs: Theory, Applications, and Connections* . Berlin & New York: Mouton De Gruyter, 1996.

14. Corrington, Robert S. *An Introduction to C. S. Peirce: Philosopher, Semiotician, and Ecstatic Naturalist* . Lanham, Maryland: Rowman & Littlefield Publishers, Inc., 1993.

15. Davis, William H. *Peirce's Epistemology* . Netherlands: Martinus Nijhoff, The Hague, 1972.

16. Debrock, Guy & Hulswit, Menno. (eds.) *Living Doubt: Essays concerning the Epistemology of Charles Sanders Peirce* . London: Kluwer Academic Publishers, 1994.

17. Delaney, C. F. *Science, Knowledge, and Mind: A Study in the Philosophy of C. S. Peirce* . Notre Dame: University of Notre Dame Press, 1993.

18. Deledalle, Gerard. *Charles S. Peirce: An Intellectual Biography* . Translated by Susan Petrilli. Amsterdam: John Benjamins Publishing Company, 1990.

19. Descartes. *The Philosophical Works of Descartes* . Edited and

translated by Elizabeth Haldane and G. R. T. Ross. Cambridge: Cambridge University Press, 1911, reprinted 1969.

20. Eames, S. Morris. *Pragmatic Naturalism* . Carbondale: Southern Illinois University Press, 1977.

21. Esposito, Joseph. *Evolutionary Metaphysics: The Development of Peirce's Theory of Categories* . Athens: Ohio University Press, 1980.

22. Feibleman, James K. *An Introduction to the Philosophy of Charles S. Peirce* . New York: Harper & Brothers, 1946. (London: George Allen & Unwin, 1960.)

23. Fisch, Max H. *Peirce, Semeiotic, and Pragmatism* . Edited by Kenneth Ketner and Christian Kloesel. Bloomington: Indiana University Press, 1986.

24. Fisch, Max H. ed. *Classic American Philosophers* . New York: Appleton-Century-Crofts, 1951.

25. Fitzgerald, John J. *Peirce's Theory of Signs as Foundation for Pragmatism* . The Hague: Mouton & Co., 1966.

26. Flower, Elizabeth and Murphey, Murray G. *A History of Philosophy in America* . New York: Putnam's, 1977.

27. Freeman, Eugene. *The Categories of Charles Peirce* . Chicago: The Open Court Publishing Co., 1934.

28. Gallie, W. B. *Peirce and Pragmatism* . London: Penguin Books, 1952. (New York: Dover Publications, 1966. reprinted.)

29. Gorlee, Dinda L. *Semiotics and the Problem of Translation: With Special Reference to the Semiotics of Charles S. Peirce.* Amster-

dam: Rodopi, 1994.

30.Goudge, Thomas. *The Thought of C. S. Peirce* . Toronto: University of Toronto Press, 1950. (New York: Dover Publications, 1969. reprinted.)

31.Greenlee, Douglas. *Peirce's Concept of Sign* . The Hague: Mouton, 1973.

32.Haas, William P. *The Concept of Law and the Unity of Peirce's Philosophy* . Notre Dame: University of Notre Dame Press, 1964.

33.Hardwick, Charles S. *Semiotic and Significs: The Correspondence between Charles S. Peirce and Victoria Lady Welby* . Bloomingon: Indiana University Press, 1977.

34.Hausman, Carl R. *Charles S. Peirce's Evolutionary Philosophy* . Cambridge: Cambridge University Press, 1993.

35.Hookway, Christopher. *Peirce* . London & Boston: Routledge & Kegan Paul, 1985.

36. Houser, Nathan & Roberts, Don D. & Evra, James Van. (eds.) *Studies in the Logic of Charles Sanders Peirce* . Bloomington: Indiana University Press, 1997.

37. James, William. *Pragmatism* . Cambridge: Harvard University Press, 1975.

38. Johansen, Jorgen Dines. *Dialogic Semiosis: An Essay on Signs and Meaning* . Bloomington: Indiana University Press, 1993.

39.Kent, Beverley. *Charles Peirce: Logic and the Classification of the Sciences* . Kingston & Montreal: McGill-Queen's University Press, 1987.

40.Ketner, Kenneth Laine. ed. *A Comprehensive Bibliography of the Published Works of Charles Sanders Peirce with a Bibliography of Secondary Studies* . Second edition, revised. Bowling Green, Ohio: Philosophy Documentation Center, 1986.

41. Ketner, Kenneth Laine. ed. *Peirce an Contemporary Thought: Philosophical Inquiries* . New York: Fordham University Press, 1995.

42.Kevelson, Robert. *Charles S. Peirce's Method of Methods* . Amsterdam: John Benjamins Publishing Company, 1987.

43.Knight, Charles. *Charles Peirce* . New York: Washington Square Press, 1965.

44.Kuklick, B. *The Rise of American Philosophy* . New Haven: Yale University Press, 1977.

45.Liszka, James Jakob. *A General Introduction to the Semeiotic of Charles Sanders Peirce* . Bloomington: Indiana University Press, 1996.

46.Lovejoy, Arthur C. *The Thirteen Pragmatisms and Other Essays* . Baltimore: Johns Hopkins University Press, 1963.

47. Madden, Edward H. *Chauncey Wright and the Foundations of Pragmatism* . Seattle: University of Washington Press, 1963.

48.Margolis, Joseph. *Pragmatism without Foundations: Reconciling Realism and Relativism* . New York: Basil Blackwell, 1986.

49. Martine, Brian John. *Individuals and Individuality* . New York: SUNY Press, 1984.

50.Misak C. J. *Truth and the End of Inquiry: A Peircean Account of*

Truth . Oxford: Clarendon Press, 1991.

51.Moore, Edward C. and Robin, Richard S. (eds.) *Studies in the Philosophy of Charles Sanders Peirce* . 2nd series. Amherst: University of Massachusetts Press, 1964.

52.Moore, Edward C. ed. *Charles S. Peirce and the Philosophy of Science: Papers from the Harvard Sesquicentennial Congress* . Tuscaloosa & London: The University of Alabama Press, 1994.

53. Moore, Edward C. & Robin, Richard C. (eds.) *From Time and Chance to Consciousness: Studies in the Metaphysics of Charles Peirce. Papers from the Sesquicentennial Harvard Congress* . Oxford: Berg Publishers, Ltd., 1994.

54.Morris, Charles. *The Pragmatic Movement in American Philosophy* . New York: George Braziller, 1970.

55. Mounce, H. O. *The Two Pragmatisms: From Peirce to Rorty.* London & New York: Routledge, 1997.

56. Murphey, Murray G. *The Development of Peirce's Philosophy.* With new preface and appendix. Indianapolis: Hackett Publishing Company, Inc., 1993. (Cambridge: Harvard University Press, 1961.)

57.Orange, Donna M. *Peirce's Conception of God: A Developmental Study.* Lubbock, Tex.: Institute for Studies in Pragmaticism, 1984.

58.Parret, Herman. ed. *Peirce and Value Theory: On Peicean Ethics and Aesthetics.* Amsterdam: John Benjamins Publishing Company, 1994.

59. Perry, Ralph Barton. *The Thought and Character of William*

James. 2 vols. Boston: Little, Brown and Company, 1936.

60.Pharies, David A. *Charles S. Peirce and the Linguistic Sign*. Amsterdam: John Benjamins Publishing Company, 1985.

61. Potter, Vincent G. *Charles S. Peirce: On Norms and Ideals*. Amherst: University of Massachusetts Press, 1967.

62.Potter, Vincent G. *Peirce's Philosophical Perspectives*. edited by Vincent M. Colapietro. New York: Fordham University Press, 1996.

63.Raposa, Michael L. *Peirce's Philosophy of Religion*. Bloomington: Indiana University Press, 1989. (Ph.D. Dissertaton, the University of Pennsylvania, 1987.)

64.Reilly, Francis E. *Charles Peirce's Theory of Scientific Method*. New York: Fordham University Press, 1970.

65.Rescher, Nicholas. *Peirce's Philosophy of Science*. Notre Dame: University of Notre Dame Press, 1978.

66.Rosensohn, William L. *The Phenomenology of Charles S. Peirce: From the Doctrine of Categories to Phaneroscopy*. Amsterdam: B. R. Gruner B.V., 1974.

67.Robin, Richard S. *Annotated Catalogue of the Papers of Charles S. Peirce*. Amherst: University of Massachusetts Press, 1967.

68.Rorty, Richard. *Consequences of Pragmatism*. Sussex: Harvester Press, 1982.

69. Scheffler, Israel. *Four Pragmatists: A Critical Introduction to Peirce, James, Mead, and Dewey*. London: Routledge & Kegan Paul, 1974.

70.Schneider, Herbert W. *A History of American Philosophy*. New York: Columbia University Press, 1946.

71.Sheriff, John K. *Charles Peirce's Guess at the Riddle: Grounds for Human Significance*. Bloomington: Indiana University Press, 1994.

72. Skagestad, Peter. *The Road of Inquiry: Charles Peirce's Pragmatic Realism*. New York: Columbia University Press, 1981.

73.Smith, John E. *Purpose and Thought: The Meaning of Pragmatism*. New Haven: Yale University Press, 1978.

74. Smith, John E. *The Spirit of American Philosophy*. New York: SUNY Press, 1983.

75.Spinks, C. W. *Peirce and Triadomania: A Walk in the Semiotic Wilderness*. Berlin & New York: Mouton De Gruyter, 1991.

76. Stroh, Guy W. *American Philosophy from Edwards to Dewey*. New York: D. Van Nostrand Co., 1968.

77. Stuhr, John J. *Classical American Philosophy*. Oxford: Oxford University Press, 1987.

78.Tejera, Victorino. *American Modern: The Path Not Taken. Aesthetics, Metaphysics, and Intellectual History in Classic American Philosophy*. Lanham, Maryland: Rowman & Littlefield Publishers, Inc., 1996.

79.Thayer, H. S. *Meaning and Action: A Critical History of Pragmatism*. 2nd edition. Cambridge: Hackett Publishing Company, 1981.

80. Thompson, Manley. *The Pragmatic Philosophy of Charles S.*

Peirce. Chicago: University of Chicago Press, 1953.

81.Turley, P. T. *Peirce's Cosmology*. New York: Philosophical Library, 1977.

82. Tursman, Richard. *Peirce's Theory of Scientific Discovery: A System of Logic Conceived as Semiotic*. Bloomington: Indiana University Press, 1987.

83.White, Morton G. *Pragmatism and the American Mind*. Oxford: Oxford University Press, 1973.

84. Wiener, Philip P. *Evolution and the Founders of Pragmatism*. Cambridge: Harvard University Press, 1949; Philadelphia: University of Pennsylvania Press, 1972.

85.Wiener, Philip P., and Young, Frederick H. (eds.) *Studies in the Philosophy of Charles Sanders Peirce*. Cambridge: Harvard University Press, 1952.

86. Wilson, Margaret Dauler. *Descartes*. London: Routledge & Kegan Paul, 1978.

87.*Transactions of the Charles S. Peirce Society*. A quarterly Journal since 1965.

88.古添洪。《記號詩學》。第三章：〈記號學先驅普爾斯的記號模式〉。臺北：東大圖書公司，民國七十三年。

89.殷鼎。《理解的命運》。第六章：〈語言的自我遺忘〉。臺北：東大圖書公司，民國七十九年。

90.朱建民。〈論珀爾斯的真正懷疑與笛卡兒的普遍懷疑〉。《鵝湖月刊》第十五卷第八期，民國七十九年二月，頁四二至五一。

91.朱建民。〈論珀爾斯的信念說〉。《國立中央大學人文學報》第八

期，民國七十九年六月，頁八五至一〇三。

92. 朱建民。〈珀爾斯科學方法論初探〉。《國立中央大學人文學報》第九期，民國八十年六月。

93. 朱建民。《探究與真理 —— 珀爾斯探究理論研究》。臺北：臺灣學生書局，八十年三月。

94. 朱建民。《實用主義：科學與宗教的融會》。臺北：臺灣書店，中山學術文化基金會中山文庫，民國八十六年六月。

95. 朱建民。《詹姆士》。臺北：東大圖書公司，世界哲學家叢書，民國八十七年七月。

96. 彭越。《實用主義思潮的演變》。福建：廈門大學出版社，一九九二年。

97. 周昌忠。《西方現代語言哲學》。上海：人民出版社，一九九二年。

98. （美）史密斯(John E. Smith)著。傅佩榮等譯。《目的與思想》。臺北：黎明文化事業公司，民國七十二年。

索 引

三劃

上帝　God　5, 39, 235, 251, 252, 253, 255, 256, 257, 258, 259, 260, 261, 262, 263

士林哲學　scholasticism　11, 52, 53, 65, 100, 155, 187

四劃

分離　dissociation　51, 53, 54, 55, 243

內涵　intension　27, 35, 50, 63, 128, 149, 150, 151, 200, 201, 219

方法學　methodeutic　25, 31, 39, 40, 92, 113, 114, 118, 119, 121, 214, 266

心靈　mind　6, 9, 21, 50, 51, 53, 58, 59, 63, 69, 70, 71, 75, 78, 81, 83, 94, 95, 100, 101, 102, 121, 124, 125, 130, 140, 155, 171, 178, 179, 183, 184, 196, 197, 201, 218, 219, 222, 224, 225, 227, 235, 239, 241, 243, 245, 246, 247, 248, 249, 250, 251, 252, 254, 255, 258, 260

天擇　natural selection　9, 36, 253

五劃

六劃

七劃

九劃

十二劃

發現之學　science of discovery　38, 39, 40, 266, 268

絕對者　the Absolute　256, 258, 259

喻象　analogue　136

最終意解　final interpretant　120, 127, 129, 130, 202, 203,
220, 221, 229

黑格爾　George Wilhelm Friedrich Hegel　6, 11, 12, 26, 45,
46, 66, 70, 71, 72, 75

象符　icon　86, 131, 132, 135, 136, 137, 138, 141, 144, 146,
147, 148, 149, 150, 151, 200, 201

量詞　quantifier　32, 36

斯賓塞　Herbert Spencer　16, 39, 237

斯賓諾莎　Benedictus de Spinoza　6

詞項　Term, or Rheme　131, 132, 142, 143, 144, 146, 147,
148, 149, 150, 151

十三劃

愛力論　agapism　235, 268

愛力演化論　agapasticism　254

概括性　generality　32, 46, 71, 72, 73, 79, 84, 139, 145, 223,
227, 228, 246, 248, 249

達爾文　Charles Robert Darwin　5, 9, 11, 36, 37, 237, 238,
253, 254

傾向　disposition　9, 83, 84, 93, 130, 133, 139, 141, 142, 143,

十四劃

對應　correspondent　40, 44, 50, 53, 62, 66, 70, 71, 91, 92, 113, 120, 128, 132, 143, 200

演繹　deduction　14, 34, 36, 87, 94, 121, 131, 144, 153, 181, 183, 185, 186, 262, 267

演化宇宙論　evolutionary cosmology　239, 255, 258

構象　diagram　136

漢密爾頓　William Hamilton　11

對象　object　33, 34, 50, 52, 59, 60, 67, 79, 81, 87, 88, 91, 109, 118, 119, 120, 122, 123, 124, 125, 126, 127, 128, 129, 132, 135, 151, 200, 219

實踐之學　practical science　38, 39, 40, 92, 96, 266

實用格準　pragmatic maxim　145, 162, 187, 188, 189, 195, 196, 197, 198, 199, 200, 202, 203, 204, 205, 206, 211, 213, 216, 217, 225, 230, 232, 255

實用主義　pragmatism　1, 14, 15, 21, 23, 24, 25, 26, 29, 31, 35, 37, 38, 40, 41, 69, 90, 95, 121, 130, 153, 187, 188, 189, 190, 191, 193, 198, 199, 200, 201, 202, 203, 205, 206, 207, 208, 210, 211, 212, 213, 214, 215, 216, 217, 218, 219, 220, 226, 228, 229, 230, 231, 233, 234, 246, 255, 257, 258, 259, 263, 266, 267, 268

實在　reality　31, 36, 39, 44, 47, 53, 70, 71, 77, 80, 84, 90, 99, 112, 141, 145, 166, 167, 168, 177, 190, 196, 197, 198, 235, 244, 245, 247, 250, 256, 257, 258, 259, 260, 261, 262, 268

世界哲學家叢書（一）

書　　　　　名	作　　　者	出　版　狀　況
孔　　　　　子	韋　政　通	已　　出　　版
孟　　　　　子	黃　俊　傑	已　　出　　版
荀　　　　　子	趙　士　林	已　　出　　版
老　　　　　子	劉　笑　敢	已　　出　　版
莊　　　　　子	吳　光　明	已　　出　　版
墨　　　　　子	王　讚　源	已　　出　　版
公　孫　龍　子	馮　耀　明	排　　印　　中
韓　　　　　非	李　甦　平	已　　出　　版
淮　　南　　子	李　　　增	已　　出　　版
董　　仲　　舒	韋　政　通	已　　出　　版
揚　　　　　雄	陳　福　濱	已　　出　　版
王　　　　　充	林　麗　雪	已　　出　　版
王　　　　　弼	林　麗　真	已　　出　　版
郭　　　　　象	湯　一　介	已　　出　　版
阮　　　　　籍	辛　　　旗	已　　出　　版
劉　　　　　勰	劉　綱　紀	已　　出　　版
周　　敦　　頤	陳　郁　夫	已　　出　　版
張　　　　　載	黃　秀　璣	已　　出　　版
李　　　　　覯	謝　善　元	已　　出　　版
楊　　　　　簡	鄭　曉　江 李　承　貴	已　　出　　版
王　　安　　石	王　明　蓀	已　　出　　版
程　顥、程　頤	李　日　章	已　　出　　版
胡　　　　　宏	王　立　新	已　　出　　版
朱　　　　　熹	陳　榮　捷	已　　出　　版
陸　　象　　山	曾　春　海	已　　出　　版

世界哲學家叢書 (二)

書　　　　　名	作　　者	出　版　狀　況
王　　廷　　相	葛　榮　晉	已　　出　　版
王　　陽　　明	秦　家　懿	已　　出　　版
李　　卓　　吾	劉　季　倫	已　　出　　版
方　　以　　智	劉　君　燦	已　　出　　版
朱　　舜　　水	李　甦　平	已　　出　　版
戴　　　　　震	張　立　文	已　　出　　版
竺　　道　　生	陳　沛　然	已　　出　　版
慧　　　　　遠	區　結　成	已　　出　　版
僧　　　　　肇	李　潤　生	已　　出　　版
吉　　　　　藏	楊　惠　南	已　　出　　版
法　　　　　藏	方　立　天	已　　出　　版
惠　　　　　能	楊　惠　南	已　　出　　版
宗　　　　　密	冉　雲　華	已　　出　　版
永　　明　　延　　壽	冉　雲　華	已　　出　　版
湛　　　　　然	賴　永　海	已　　出　　版
知　　　　　禮	釋　慧　岳	已　　出　　版
嚴　　　　　復	王　中　江	已　　出　　版
康　　有　　為	汪　榮　祖	已　　出　　版
章　　太　　炎	姜　義　華	已　　出　　版
熊　　十　　力	景　海　峰	已　　出　　版
梁　　漱　　溟	王　宗　昱	已　　出　　版
殷　　海　　光	章　　　清	已　　出　　版
金　　岳　　霖	胡　　　軍	已　　出　　版
張　　東　　蓀	張　耀　南	已　　出　　版
馮　　友　　蘭	殷　　　鼎	已　　出　　版

世界哲學家叢書（三）

書　　　　　名	作　　者	出　版　狀　況
牟　　宗　　三	鄭　家　棟	排　　印　　中
湯　　用　　彤	孫　尚　揚	已　　出　　版
賀　　　　　麟	張　學　智	已　　出　　版
商　　羯　　羅	江　亦　麗	已　　出　　版
辨　　　　　喜	馬　小　鶴	已　　出　　版
泰　　戈　　爾	宮　　　靜	已　　出　　版
奧羅賓多・高士	朱　明　忠	已　　出　　版
甘　　　　　地	馬　小　鶴	已　　出　　版
尼　　赫　　魯	朱　明　忠	已　　出　　版
拉達克里希南	宮　　　靜	已　　出　　版
李　　栗　　谷	宋　錫　球	已　　出　　版
空　　　　　海	魏　常　海	排　　印　　中
道　　　　　元	傅　偉　勳	已　　出　　版
山　鹿　素　行	劉　梅　琴	已　　出　　版
山　崎　闇　齋	岡田武彥	已　　出　　版
三　宅　尚　齋	海老田輝巳	已　　出　　版
貝　原　益　軒	岡田武彥	已　　出　　版
荻　生　徂　徠	王　祥　齡 劉　梅　琴	排　　印　　中
石　田　梅　岩	李　甦　平	已　　出　　版
楠　本　端　山	岡田武彥	已　　出　　版
吉　田　松　陰	山口宗之	已　　出　　版
中　江　兆　民	畢　小　輝	已　　出　　版
蘇格拉底及其先期哲學家	范　明　生	排　　印　　中
柏　　拉　　圖	傅　佩　榮	已　　出　　版
亞　里　斯　多　德	曾　仰　如	已　　出　　版

世界哲學家叢書（四）

書　　　　　名	作　　者	出　版　狀　況
伊　壁　鳩　魯	楊　　適	已　　出　　版
愛　比　克　泰　德	楊　　適	排　　印　　中
柏　　羅　　丁	趙　敦　華	已　　出　　版
伊　本・赫　勒　敦	馬　小　鶴	已　　出　　版
尼　古　拉・庫　薩	李　秋　零	已　　出　　版
笛　　卡　　兒	孫　振　青	已　　出　　版
斯　賓　諾　莎	洪　漢　鼎	已　　出　　版
萊　布　尼　茨	陳　修　齋	已　　出　　版
牛　　　　頓	吳　以　義	排　　印　　中
托　馬　斯・霍　布　斯	余　麗　嫦	已　　出　　版
洛　　　　克	謝　啓　武	已　　出　　版
休　　　　謨	李　瑞　全	已　　出　　版
巴　　克　　萊	蔡　信　安	已　　出　　版
托　馬　斯・銳　德	倪　培　民	已　　出　　版
梅　　里　　葉	李　鳳　鳴	已　　出　　版
狄　　德　　羅	李　鳳　鳴	排　　印　　中
伏　　爾　　泰	李　鳳　鳴	已　　出　　版
孟　德　斯　鳩	侯　鴻　勳	已　　出　　版
施　萊　爾　馬　赫	鄧　安　慶	已　　出　　版
費　　希　　特	洪　漢　鼎	已　　出　　版
謝　　　　林	鄧　安　慶	已　　出　　版
叔　　本　　華	鄧　安　慶	已　　出　　版
祁　　克　　果	陳　俊　輝	已　　出　　版
彭　　加　　勒	李　醒　民	已　　出　　版
馬　　　　赫	李　醒　民	已　　出　　版

世界哲學家叢書（五）

書　　　　　名	作　　者	出　版　狀　況
迪　　　　　　昂	李　醒　民	已　　出　　版
恩　格　　　斯	李　步　樓	已　　出　　版
馬　　克　　思	洪　鐮　德	已　　出　　版
約　翰　彌　爾	張　明　貴	已　　出　　版
狄　　爾　　泰	張　旺　山	已　　出　　版
弗　洛　伊　德	陳　小　文	已　　出　　版
史　賓　格　勒	商　戈　令	已　　出　　版
韋　　　　　　伯	韓　水　法	已　　出　　版
雅　斯　　　培	黃　　　藿	已　　出　　版
胡　塞　　　爾	蔡　美　麗	已　　出　　版
馬克斯・謝勒	江　日　新	已　　出　　版
海　德　　　格	項　退　結	已　　出　　版
高　達　　　美	嚴　　　平	已　　出　　版
盧　卡　　　奇	謝　勝　義	排　　印　　中
哈　伯　馬　斯	李　英　明	已　　出　　版
榮　　　　　　格	劉　耀　中	已　　出　　版
皮　　亞　　傑	杜　麗　燕	已　　出　　版
索　洛　維　約　夫	徐　鳳　林	已　　出　　版
費　奧　多　洛　夫	徐　鳳　林	已　　出　　版
別　爾　嘉　耶　夫	雷　永　生	已　　出　　版
馬　賽　　　爾	陸　達　誠	已　　出　　版
阿　　圖　　色	徐　崇　溫	排　　印　　中
傅　　　　　　科	于　奇　智	排　　印　　中
布　拉　德　雷	張　家　龍	已　　出　　版
懷　特　　　海	陳　奎　德	已　　出　　版

世界哲學家叢書 (六)

書　　　　　名	作　　者	出　版　狀　況
愛　因　斯　坦	李　醒　民	已　　出　　版
皮　　爾　　遜	李　醒　民	已　　出　　版
玻　　　爾	戈　　革	已　　出　　版
弗　　雷　　格	王　　路	已　　出　　版
石　　里　　克	韓　林　合	已　　出　　版
維　根　斯　坦	范　光　棣	已　　出　　版
艾　　耶　　爾	張　家　龍	已　　出　　版
奧　　斯　　丁	劉　福　增	已　　出　　版
史　　陶　　生	謝　仲　明	已　　出　　版
馮　·　賴　特	陳　　波	已　　出　　版
赫　　　爾	孫　偉　平	已　　出　　版
愛　　默　　生	陳　　波	已　　出　　版
魯　　一　　士	黃　秀　璣	已　　出　　版
普　　爾　　斯	朱　建　民	排　　印　　中
詹　　姆　　士	朱　建　民	已　　出　　版
蒯　　　因	陳　　波	已　　出　　版
庫　　　恩	吳　以　義	已　　出　　版
史　蒂　文　森	孫　偉　平	已　　出　　版
洛　　爾　　斯	石　元　康	已　　出　　版
海　　耶　　克	陳　奎　德	已　　出　　版
喬　姆　斯　基	韓　林　合	已　　出　　版
馬　克　弗　森	許　國　賢	已　　出　　版
尼　　布　　爾	卓　新　平	已　　出　　版